日高六郎の戦後啓蒙

社会心理学と教育運動の思想史

宮下祥子

人文書院

日高六郎の戦後啓蒙　目次

凡例

・引用に際し、原則として旧漢字は新漢字に改め、旧かなづかいは現代かなづかいに改めた（一部を除く）。
・引用文中の〔　〕内は、引用者による補足を示す。また〔…〕は中略を示す。
・引用文中に付された傍点は、すべて原文ママである。
・日高六郎その他の著者の単著本（論文集、著作集）に採録されている文献については、原則として、まず初出の書誌情報を示したうえで、単著本（論文集、著作集）から引用した。

日高六郎の戦後啓蒙——社会心理学と教育運動の思想史

はしがき

本書は、日高六郎（一九一七－二〇一八）というひとりの「リベラル派」戦後知識人についての、主に彼の前半生を対象とする研究である。

植民都市青島《チンタオ》で生まれ育った日高は、日本の植民地支配および侵略戦争の不当性を、軍国主義下で、すでに十分に認識していた。その戦中派青年は、社会学を専攻し、戦勝国アメリカによってもたらされた戦後民主化のなかで言論人となり、やがて日本の「戦後民主主義」を担う壮年の論壇知識人となっていった。その過程で彼が、何を考え、何を問題とし、自らの学問的・社会的責任をどのような言論と行動によって果たそうと努めたかということを、本書は歴史的文脈とともに明らかにする。

敗戦後の日高が追究したのは、民主主義というものを人間の心理的な側面から捉えようとする、「デモクラシーの心理学」であった。思想と心理、論理と心理、イデオロギーとパーソナリティ、生と形式といった異なる次元に属する諸契機をトータルに把握することが、マルクス主義をはじめとする大文字の「イデオロギー」や「思想」が社会を枠づけていた東西冷戦下における、日高の姿勢の特質であった。そしてその学問的基盤となったのが、当時最前線の知を担っていた社会心理学である。

そうした、日高による社会心理学の学術的開拓とその思想について本書は論じるとともに、彼が学校教育を創造的なものにしようと志した取り組みにも焦点をあてる。社会科教科書の執筆や、教育運動を通じた教師たちへの継続的な働きかけのなかで、日高は知識人の思考様式をも含めて、日本社会における知のあり方を根本的に変革しようと試みた。

本書が提示するのは、これらの完結しない数々の努力についてのひとつの全体像であり、それを本書は、「戦後啓蒙」と名づける。

序章　日高六郎の戦後啓蒙

1　日高六郎という戦後知識人

社会学者・日高六郎（一九一七－二〇一八）は、「戦後民主主義」を代表するリベラル派知識人のひとりである。多岐にわたる彼の活動と発言は、戦後長きにわたり、広範な影響力を有してきた。論壇知識人としての時事的発信が広く読まれるのみならず、日高が同時代史・現代史として都度描いてきた戦後思想史は、現在に至るまで主に戦後史・戦後思想史研究者によって、頻繁に参照され、依拠されている。（1）

（1）頻繁に参照される日高の代表的論考は、たとえば次のものである。日高六郎「《旧意識》の原初形態」『日本資本主義講座　第九巻　戦後日本の政治と経済』岩波書店、一九五四年、＝同「「旧意識」とその原初形態」同『現代イデオロギー』勁草書房、一九六〇年所収。同「戦後の「近代主義」」同編『現代日本思想大系 34 近代主義』筑摩書房、一九六四年、同『戦後思想と歴史の体験』勁草書房、一九七四年所収。同「戦後思想の出発」同編『戦後日本思想大系 1　戦後思想の出発』筑摩書房、一九六八年、同『戦後思想と歴史の体験』所収。またその時々の時事的発言が引用されることも多い。

しかし、それらはもっぱら日高の著作を「先行研究」として扱うのみで、日高その人を戦後史のただなかに身をおいてきた固有の知識人として正面から論じる研究は現在でもさほど多くなく、評伝の類も書かれていない。その理由として考えられるのは、たとえば、膨大な著述を行ってきたにもかかわらず単著本の数が少ないこと、明確に主著とみなされる著作が存在しないこと、社会心理学の学問上の系譜が後に途絶えたこと、ジェネラリストであったがゆえに思想史上の問題とされにくかったこと、等々である（後述）。

宇野重規が述べるとおり、日高は「「戦後民主主義」の代表的論者、あるいは「進歩的知識人」の代表的存在」でありながらも、現在では「戦後民主主義」や「進歩的知識人」という言葉それ自体の意味がわかりにくくなっており、「同時代的な影響力に比して、日高は、今日ではややその存在の輪郭が見えにくい知識人の一人である」[2]。それはたとえば丸山眞男など、一部の戦後知識人に関する研究が膨大に蓄積されていることと著しい対照をなす。この欠落と過剰は、現在の私たちが有する戦後理解のある種の偏りの反映であると同時に、私たちの戦後理解に偏りを生じさせる要因にもなっているように思われる。丸山眞男が戦後日本を代表する知識人であり、知的に巨大な存在であったことは疑う余地がない。しかし、丸山ひとりに過剰な代表性を見出してきたアカデミズムの認識の磁場を相対化する努力もまた必要であろう。

近年の研究が敗戦から高度経済成長期頃までの時期について広義の思想史として描いてきた対象は、主に次の三つに大別される。ひとつは著名な知識人・思想家であり、歴史学・政治学・経済学・社会学・文学など各分野において、書き手の準拠枠としての学史・学説史と不可分の思想史が書かれてきた。二つめは社会運動史研究やサークル文化運動研究などが描いてきた、民衆による文化運動・社会運動の諸相である。三つめには、そうした多様な運動のなかで民衆の自己表現を引き出していった、地域におけるリーダー層に関する伝記的研究である。後二者に関する研究は主に歴史学・社会学・文学の研究者によって、近年進展を見せている。これに大衆文化研究を加えれば、研究成果は膨大である。

これら三つのうちで比較的研究蓄積が厚いのは、知識人・思想家の思想史研究であろう。ただし、著名な知識人の思想内容のみによって戦後思想史が理解される傾向は問題も含んでいる。たとえば一般向けに書かれ、広範な読者を獲得した小熊英二による『〈民主〉と〈愛国〉――戦後日本のナショナリズムと公共性』は、「戦争体験をもつ「戦後知識人」から生みだされた思想」としての「戦後思想」を、「主として中央のマジョリティの言説を対象」として分析した大著であるが、次の認識を前提とするものである。「思想家や文学者といえども、彼ないし彼女が生みだした表現が、当該社会の集団的な心情と連続しており、多くの人びとにとっての心情の「代弁」となりえた場合にのみ、ポピュラリティを獲得しうる」[(3)]。こうした前提からは、先述の民衆による文化運動・社会運動やそのリーダー層の思想的営為はさしあたり関心の埒外に置かれるが、それらに関する現在の研究成果を一瞥したとき、中央の著名な知識人・思想家が彼らの心情を「代弁」していたと言えるかは、疑問である。そうした戦後思想史叙述が一般向けに展開される一方では、さまざまな個別研究が蓄積されていきつつも、それらの研究成果を総合して戦後思想史の全体を見通す（と称する）著作は書かれていない。もっとも、戦後思想とはあ

（2）宇野重規「〈解説〉民主主義と市民社会の模索」同編『リーディングス戦後日本の思想水脈3　民主主義と市民社会』岩波書店、二〇一六年、三〇〇頁。
（3）小熊英二『〈民主〉と〈愛国〉――戦後日本のナショナリズムと公共性』新曜社、二〇〇二年、二〇‐二五頁。

まりにも広大でテクストも膨大に残されているため、その全体像の提示は無謀な試みであり、特定の視角からの再構成と捨象・単純化を免れ得ないが、上述の研究・出版状況が私たちの「戦後」理解を規定している側面には注意をはらう必要があろう。

加えて小熊の著作には、随所で中央の著名な知識人であった日高による戦後思想史叙述が援用されており、それをもって戦後思想史の解説としているが、しかし日高その人がどのような個性をもちどのような思想遍歴を経てそれを書き得た知識人であったのかが掘り下げられることはない。こうした事象は小熊の著作に限らず、戦後思想史や文化運動・社会運動史を対象とする複数の研究に見られることであるが、そのような同時代史を描いてきた日高という人物を分析の対象に据えることは、「戦後」という時代を歴史として対象化するためにも、そして現在の私たちがその地続きの上に拠って立つ認識枠組みを相対化するためにも、不可欠である。

日高はかつて、「行動する知識人」として知られた。日高が関わった戦後日本の諸問題・諸運動は、たとえば、雑誌『近代文学』、思想の科学研究会、サークル・生活記録運動、教科書問題、日教組教研集会、教科書裁判、国民文化会議、原水禁運動、安保闘争、ヴェトナム反戦運動、日韓・在日朝鮮人問題、沖縄問題、被差別部落問題・狭山事件裁判、市民・住民運動、水俣病問題など[4]、きわめて広範にわたる。しかし若き日の日高は、活動家青年といった存在からはおよそかけ離れており、彼が現実の諸問題・諸運動に積極的に関わりはじめる時期は一九五〇年代初頭頃、年齢にして三〇歳代なかば以降のことであった。そしてその転換の契機として、保守政権によるいわゆる「逆コース」の展開という外的条件とともに、学校教育にコミットした彼の経験が、決定的な役割を果たした。

本書は、そうした日高の学問と思想と行動を、主に一九六〇年代までの前半生を対象として論じ、その全体像の提示を試みるものである。日高は中央の論壇知識人として、草の根の文化運動・社会運動や彼らの思想的営為を注視し、戦後思想史＝同時代史として叙述してきた。しかしそのことは、日高が草の根の民衆の心情を「代弁＝表象《レプリゼント》」してきたことを意味するものではない。[5]日高はおそらく、知識人が民衆の心情を「代弁＝表象《レプリゼント》」できるとは考えなかった知識人であり、むしろ「知識人と民衆」のあいだの緊張関係を含めて、異質な他者との交流を、創造性に転化させることを追究した知識人であった。

2 「戦後啓蒙」とは何か

日高の多岐にわたる学問・思想・行動を、本書はひとつの「戦後啓蒙」と捉える。その理由を以下に述べたい。

「戦後啓蒙」という語は、多くの先行研究において明確な定義を与えられず、いわば自明の概念として

（4）北河賢三「日高六郎の戦争・戦後体験と戦後思想」『早稲田大学教育・総合科学学術院　学術研究（人文科学・社会科学編）』六六、二〇一八年、一三五頁。

（5）日本の知識人研究はしばしば、Said, Edward W., *Representations of the Intellectual : The 1993 Reith Lectures*, Vintage, 1994.（＝エドワード・W・サイード（大橋洋一訳）『知識人とは何か』平凡社、一九九五年）に依拠しつつ、「知識人」を、権力に対して自律的に真実を語り、民衆を「代弁＝表象《レプリゼント》」する亡命者にして周辺的存在、等々と定義づけてきた。しかし、サイードが論じるのはあくまで彼にとってのあるべき普遍的知識人であって、過去の現実の知識人が実際にそのような存在であったか否かは別問題である。そもそも当の知識人たち自身が果たしてサイードの議論に同意したかということを考えてみるにつけても、歴史研究がサイードの「知識人」定義に依拠することの意義は、さほど大きくないように思える。

用いられてきた。それは敗戦後の知的世界に絶大な影響力を有した、丸山眞男や大塚久雄に代表される「近代主義」の知識人の思想傾向――日本社会における「近代」の実現や自立的「主体」の確立を希求した思想傾向――を指す概念であり、研究対象というよりもむしろ批判・否定の対象として、一九六〇年前後に前景化した他称である。[6] 当時における、とくに若年世代からの「戦後民主主義」批判と「（戦後）啓蒙」批判には重なるところも多く、独特の語感を有する語彙であった。二〇〇六年に刊行された『戦後思想の名著50』は、この事情を時期区分に反映させて、一九四五年から一九六〇年頃までを「戦後啓蒙」期と設定し、「あの「戦争」、もっと直接的には「敗戦」への反省から直接に生まれた自省と変革への意思をともなった思想」が展開された時期と定義する。そして続く一九六〇年頃から一九七〇年代を「戦後啓蒙の相対化と批判」の時期として、そこでは「戦後啓蒙」の思想に対する「対抗、批判、継承、発展の結果、生まれた思想群」が展開されたとする。[7]「戦後啓蒙」に対する明示的な批判者は、代表的には吉本隆明であったが、[8] たとえば歴史学のなかで台頭した民衆思想史も丸山思想史からの離脱への志向を明確に有していたし、石牟礼道子に代表される底辺の民衆への視座を持つ書き手の登場も、広い意味では「戦後啓蒙の相対化と批判」に位置づけることができよう。民衆思想史研究の開拓者である一九三四年生まれの安丸良夫は晩年になって、「戦後啓蒙は、西洋対日本（あるいは東洋）、近代対前近代という二項対立を自明の論理枠組とする傾向が強く、日本に〝近代〟をもたらそうと意欲する強い啓蒙的情熱をもっていた」と述べ、また「こうした戦後日本の啓蒙知は、大学に活動の拠点をもつ知識人やジャーナリスト、また学生などを主要な担い手とするものであり、戦中から戦後にかけての広範な民衆の生活経験を必ずしもリアルに取り上げたものではなかった」として、そうした「啓蒙知」の相対化をめざしてきた自身の問題意識をはっきりと示している。[9]

ただし人文・社会科学の研究対象として「戦後啓蒙」が取り上げられはじめるのは安丸らのデビューよりもっと後になってからのことで、「戦後啓蒙」の語を冠する研究は現在でもそれほど多く存在するわけではない。研究史上の「戦後啓蒙」概念については、二〇〇六年に安田常雄が整理を行っているため、以下に参照したい。安田によれば、一九八三年に刊行された杉山光信『戦後啓蒙と社会科学の思想』が「戦後啓蒙」の語を用いた初期の例であり、そこでは「戦後啓蒙」の定義は、ごく簡単に「「市民社会」派社会科学」とされている。[10]次いで一九九五年に刊行された米原謙『日本的「近代」への問い』も重要であり、米原はこのなかで「戦後啓蒙」の特徴を、講座派マルクス主義の圧倒的影響力、戦時期「近代の超克」の影響、「ウェーバーとマルクス」問題、の三点にみている。[11]これらの研究を概観しつつ、安田自身は、戦前マルクス主義の圧倒的威力に対する「「抵抗」感覚を含んだ「修正」と「協

(6) ただし、より狭義には、「戦後啓蒙」とは敗戦直後から一九四八年頃にかけての短期間に、各地で展開された知識人による実践的な啓蒙活動をさす場合もある(たとえば丸山眞男による庶民大学三島教室における講演、中井正一の広島県における文化運動等)。
(7) 岩崎稔・上野千鶴子・成田龍一編『戦後思想の名著50』平凡社、二〇〇六年、五頁。
(8) 吉本隆明「擬制の終焉」同『擬制の終焉』現代思潮社、一九六二年、初出一九六〇年。
(9) 安丸良夫「戦後知の変貌」安丸良夫・喜安朗編『戦後知の可能性――歴史・宗教・民衆』山川出版社、二〇一〇年、四－二九頁。
(10) 杉山光信『戦後啓蒙と社会科学の思想』新曜社、一九八三年。ここで「戦後啓蒙」を担った知識人として杉山が取り上げているのは、丸山眞男、大塚久雄、内田義彦、清水幾太郎など、社会科学者が中心である。
(11) 米原謙『日本的「近代」への問い――思想史としての戦後政治』新評論、一九九五年。その代表的知識人として米原に取り上げられたのは、大塚久雄、川島武宜、丸山眞男、清水幾太郎、内田義彦、荒正人、本多秋五、梅本克己、桑原武夫、竹内好の一〇人で、社会科学者と文学者である(第二章)。

同」の実質をていねいに見ていく」ことが「戦後啓蒙」を考える上で必要であるとして、「近代的主体」を「「ブルジョワ的」なものとして一蹴できるとして考えていた」講座派・労農派の有した「空隙」が、「戦後啓蒙」の実質を形づくったと述べている。(12)

ここで安田が直接言及はしないものの前提としているように思われる研究として、二〇〇一年に刊行された中野敏男による『大塚久雄と丸山眞男——動員、主体、戦争責任』が挙げられよう。思想史の領域における総力戦体制論としての性格をもつこの書は、「戦後啓蒙」の代表的知識人である大塚・丸山の総力戦下における「動員の思想」(国民の「主体化」の追求)を「戦後啓蒙」と地続きのものと捉え、彼らのそうした自立的「主体」の希求は結局のところ、「単一民族」的国民国家へと視野を限定していくことになったと徹底的に批判する。(13) 近代日本における「啓蒙」の議論構図——一方に「特権を持った啓蒙主体」がいて、他方に「それをもっぱら受容するに過ぎない啓蒙客体」がいるという構図——を彼らもまた反復したに過ぎないとみなす中野の議論には多くの批判が提出されたが、現在では中野に与しない立場をも含めて、「一国的閉鎖性」や「西欧近代の理想化」といった「戦後啓蒙」の諸々の「限界」に対する認識は、緩やかに共有されるものとなっている。

こうしたポストモダン的視座からの「戦後啓蒙」批判は、広くは先述の一九六〇年代からの批判が、一九八〇〜九〇年代に至って国民国家(批判)論に流れ込んだのと同じ潮流にあるとみなすことができよう。「一国的閉鎖性」や「西欧近代の理想化」のみならず、近代的「主体」の追求が不可分に孕む排除の契機、人間の「進歩」に対する素朴な信頼、「近代」それ自体に内在する抑圧の構造、男性中心主義、等々がしだいに問題化されるに至った。

これらの動向を含めて、総じて先行研究においては、「戦後啓蒙」とはマルクス主義からの強い影響を受けつつもそれとは一線を画す「近代主義」「市民社会派」の社会科学者を中心に展開された学問・思想を示しており、その研究はいずれも思想内在的で理論的な性格が強い。そして現在の思想潮流においては、理念型としては、「戦後啓蒙」をもはや問題性と限界を露呈した古い思想であるとみなしてその克服をめざす立場と、やはり「戦後啓蒙」に何らかの可能性を見出そうとする立場の両極が存在するように思われる。しかしどのような立場に立つにせよ、「戦後啓蒙」が「近代」の実現や自立的「主体」の確立を希求したことは自明の前提とされながらも、戦後日本の現実社会のなかで、知識人たちは具体的にはどのような道筋においてそれらの価値を実現しようと考え、行動したのか。こうした位相には、従来ほとんど照準が合わせられてこなかった。

他方で、「戦後啓蒙」研究をはなれて戦後史叙述一般に目を転じると、そこでは一般名詞「啓蒙」の語が、しばしば上からの一方向的な「教化」「注入」「指導」を事実上意味するネガティブかつ揶揄的なニュアンスで用いられていることに気づく。占領期におけるGHQ／SCAPの「啓蒙」は、たとえばCIE（民間情報教育局）によるウォー・ギルド・プログラムを筆頭に、大規模に展開された。もう一方では、共産党を中核とするマルクス主義による「啓蒙」が、「獄中非転向」の共産党員の知的威信を背景に、強烈な影響力を発揮した。両者は冷戦下において対立する二つの極を形成しながらも、ともに先進的な指導者が「遅れた民衆」を指導するという発想において共通しており、いわゆる「国内冷戦」におけるヘゲモニー争いの性格を有していた。占領終結後の日本社会においては長らく、左派によ

(12) 安田常雄「戦後啓蒙の方法的射程」『社会思想史研究』三〇、二〇〇六年、一二頁。

(13) 中野敏男『大塚久雄と丸山眞男――動員、主体、戦争責任』青土社、二〇〇一年。

るイデオロギーの「教化」「注入」「指導」が、しばしば抜きがたい独善性や教条性や暴力性を伴いながら、各所で展開されていった。

しかし「啓蒙」とは、本来そのような概念であっただろうか。「戦後啓蒙」の知識人たちの一部も繰り返し論じた、一七世紀末から一八世紀にかけてヨーロッパで展開された啓蒙思想――たとえばアダム・スミスやフランス「百科全書派」などに代表される――は、そうしたものとは根本的に異なっていたはずであろう。(14) 対象を蒙《くら》いとみなしそれを啓《ひら》く（enlightenment）という発想が帯びる権力性はポストモダン思想による「近代」批判の格好の標的だが、啓蒙思想と呼ばれてきたものの内実と歴史的意義は、そうした批判の内容に収斂するものでは到底あり得ない。

そして先述のとおり、戦後日本社会には、ＧＨＱおよびマルクス主義による上からの「啓蒙」（＝「教化」「注入」「指導」）には回収され尽くさない、多様な人々による広範な文化運動・社会運動が叢生した。(15) またそのなかから、民衆自身の自己表現を引き出すリーダー層――「民衆的知識人」(16)――が生まれていった。「知識人と民衆」の断絶を所与の前提としつつも、(17) 一九五〇年代とは赤澤史朗が述べるように、「論壇的知識人とは異なる、社会・文化運動のリーダーなど新たな知識人が登場し、「民衆思想」が発見された時代であり、「民衆思想」を不可欠の契機として思想がとらえ直される、そういう時代への転換期」だったのであり、そうした当該期の思想史の重層性を浮かび上がらせるために、従来よりも「知識人ということを広く捉える」先行研究の試みも提出されている。(18)

（14）たとえば、Robertson, Jhon, *The Enlightenment: A Very Short Introduction*, Oxford University Press, 2015.（＝ジョン・ロバートソン（野原慎司・林直樹訳）『啓蒙とはなにか――忘却された〈光〉の哲学』白水社、二〇一九年）は、

多岐に展開された一七世紀末〜一八世紀ヨーロッパの啓蒙を、「十八世紀に特徴的な知的運動、つまり、この地上における人間の境遇のより良い理解と、その理解をもとにした人間の境遇の実践的進歩とに捧げられた運動」と定義している（訳書二七頁）。この定義に対しては、たとえば犬塚元が「あまりに包括的にすぎる」と疑問を呈しているが（犬塚元「書評『啓蒙とは何か——忘却された〈光〉の哲学』（ジョン・ロバートソン著、野原慎司・林直樹訳、白水社、二〇一九年）」『社会思想史研究』四四、二〇二〇年、一八九頁）、その包括性が多角的な検討を可能にしたことも事実であり、ヨーロッパ啓蒙思想というものが後世の研究において現在に至るまで単純化・デフォルメされて語られてきたことを、ロバートソンと犬塚は等しく問題視している。単純化やデフォルメの問題は、安丸良夫や中野敏男をはじめとする日本の「戦後啓蒙」批判のなかにも見られるものであるが、それは根本的にはヨーロッパの啓蒙と日本の戦後啓蒙の両者がともに、現在の歴史家による再構成の産物であるという事情に由来しよう。

(15)サークル文化運動に関する先行研究整理としては、以下の文献を参照。道場親信・鳥羽耕史「戦後文化運動研究への招待」宇野田尚哉ほか編『「サークルの時代」を読む——戦後文化運動研究への招待』影書房、二〇一六年。高田雅士「一九五〇年代の文化運動をめぐる研究動向」『年報・日本現代史』二三、現代史料出版、二〇一八年。

(16)北河賢三「戦後精神の核を求めて」『世界』二〇〇五年一〇月号。その代表的存在として北河は大牟羅良や山代巴を論じ、また無着成恭、上野英信、白鳥邦夫、渡辺清らを挙げている。北河賢三『戦後の出発——文化運動・青年団・戦争未亡人』青木書店、二〇〇〇年、および同『戦後史のなかの生活記録運動——東北農村の青年・女性たち』岩波書店、二〇一四年、も参照。また趙景達・原田敬一・村田雄二郎・安田常雄「座談会　近現代東アジアの知識人」（同編『講座　東アジアの知識人　第5巻　さまざまな戦後　日本敗戦〜1950年代』有志舎、二〇一四年）も、「民衆的知識人」について論じている。

(17)戦時から戦後にかけて、「知識人と民衆」のあいだに存在した「文化の二重構造」については、高岡裕之「戦争と大衆文化」『岩波講座日本歴史　第18巻　近現代4』岩波書店、二〇一五年、を参照。

(18)赤澤史朗「はじめに」赤澤史朗・北河賢三・黒川みどり編『戦後知識人と民衆観』影書房、二〇一四年、一一‐一三頁。このなかで赤澤は、こうした戦後知識人論や戦後思想史を考える場合に、「日高六郎の折々の発言は示唆に富むもの」であることを論じている。

つまり知識人による一方向的な啓蒙の対象＝「啓蒙客体」たるにとどまらず、自らも啓蒙主体となり、社会変革・「自己変革」を志した多くの民衆やリーダー層による自己教育運動が広範に存在したということである。敗戦後の日本には知識人のみならず、多くの人々によって、啓かなければならないと認識された蒙《くら》い現実がたしかに存在したのであり、そして人々の集団的営為のなかで一人ひとりが蒙を啓かれる、多様な経験が重ねられたのであった。そうした社会的な拡がりと人々の経験を含めた位相において戦後啓蒙というものを捉え直したいというのが、本書の立場である。(19)

こうした視座から本書では、「戦後啓蒙」を、次のように定義したい。すなわちそれは、総力戦と敗戦の経験から生じた反省によって動機づけられた、社会変革をめざす人々の広範な思想・運動である。「市民社会派」社会科学の位相への限定から「戦後啓蒙」を解放し、その思想史的・社会史的な展開を知識人と民衆の交渉史をも含めて明らかにすることで、従来光が当てられてこなかった、戦後啓蒙の複数性・重層性が浮かび上がるだろう。

そして日高六郎とは、同時代の人々によるさまざまな実践の場にコミットし、彼らの体験・経験から生まれた意識や思想を最もよく注視して、歴史性を重視しつつ言語化してきた中央の知識人であった。日高は民衆自身による生活綴方・生活記録作品や戦争体験記を含む膨大な自己表現に目を通し、さらには社会学者・社会心理学者として、実証的な社会意識調査にも取り組んだ。(20)論壇・知識人界と広範な文化運動・社会運動を媒介する役割を果たしてきた知識人が日高であったが、現在の研究状況においては知識人の思想史と文化運動・社会運動の諸相は別々に研究されており、両者を統一的に視野におさめる知識人研究はそれほど多くない。(21)

「戦後」という時代がはるか遠い過去のものとなったいま、戦後の人々の体験と思想を注視してきた

「行動する知識人」の軌跡は、重要な意味を帯びている。日高を研究対象に据え、彼がどのように社会変革を展望して人々にはたらきかけ、またそこから何を得てきたのかを明らかにすることで、統一的な視野の下で戦後思想史を把握する道が開かれるだろう。それは同時に、かつて「知識人」と呼ばれる人物の発言が広範な社会的影響力と重みを有した「知識人の時代」を、歴史として対象化することにも寄与するだろう。(22) 戦後とは、日高のような知識人の存在形態があり得た固有の時代であった。

(19) なお、河野有理「「啓蒙思想」語りの終わらせかたについて」(『政治思想史研究』二〇、二〇二〇年)は、「啓蒙」という曖昧な語を思想史の分析枠組みとして用いるのはメリットよりもデメリットのほうが大きいこと、「啓蒙」概念はこれまで野放図にその外延を拡大してきたことを論じ、こと日本においては、思想史的歴史叙述の枠組みとして「啓蒙」の語を用いるのは終わりにすべきだと主張している。概念の拡散が研究上望ましくないことは河野が論じるとおりだが、定義が曖昧ではあるけれどもその言葉によって表すよりほかない対象が存在することもまた事実であり、本書の対象はまさにそうしたものである。

(20)「社会意識」というテーマに取り組んだ日高の視野は、文化運動・社会運動に自覚的に参入した層のみならず、その外縁に存在した勤労青年をはじめとする広範な人々にも及んでいた。戦後における勤労青年の教養主義については、福間良明『「働く青年」と教養の戦後史——「人生雑誌」と読者のゆくえ』筑摩書房、二〇一七年、および同『「勤労青年」の教養文化史』岩波新書、二〇二〇年、を参照。

(21) たとえば社会学者・鶴見和子の生活記録運動へのコミットに関する研究はその代表的なものだが(西川祐子・杉本星子編『共同研究　戦後の生活記録にまなぶ——鶴見和子文庫との対話・未来への通信』日本図書センター、二〇〇九年等)、これらの研究成果は彼女の学問・思想を深く分析するものにはなっていない。

なお大串潤児「国民文化会議の誕生と曲折」(君島和彦編『近代の日本と朝鮮——「された側」からの視座』東京堂出版、二〇一四年)は各地で叢生したサークル文化運動を全国的に接続する役割を果たした国民文化会議と、そこでの知識人の役割を明らかにしている。日高も国民文化会議の中心人物のひとりであったが、本書でその活動の実態に踏み込むことはできなかった。

こうした本書の関心にとって、鶴見俊輔および思想の科学研究会の活動は重要な意味をもつ(23)。安田常雄は先述の論考のなかで、「戦後啓蒙」概念の整理に続き、「「戦後啓蒙」の方法的周縁」を生きた知識人として鶴見俊輔を挙げ、アメリカで戦中期を過ごした鶴見の「GHQ型「啓蒙」思想に同一化することを慎重に回避する「戦略」」や「マルクス主義との緊張をふくんだ「協同」」の意義について論じている(24)。鶴見が主導した思想の科学研究会は、まさに知識人と文化運動・社会運動の結節点に位置する戦後啓蒙の運動体であったと捉えることができよう(25)。日高もまた思想の科学研究会会員であったが、従来の研究ではその中心的人物とはみなされてこなかった。日高の問題意識と思想の科学研究会のそれは重なるところも多く、相互影響の下にあったことは確かである。しかし日高の啓蒙は公教育を対象としたという点において、思想の科学研究会よりも幅広く、あらゆる社会層に作用しようとした試みであるがゆえに重要である。

3　戦後啓蒙と社会心理学

ところで、道場親信の研究によれば、アメリカの対日占領政策は、「きわめて社会学的な関心（経済システムとイデオロギーとの関係を構造的に分析する視点）をもった、社会学的な占領」であった。道場は次のように述べる。R・ベネディクトの『菊と刀』を筆頭として、アメリカの「知日派」によって提示された「社会学的な視点」は、同時に「そうした「社会科学的」思考そのものの有効性をも「啓蒙」するもの」であり、つまりそれは「単なる「啓蒙」だけでなく「啓蒙」そのものの有効性の啓蒙」をも含むものでもあった。そしてそれらの「社会学」のうちで「もっとも力をもった」のは、「マルクス主義と、「国民性」研究をベースとした社会心理学」であった[26]。

また厚東洋輔もベネディクトの『菊と刀』について、アメリカ対日占領への社会科学者の動員という観点から論じつつ、次のように述べている。「「日本」は、アメリカ人にとってシカゴ大学社会学部における「シカゴ」と同じように、「社会的実験室」を意味していた。アメリカによる日本占領は、〈社会学的知〉による社会の再建が試みられた——稀有な——事例といえるだろう」[27]。

---

(22) 言うまでもなく、叙述対象と叙述主体が生きる現在とを明確に切り離すことが難しい領域が現代史であり、本書も当然その制約の下にあるが、過去の知識人の認識枠組みを、過去とはあらゆる側面において異なっている現在の社会の分析にそのまま適用することはできない。本書のめざすところは、戦後啓蒙というものを、きちんと歴史化することである。

(23) 筆者は以前、鶴見俊輔の「民衆」観および「民衆」との関わりについて論じた。宮下祥子「鶴見俊輔の思想形成における「民衆」——1950年代までの前半生に着目して」『北陸宗教文化』二九、二〇一六年。同「鶴見俊輔のハンセン病者との関わりにみる思想——1953〜1964年を中心に」『同時代史研究』一〇、二〇一七年。

(24) 前掲安田「戦後啓蒙の方法的射程」一四頁。また鶴見の他に、安田は「「戦後啓蒙」の方法的周縁」として、花田清輝と竹内好について論じている。

(25) その代表的な考察として、安田常雄・天野正子編『戦後「啓蒙」思想の遺したもの——復刻版『思想の科学』・『芽』別巻』久山社、一九九二年。安田はこのなかで、初期『思想の科学』(一九四六年〜)を「ゆるやかでひかえめな「啓蒙雑誌」」であったとして、一九五一年頃からしだいに「初期の「啓蒙」主義からぬけだし、「民間アカデミズム」(丸山真男の言葉)を旗印に、日本の庶民が自分の内側から思想をつくりだしていく道筋を考えること」へと転換していったと論じている(同二一四‐二三〇頁)。その転換を本書は、より実質的な啓蒙への深化と捉えたい。

(26) 道場親信『占領と平和——〈戦後〉という経験』青土社、二〇〇五年、五七‐五八頁。

戦時下では「鬼畜」とされていたアメリカの、そうした学知が占領下で雪崩を打つように流入し、また民主主義教育によって軍国主義的人間を民主主義的人間に変えることができるというアメリカのプラグマティックな発想が戦後教育改革を根本的に規定していくなかで、日本のマルクス主義者たちはそれらを、単に「ブルジョア的」なものとみなして一蹴した。日高が対峙したのは、そうした左右あるいは東西の両勢力による、「啓蒙」の皮相性であった。日本社会のなかに民主主義を実質的に根づかせ、「知識人と民衆」の両者がともに痛みを伴いつつ民主主義的人間へと変わっていくために、左右あるいは東西の学知を批判的に摂取し、一方の毒をもって他方の毒を制するという、緊張を伴う仕事に日高は取り組んだ。その学知こそが、社会心理学であった。

社会心理学は、発祥の地においてさえ当初から内容に幅を含むものではあったが、とはいえおそらく日本の「社会心理学」ほど、同一の看板の下でその内容が著しく変質した学問も珍しい。詳細は第2章で述べるが、敗戦後しばらくのあいだ日本の社会科学においては、「社会心理学」が、分野横断的な関心を集める最先端の学知であった。出口剛司は、敗戦後の日本においてアメリカの科学と哲学の影響力がヨーロッパの知的潮流を上回るなかで、ジョン・デューイやジョージ・H・ミードらの仕事とともに、エーリッヒ・フロムらの社会心理学それ自体が「民主的な科学の象徴と見なされ」、「科学におけるアメリカ民主主義の体現者と捉えられた」ことを論じている[28]。戦後日本の「社会心理学」は、現在の（日本の）それとは、ほとんど全く別物であった。一九五〇〜六〇年代を中心に「社会心理学」として展開された分野横断的領域は、その後いったんは消滅・断絶しつつ、現在では、主に社会学のなかの「社会意識論」に引き継がれている。かつての社会心理学が現在の研究状況からは死角になっているという事情は、日高だけでなく、清水幾太郎や南博など戦後思想のなかで大きな存在感を占めたはずの知識人たちの評価を困難にしている。

そして、戦後日本のアカデミズムのなかで社会心理学がそのような位置を占めたことと、「知識人と民衆」の断絶という社会的条件が存在していたこととは、決して無関係ではない。当時の社会における高等教育の特権性は、「知識人と民衆」という人間の二分法にリアリティを与えていた（もっとも、その二分法によりリアリティを感じていたのは、知識人あるいはインテリの側であった）。高等教育の特権性は、とくに敗戦までの近代日本においては、かつて久野収がまさに論じたように、天皇を無限の権力をもつ絶対君主とみる「たてまえ」が初等・中等教育で徹底的に教え込まれ、高等教育に至ってはじめて天皇を制限された立憲君主とみる「申しあわせ」が明らかにされるという構造として存在しており、そうした事情が、「国民大衆とインテリとのさけめのはげしさ」を生んだ。[29] この構造自体は、敗戦と占領改革

（27）厚東洋輔『〈社会的なもの〉の歴史――社会学の興亡 1848-2000』東京大学出版会、二〇二〇年、三七一頁。なおベネディクトは文化人類学者であったが、厚東は、「私の見立てによれば、ベネディクトは戦時情報局に籍を置いて〔日本研究に取り組んで〕いるうちに文化人類学から社会学へと学問的越境を果たした」と述べている（同三七八頁）。アメリカの文化人類学と社会心理学のあいだの線引きの基準のひとつは、研究対象が「未開社会」であるか「近代社会」であるかに求められるが、それはあくまで相対的な基準であり、両者はきわめて近接したものであった。

（28）出口剛司（中村拓人訳）「戦後日本の社会学における批判理論とその展開――急速な資本主義的近代化の中での真の民主主義の追求」『思想』二〇二四年一二月号、五九頁。

（29）久野収・鶴見俊輔『現代日本の思想』岩波新書、一九五六年、一三二―一三三頁。戦前日本においては、小学校が「徳性」の涵養を中核とした国民（臣民）形成を担い、他方で帝国大学を頂点とする高等教育機関が、高い水準の近代的な知識・技術の移入を担った。両者の接続に関しては、木村元「日本社会における学校の受容と接続問題――起点としての一九三〇年代の教育と社会」辻本雅史監修、森川輝紀・増井三夫編著『論

によって崩壊するが、その下で形成された「知識人と民衆」の「文化の二重構造」が崩れていくには、さらに高度経済成長とそれに伴う進学率の上昇（大衆の高学歴化）を待たなければならなかった。

加えて、満州事変以後の一五年戦争が軍部による不当な軍事的侵略によって開始され、対英米開戦が大義を欠いた無謀な挑戦であることを知的に認識できる条件を有していたのが、ほとんど知識人あるいはインテリの側のみであったことは、軍国主義体制下で、知識人の特権性をむしろ反転させた。知っていたのに行動しなかったというシンプルな事実が知識人の認識にもたらす負荷は、敗戦後のいわゆる「悔恨共同体」に連なり、戦後日本において知識人の社会参加を促す条件を形成していく（もっとも、本論でも触れることになるが、知識人が戦時下で本当に侵略戦争の不当性を認識し得ていたかどうかという問題は存在する）。こうした歴史的経緯に、マルクス主義という、絶対主義的天皇制および帝国主義戦争の「本質」をトータルに「知悉」した理論体系が、治安維持法下では非合法共産党という政治勢力として、そして戦後には合法化されつつも冷戦構造の下で日米の国家権力によってパージされ得る反体制勢力として知的世界に君臨したことで、事態はいっそう複雑きわまりないものとなった。

これらの縺れ合った条件のもとで、戦後の知識人たちは、直近の過去において草の根で軍国主義を担った「民衆」の啓蒙と改造に乗り出した。しかし日高は当初より、マルクス主義者を含めた「進歩的知識人」たちの、「教化」「注入」「指導」に短絡しがちな「啓蒙」のあり方と自己省察の欠如に強い批判を抱いており、そのことが、社会心理学的研究を推し進めるひとつの原動力となった。一九五〇〜六〇年代の日本における社会心理学とはおそらく、「知識人と民衆」の断絶の克服が現代日本の抱える思想的課題であると知識人によって認識された時代における、いわば「民衆」の実証的把握のための方法であった。その起源は、一方ではアメリカによる対日占領改革それ自体にあらかじめセットされたものであり、またもう一方では、ナチズムから逃れてアメリカに渡った、フロムをはじめとするフランクフルト学派による一連の学術的開拓にあった。

そもそも、「啓蒙」ということを本当に志すのであれば、自覚的・体系的な理論や思想をもたない「民衆」の意識や心理を知り、そこに食い込んでいくことは不可欠であった。そしてそのための学知として、日高をはじめとする社会科学者たちによって、マルクス主義とアメリカ社会心理学という東西の理論および研究が、それぞれ批判的に参照され、応用された。その具体相を、本書では明らかにしたい。

4　戦後啓蒙と学校教育

現在の私たちが、人々の経験の位相を含めて戦後啓蒙を考えようとするとき、学校教育を視野に収めることは重要な意味をもつ。敗戦から一九五〇年代にかけて、学校教育と社会教育（学校以外の場における、自己教育を含む広義の教育）は不可分であった。アメリカ占領下において、まず一九四七年の学習指導要領「試案」によって、学校が地域と独自に関わることが制度的に容認され、「戦後民主主義教育の理念のもと教育による社会改革の実験という枠組み」が構築された[30]。新設「社会科」を教育活動の中心におく戦後「新教育」は、学校を「地域のセンター」として構想しており、その下で学校は、やがて

集現代日本の教育史5　公共性・ナショナリズムと教育』日本図書センター、二〇一四年、初出二〇一〇年、を参照。

(30) 木村元「戦後教育と地域社会――学校と地域の関係構造の転換に注目して」安田常雄編『シリーズ戦後日本社会の歴史2　社会を消費する人びと――大衆消費社会の編成と変容』岩波書店、二〇一三年、一〇三頁。

父母・地域住民にとって身近な存在となっていった。(31) 独立回復後、一九五〇年代には先述のとおり各地で文化運動・社会運動が多様に展開されたが、それらのなかには教育運動と結びついたものも少なくなかった。(32) 文化運動・社会運動はインフォーマルな社会教育の一環として捉えることが可能であるし、二〇〇〇年代に一九五〇年代サークル文化運動研究が隆盛を迎える以前には、それらは教育学のなかの社会教育の分野で論じられてきた対象だった。(33)

「啓蒙」と「教育」とは、元来不可分であろう。しかし「戦後啓蒙」研究は言うに及ばず、社会運動史研究やサークル文化運動研究も、従来学校教育や教育運動をほとんど視野に含めてこなかった。(34) 学校教育・教育運動に関する研究はもっぱら教育学のなかの教育史の分野が担っており、多くの場合両者は没交渉である。(35) 学校教育というものを、子どもと教師のみならず地域住民や知識人らによる教育運動の経験の位相を含めて戦後啓蒙として考えることで、はじめて見えてくるものがある。

アメリカの占領政策によって、日本社会の民主化という壮大な課題を背負わされた戦後の「新教育」は、やがて独立回復後の保守政権による「戦後改革の行き過ぎ是正」の主要な標的とされた。「平和と民主主義」を新たな教育理念に掲げた日教組をはじめとする革新勢力はこれに激しく反発し、一九五〇年代半ば以降、教育をめぐって熾烈な保革対立が展開されていく。この政治的磁場のなかで、戦後教育学は革新派に密接にコミットし、マルクス主義の影響力の下で、学問と運動とが連動して実践的課題を担ってきた。(36) こうした戦後教育学のあり方はその「一国的閉鎖性」をも含めて、一九八〇年代頃から、

(31) 佐藤隆「〈平和と民主主義のシンボル〉から〈学歴正統化装置〉としての学校へ」大門正克ほか編『高度成長の時代1　復興と離陸』大月書店、二〇一〇年、一六八 - 一六九頁。

(32) たとえば、女性教員の待遇改善運動と母親運動や地域の青年層との結びつきなどがある。石月静恵「女性教員の要求と運動――一九五〇年代前半・全国婦人教員研究協議会を中心に」広川禎秀・山田敬男編『戦後社会運動史論――1950年代を中心に』大月書店、二〇〇六年、を参照。

(33) たとえば、磯井正久編『日本社会教育発達史』亜紀書房、一九八〇年。藤田秀雄・大串隆吉編著『日本社会教育史』エイデル研究所、一九八四年。

(34) 戦後日本を、社会運動史を軸に通史的に描いた荒川章二『全集日本の歴史　第16巻　豊かさへの渇望』(小学館、二〇〇九年)や前掲道場『占領と平和』においても、教育運動についてはほとんど言及されておらず、研究の空白が存在している。

ただし重要な例外として、国民的歴史学運動と歴史教育の接続に関する一連の研究が挙げられる。たとえば、高田雅士『戦後日本の文化運動と歴史叙述――地域のなかの国民的歴史学運動』小さ子社、二〇二二年。一九五〇年代初頭から半ばにかけて各地で展開された国民的歴史学運動は、まさに知識人(歴史学者および学生)による啓蒙運動のひとつであり、一種の社会教育でもあった。しかし、その研究対象は歴史学と歴史教育にほぼ限定されており、隣接分野の人文・社会科学の担い手による啓蒙の諸相(本書との関連では、社会学者による「社会科」へのコミット)との相互関係は明らかにされていない。当時の社会科教育の枠組みにおいては、歴史学と隣接諸分野の知識人とのあいだに一定の分野横断的な協力体制が成立しており、その総体を捉えることが必要であろう。

(35) 教育史の分野は、「教育学内部の一分科として、歴史学とは比較的疎遠な自己完結的サークルを形成し、その枠内で相応の展開を遂げてきた」(橋本伸也「歴史のなかの教育と社会――教育社会史研究の到達と課題」『歴史学研究』二〇〇七年八月号、一頁)。他方で、教育史とは異なる関心から戦後教育学を批判・相対化してきた分野としては、教育社会学が重要である。歴史学では、国民国家(批判)論が一時期興隆したにもかかわらず、人間の「国民化」装置であるところの学校が研究対象になる機会は、現在でもさほど多くない。そうした研究状況に対する問題意識によって書かれた作品としては、大門正克『民衆の教育経験――農村と都市の子ども』青木書店、二〇〇〇年。また戦後史研究において学校教育を重視した論集としては、前掲大門ほか編『高度成長の時代1　復興と離陸』。同編『高度成長の時代2　過熱とゆらぎ』大月書店、二〇一〇年。同編『高度成長の時代3　成長と冷戦への問い』大月書店、二〇一一年。

しだいに教育学内部のポストモダン的（自己）批判にさらされることになる。現在まで続くそうした批判を教育史研究において代表するものとして、米田俊彦による次の言及が挙げられよう。「たとえ反戦平和が絶対的に正しくても、またソ連や中国の社会主義が理想的であったとしても、それを一方的に子どもに教え込むことは、戦前の天皇制のもとでの教育のやり方として否定したはずだったのではないか。方向は逆であってもなぜ同じことをしてしまったのか、またそれを〔日教組が〕組織としてなぜ止められなかったのか、疑問として残る。これまでの教育学研究が手をつけずに残した課題である」[37]。このなかで「一方的な教え込み」として批判されていることとはすなわち、「教化」型の「啓蒙」であり、価値の「注入」であろう。教育史研究においては、「インドクトリネーション」の語が充てられている。

こうした教育学研究上の「課題」に対しても、日高の実践は大きな意味をもつ。日高は社会科教育および日教組の教育運動に継続的に関与した教育学プロパーでない知識人の代表的人物であり、各地の膨大な教育実践や教育運動に関する文献に目を通し、その思想的・歴史的意義を論じる役割を果たしてきた。教育学者の持田栄一は、「日高教育論」は「戦後の民主・国民教育論の有力な考え方の一つであり、幅ひろい支持のあるものであることは知る者ぞ知るところ」であると一九七一年に述べている[38]。また教育社会学者の山内亮史は日高の実践を、「戦後思想」と「戦後教育」の結節点とみなして高く評価している[39]（後述）。

（36）たとえば、羽田貴史「戦後教育史像の再構築」辻本雅史監修、北村嘉恵・白取道博編著『論集現代日本の教育史6　戦争と教育』日本図書センター、二〇一四年、初出一九九七年、を参照。革新教育運動の取り組みそれ自体を歴史の証言として保存し、また歴史研究の対象にしようという発想は長らく希薄であり、それゆえ日教組や各都道府県教組の史料群が未整理のまま膨大に残されることとなった。近年になって、広田照幸

編『歴史としての日教組』上・下巻（名古屋大学出版会、二〇二〇年）が刊行され、日教組に関する本格的な歴史研究は、ようやく緒に就いたばかりである。先行研究の整理としては、富山仁貴「戦後日本における教職員組合史研究の課題と展望」『日本教育史研究』四三、二〇二四年、を参照。

日教組は長らくその虚像も含めて、人々の反発・批判の対象として、今日で言うところのいわゆる「ネット右翼」的心性を供給し続けてきた。そのことと、上述の研究状況（日教組のことが結局よくわかっていない）は、無関係ではないだろう。その意味で、教育史研究の担い手が果たすべき社会的責任は今もなお大きい。

（37）米田俊彦「戦後日本教育史」教育史学会・教育史学会60周年記念出版編集委員会編『教育史研究の最前線Ⅱ――創立60周年記念』六花出版、二〇一八年、八四頁。

なお戦後の多様な教育実践や教育思想を保革対立に矮小化する政治主義は、近年の教育史研究においても完全には克服されていない。その典型として、森田尚人による「進歩的知識人」批判が挙げられる（森田尚人「戦後日本の知識人と平和をめぐる教育政治――「戦後教育学」の成立と日教組運動」森田尚人・森田伸子・今井康雄編『教育と政治――戦後教育史を読みなおす』勁草書房、二〇〇三年）。この論考で森田は、「日本の進歩的知識人にとって決定的に欠落していたのは、冷戦を世界史的視野のもとで認識しようとする努力であった」と断じ、彼らの多くがソ連の全体主義を相対化できず、日教組によってわが国の教育界は「論証不能なイデオロギー対立の中に引きずり込まれ」てしまったという精算主義的な議論を展開している（同一三－四二頁）。しかし実際には、たとえば日教組教育研究全国集会の記念講演において、上原専禄、都留重人、阿部知二、堀田善衛をはじめとする知識人がアジア・アフリカについての世界史的把握の必要性を主張し、「第三世界」との連帯を希求していた（日本教職員組合編『歴史と教育の創造――日教組教育研究集会記念講演集』一ツ橋書房、一九七二年）。森田の「進歩的知識人」理解は、端的に共産主義者に偏っている。このような研究動向に至る教育史の詳細な整理としては、広田照幸「社会変動と思想運動――教育思想史学会の歩みを傍観して」『近代教育フォーラム』一八、二〇〇九年、を参照。

（38）持田栄一「自主性と創造性を強調――『日高六郎教育論集』」『朝日ジャーナル』一九七一年三月二六日号、八五頁。

（39）山内亮史「「戦後思想」と「戦後教育」の普遍性――「日高六郎教育論集」の意味するもの」その1・その2・その3、『旭川大学紀要』四・六・八、一九七六・七八・七九年。

結論を先取りすれば、近代日本を枠づけてきた「教化」型「啓蒙」（インドクトリネーション）の思考様式を学校という装置のなかから内破することが、日高の啓蒙の核心であった。上からの「教化」は、絶対主義的天皇制の下で推進された日本の近代化と不可分の思考様式であり、学校教育が国家のエージェントとして、そうした知のあり方を醸成し、下支えしてきた。その変革を志した日高の試みはまた同時に、戦後日本の知的世界におけるマルクス主義の強力な影響力のもとで、それを「修正」して「協同」する試みを、実践的に追求する思想運動でもあった。その内容を、本書で明らかにしたい。

5　日高六郎に関する先行研究

日高六郎を論じた主要な先行研究には、以下のものがある。

まず、北河賢三「日高六郎の戦争・戦後体験と戦後思想」である。この論考は、戦後思想史のなかで日高が果たしてきた役割と思想の特質を的確に見通したものである。このなかで北河は、戦後史・戦後思想史を考える上で日高の思想と行動を検討することは不可欠であると主張し、それがなされない研究状況に対して、「すっかり〝時代が変わった〟と言われてから久しい、昨今の「学問」と「思想」への関心のありようを象徴しているように思われる」と述べる。そして日高の思考の特徴を、「生と形式、合理と非合理、論理と心理、イデオロギーとパーソナリティーなど、対のカテゴリー相互の内面的結びつきと緊張関係にたえず注意を向けていること」にあるとして、日高の戦後思想論・文化運動論、戦争体験・戦後体験論、日高にとっての「平和と民主主義」等についての要諦を論じており、思想史研究として最も基礎的な文献である(40)。

次いで、三宅芳夫「東アジアの思想家としての日高六郎――二〇世紀を生き抜き、書き、思考した知識人」が挙げられる。三宅はこのなかで、中国の植民都市青島で「植民者 colon」として生まれ育ったという出自が彼の戦後知識人としての特異性の基盤をなすことに焦点をあて、旧植民地出身のE・ホブズボームやL・アルチュセールらと並ぶ二〇世紀の思想家として日高を描く。そして日本国憲法第一〇条のいわゆる「国籍条項」成立がもたらした「巨大な負の遺産」に対するこだわりにおいて、日高は「戦後民主主義」の思想家のなかで際立った存在であったとして、基本的人権と個人の自由を尊重する彼の社会主義へのビジョンは、現在ますます重要なものになっていると論じる。(41)

日高の死去後、三宅の論考と同時に『世界』に掲載された見田宗介による「追悼・日高六郎――「含羞の知識人」を見送る」は、東大（学部）在学中の見田の指導教官であった日高への追悼文である。見田の名づけるところの「日高空間」――「自分自身の問題意識にしたがって、何をしても許される創造的な空間」――で多くの人が育っていったこと、社会のマクロな構造を一人一人の個人の精神構造から見ていく日高の学問に見田自身が大きな信頼を寄せて、社会学を専攻することを決めたことなどを振り返っている。(42)

（40）前掲北河「日高六郎の戦争・戦後体験と戦後思想」。また日高の戦争体験論に関しては、同「「戦争体験」に関する断想」『日本歴史』二〇二三年一〇月号、も参照。

（41）三宅芳夫「追悼・日高六郎　東アジアの思想家としての日高六郎――二〇世紀を生き抜き、書き、思考した知識人」『世界』二〇一八年八月号。同『ファシズムと冷戦のはざまで――戦後思想の胎動と形成 1930-1960』（東京大学出版会、二〇一九年）も、同様の認識にもとづいて日高を論じている。

（42）見田宗介「追悼・日高六郎――「含羞の知識人」を見送る」『世界』二〇一八年八月号。

片上平二郎による「日高六郎——戦後社会を切り拓く知」[43]と、「日高六郎のコミュニケーション論——社会を開くとはいかなることであるのか」[44]の両者はともに、社会学史の観点から日高の思想のポイントを的確に整理した、重要な研究である。ただし前者のなかで片上が、日高が取り組んだのは「新たに日本国民の中に生まれるべき「戦後民主主義的パーソナリティ」の模索」であったとまとめている点は、適切ではない。片上自身も、「戦後民主主義的パーソナリティ」とは「固定した人格としてではなく、多様な他者とともに考え、変化していく存在」であると言及しているが[45]、それは「パーソナリティ」の語で表現され得るものではないだろう。主に第1章で検討することになるが、日高は敗戦直後において、自己の元来のパーソナリティを生かし、それを伸ばした人物が人類史のなかで偉大な創造を成し遂げてきたことを論じている。そしてそうした日高の「パーソナリティ」への着眼は、特定のパーソナリティの持ち主に強い負荷をかけるマルクス主義の実践の枠組みに対する、強い違和に由来していた。ある特定のパーソナリティのみに価値を見出す考えを日高は有しておらず、また第2章で論じるとおり、社会心理学的研究のなかで日高が提示した「社会的性格」という概念は、個々人のパーソナリティそのものとは異なるものであった。

後藤道夫「市民主義ラディカリズム——日高六郎に即して」は、「市民主義ラディカリズム」に至った一九七〇年前後の日高の思想を彼の同時代認識と併せて整理しているが、北河論文も指摘するとおり、戦後初期の日高のテクストをもっぱらイデオロギー的観点のみから表層的に捉えており、そのため一九七〇年前後における彼の「市民主義」への転換を過大に評価しているという問題を含んでいる[46]。

先述した山内亮史「「戦後思想」と「戦後教育」の普遍性——「日高六郎教育論集」の意味するもの」は、日高の学校教育への関与に主題を限定した教育社会学者による論考である。教育をめぐる実践が戦後知識人としての日高の思想の核心に関わるものであったことを詳細に論じるとともに、その実践に「戦後思想」と「戦後教育」の到達点と普遍性をみており、本稿にとって重要な視点を提示している。[47]しかし一九七〇年代に書かれたこの論考は、日高の教育思想に著者自身がコミットする立場で書かれたものとしての思想内在的性格が強く、日高の教育への関与の具体相が歴史的文脈に即して論じられているわけではない。当時の前提をなしていた時代状況が過去のものとなった現在においては、歴史研究としてそれらが明らかにされなければならないだろう。

作田啓一「日高六郎論——社会学の方法を中心に」は一九六五年に書かれたもので、同時代を生きる社会学者によって、日高の思想が原理的に解きほぐされた論考である。作田は日高の発想の根本に「閉じた社会」／「開いた社会」への関心があることを掘り下げ、「個人的な内奥の経験を「開いた社会」の普遍的原理と結びつける」ことへの希求とそのための「媒介の論理」の追求が、一九五〇年代以降、社会の諸問題に関わる日高の実践の原理となっていったことを論じる。[48]今日においても日高を解読する

(43) 片上平二郎「日高六郎——戦後社会を切り拓く知」奥村隆編『戦後日本の社会意識論——ある社会学的想像力の系譜』有斐閣、二〇二三年。
(44) 片上平二郎「日高六郎のコミュニケーション論——社会を開くとはいかなることであるのか」『応用社会学研究』六五、二〇二三年。
(45) 前掲片上「日高六郎」三六‐四一頁。「戦後民主主義的パーソナリティ」とは日高が用いた言葉ではなく、片上による独自の表現である。
(46) 後藤道夫「市民主義ラディカリズム——日高六郎に即して」同『戦後思想ヘゲモニーの終焉と新福祉国家構想』旬報社、二〇〇六年。
(47) 前掲山内「「戦後思想」と「戦後教育」の普遍性」その1・その2・その3。

上で手がかりとなる、示唆に富む論考である。

作田の日高論と同時に『思想の科学』に掲載された新井直之「日高六郎論――平和運動論を中心に」は、論理以前の場所で論理を支える人間の心理に着目した日高の戦中・戦後を踏まえた上で、彼の日教組教育研究全国集会への初参加（一九五五年）が、「書斎から日高氏を引き出して現実に直面させた」出来事であったとして、以後知的労働者および労働組合の文化活動に積極的に関わるなかで〈多様性と連帯〉の思想を形成していったことを論じている。そしてそこでの日高の統一戦線理論の特徴について、担い手のあいだに存在する現状認識についての意見の不一致を肯定する点を重視して、その主張は「まさに戦後日本の社会学のすぐれた業績」であると評価している。(49)

三浦つとむ「知識人・日高六郎の〝市民論〟」は、日高が知識人と大衆の「浸透関係」の論理を捉えそこねているために「社会的性格」の論議に傾斜しがちであることを、マルクス主義の立場から詳細に批判したものである。(50) 日高のサークル論や市民論に通底する論理を抽出する上で補助線となる、教えられるところの多い論考であるが、マルクス主義が凋落した現在の地点からは、時代の制約を受けた分析視角であるように映る。

最後に、杉山光信による『日高六郎セレクション』の解説が挙げられる。東大新聞研究所の教官であった日高について、当時大学院生であった杉山が振り返る貴重な証言であるが、踏み込んだ分析が展開されているわけではなく、「平和運動にしても市民運動にしても、運動というものは異なる考え・立場・体験をもつ人びとによって進められるものであり、異なる考え・立場・体験を相互に理解したうえで接点を見つけ出す、協調し目的に向かって一歩でも前に進むという行き方こそ、日高さんという存在の重要な意味であり存在理由であった」といった穏健な日高像が示されるのみであることが、(51) むしろ示唆的である。

なお羅皓名による二〇二一年の論考「日高六郎と谷川雁の思想的繋がりと「アンガージュマン」における差異」は、谷川雁の「工作者」概念が「ラディカルな媒介者」である日高からの思想的影響を深く受けた上に成立したものであったことを、両者の往来を詳細に検討することで浮き彫りにしている。異質なものの衝突によって得られる「混血性」としての思想・学問を両者ともに唱え、モチーフを共有していたことを、その「アンガージュマン」の論理上の差異をも含めて明らかにした論考である。(52) また荒木優太は二〇二三年の著作『サークル有害論――なぜ小集団は毒されるのか』のなかで、日高の論考「ベルグソンとデモクラシーの心理学」(一九四六年)に対する鶴見俊輔の評価に照準を合わせて、小集団が「閉ざされること」と「開かれること」について、現代的観点から魅力的な考察を展開している。(53)

その他同時代人による日高への言及は多数存在するものの、日高研究として提出されてきたものは、

---

(48) 作田啓一「日高六郎論――社会学の方法を中心に」『思想の科学』一九六五年七月号、同『恥の文化再考』筑摩書房、一九六七年所収。
(49) 新井直之「日高六郎論――平和運動論を中心に」『思想の科学』一九六五年七月号。
(50) 三浦つとむ「知識人・日高六郎の〝市民論〟」『現代思想』一、一九六一年五月。
(51) 杉山光信「解説」同編『日高六郎セレクション』岩波現代文庫、二〇一一年。なお日高のマス・コミュニケーション研究に関しては、杉山光信「新聞研究所と1950年代のマスコミ研究」『東京大学社会情報研究所紀要』五八、一九九九年、が参考になる。
(52) 羅皓名「日高六郎と谷川雁の思想的繋がりと「アンガージュマン」における差異」『教養デザイン研究論集』一九、二〇二一年二月。
(53) 荒木優太『サークル有害論――なぜ小集団は毒されるのか』集英社新書、二〇二三年。

ほぼ上述の成果にとどまる。総じてこれらは、「行動する知識人」としての日高の思想と行動の軌跡を同時代の歴史的文脈のなかで具体的に明らかにしたものではないために、その思想的・歴史的意義の正当な評価が従来困難であったと言えよう。

そもそもかつての日高の社会的影響力の大きさに比して、日高研究がこれほどまでに少ない理由は、おそらく彼の知識人としての特質と無関係ではないため、考えられる理由を以下に述べてみたい。

まず冒頭でも述べたとおり、日高の著作は膨大だが単著本は一〇冊と少なく、著作集も刊行されていないことである。[54] 日高自身が著作集をまとめることに意欲的でなかったこともあり、現在では日高のテクストを読むためには、単著本に収められていない大部分の文章に関して、都度新聞・雑誌記事や共著の書籍等の原典にあたるしかない。「日高六郎著作目録」を作成した平川千宏が指摘するとおり、日高には単著に比して共編著、編書・共編書が多く、そのことは「氏が、自身一己のことよりも、いかに多くの人たちとの連帯、共同のしごとに力をそそいできたかを示している」[55]。

そのこととも関連して、日高には明確に主著とみなされる著作が存在しないことが挙げられる。日高はいわゆる体系的な学問・思想を構築したわけではなく、また明確に学問上の弟子と呼び得る存在がいないこともあり、戦後日本の社会学史上にいまだ正当な位置づけを与えられていない。「未分化」や「混沌」を重視し全体性を志向した日高の思想は、アカデミズム一般の高度化・専門化・細分化の流れとは、逆のベクトルを有していた。また先述のとおり、アカデミシャンとして日高が取り組んだ一九五〇〜六〇年代の社会心理学の系譜がその後途絶えたことも、学史上の位置づけの不在と密接である。そもそも日本の社会学史に取り組む研究者が依然少ないという事情もあり、日高がかつて取り組んだ社会心理学の領域は、現在では顧みられることがきわめて少なくなっている。

そして日高の折々の社会的発信が、とくに時期を下るにしたがって、日常語を用いた平易な文体によって行われるようになったことも重要である。なおかつ、その内容は同時代のさまざまな事象の複雑な内実を腑分けしてそのひだや枝葉を丁寧に描き、その上で思想的な意味を抽出するというものであった。文体が平易であっても、主張は決してシンプルではなかったと言える。さらに、日高はバランス感覚に優れたジェネラリストであった。峻烈な批判を繰り出すこともあったものの、基本的にはさまざまな立場の人や運動の理解者であり、「媒介者」(作田啓一)であった。傑出した思想家がしばしば有してきた、アンバランスが孕む魅力、戦闘性や難解さがまとう魅力といったものに乏しく、また同時に並外れた粘り強さと持久力を有していたことが、大きな思想的転回の不在ゆえに思想史上の問題とされにくい条件につながったように考えられる。ともすれば穏健的、ひいては没個性的・地味な存在と捉えられていた可能性もあろう(先述の杉山による回顧も、こうした理解に近い)。

最後に、没年が二〇一八年であったことである(享年一〇一歳)。そのとき若い時代からの日高をよく知る存在はのきなみ鬼籍に入っており、日高の影響力や功績を同時代人として語れる人物がおらず、テ

(54) 国立国会図書館元職員である平川千宏によって日高の著作目録が作成され、現在までに次の三点の文献が公表されている。平川千宏「日高六郎著作目録」『参考書誌研究』六一、二〇〇四年。同「日高六郎著作目録　追補」『平川千宏書誌選集――中井正一・桑原武夫・日高六郎』金沢文圃閣、二〇一七年。同「中井正一・桑原武夫・日高六郎――書誌と論考」『文献探索人 2017-20』金沢文圃閣、二〇二〇年。また黒川創による晩年の日高への聞き書きは、日高の思想と生涯を捉える上で重要である。黒川創『日高六郎・95歳のポルトレ――対話をとおして』新宿書房、二〇一二年。

(55) 前掲平川「日高六郎著作目録」一〇七頁。

クストに残される機会もわずかだった。[56] こうして、日高六郎という過去の知識人は現在、とくに若年世代のなかでは、ほとんど近現代史研究者と一部の社会学者のみが知る存在となりつつある。

6　本書の構成

本書では、次の構成と方法をとる。まず第1章「思想形成と戦後の出発」では、日高の伝記的事実を踏まえて、彼の青島における生い立ちと読書体験を含む思想形成、および戦争体験について叙述する。次に、彼の言論人としての出発点にあたる敗戦直後のテクストを読み解き、「行動する知識人」となる前夜に表明された、生涯にわたる思想の根本的なモチーフを抽出する。

第2章「一九五〇年代における社会心理学の展開とその思想」では、日高による社会心理学の学術的展開とその思想について論じる。一九五〇年代を対象に、「社会的性格」や「イデオロギー」といった概念を中心とする日高の学術的開拓について、主要著作を読み解くことで明らかにしたい。

次いで、そうした学問・思想を基盤として、日高が社会科教育および教育運動にどのようにコミットしたかについて、歴史的文脈の復元に力点をおきつつ詳述する。第3章「社会科教育をめぐる実践」では、一九四八年にはじまる教科書執筆と一九五〇年代半ばに保守政権の標的とされた教科書パージへの対応、および一九六〇年代にかけて現場教師に向けて提供した社会科教育・道徳教育論の内容を明らかにする。

第4章「教育運動への関わりとその思想」では、日教組教育研究全国集会をはじめとする教育運動への関与について論じる。勤評反対闘争やその後の日教組の内部分裂のなかで、日高がどのような思想にもとづき何を発信したかを、一九五〇～六〇年代を中心に明らかにする。

最後に、第5章「社会心理学のその後と「戦後民主主義」への問い」では、社会心理学から離脱していく過程と、東大新聞研究所の辞職（一九六九年）へと至った「東大紛争」をめぐる思想を、彼の教育観・教育論との関連から論じる。そして「戦後民主主義」の擁護者となっていく一九七〇年代以降の後半生について、大まかな見通しを示す。

終章では、戦後日本における日高というリベラル派知識人の知的遺産と現在について、筆者の見解を示したい。

(56) 日高について第三者が言及した文献に関する目録も平川千宏によって逐次作成されており、ここに追悼文の書誌情報も掲載されている。平川千宏「日高六郎に関する文献目録」『文献探索 2007』金沢文圃閣、二〇〇七年。同「日高六郎に関する文献（2訂）」前掲『平川千宏書誌選集』。同「日高六郎に関する文献（2訂追補」前掲平川「中井正一・桑原武夫・日高六郎――書誌と論考」。

第1章　思想形成と戦後の出発

はじめに

本章では、まず後年の日高自身による証言や自伝的作品を手がかりに、日高の生い立ちと思想形成を検討する。次いで敗戦直後の日高の著作を繙いて、その生涯を支えることになった根本的なモチーフを抽出したい。序章でも触れたとおり、中国の植民都市青島で「植民者」として生まれ育った経験が、日高の戦後知識人としての特質を規定した。また日高が育った家族のあり方が、彼の思想形成に決定的な影響を及ぼした。そうした彼の植民地体験、およびマルクス主義文献を含む読書体験と戦争体験をあとづけ（第1節）、次いで日高が「行動する知識人」となっていく前夜の、いわば書斎の人として思弁を重ねた敗戦直後の時期におけるテクストを、主に論文集『現代イデオロギー』（一九六〇年）に所収の論考を軸に読み解いて（第2節）、戦中から戦後にかけての日高の思想形成をたどっていく。

日高が今日知られるところの「行動する知識人」となっていくのは一九五〇年代初頭、三〇歳代なかばのことであり、その転換点に至るまでの沈潜のなかには、この位置づけにくい知識人を理解するための、重要な手がかりが存在している。敗戦から占領終結に至るまでの時期に日高は数多くの論考を公表し、また一九四八年春には『近代文学』の第三次同人となった。それらの著作のうち主要なものは最初の単著『現代イデオロギー』に採録されているものの、漏れ落ちて今日ではアクセス困難な論考も多い。当時の日高の文章は、後のものとは異なって文学的な含みを多分にもつもので、抽象度が高くまた思弁的である。留保に別の留保を重ね、「しかし」の往還を重ねる文章のスタイルは、「考える」ことを徹底した当時の思考を表している。

文筆家としての日高の出発は、戦後の出発とほとんど時を同じくしている。敗戦直後、アメリカ占領下で多くの知識人が「民主主義」を唱え、また知的関心の高い若者の多くがマルクス主義という思想に開眼して彼らの一部は共産党に入党していくなかで、日高はそうした潮流からは、明確に距離をおいた。一九六〇年になって、『現代イデオロギー』のあとがきのなかで、彼は当時のことを次のように振り返っている。「戦後、日本の民主化運動を指導する思想としてマルクス主義が再び昂然と登場したとき、私は戦争中の私の思想経歴の意味をもう一度自分自身で納得しないうちには、一挙にその潮流のなかに飛びこむべきではないということを、ほとんど本能的に感じた」(1)。

ここでの「戦争中の私の思想経歴」とは、端的には、「マルクス主義文献から少しずつ離れた」経歴を指している。そしてそのことは、「国家権力の圧力が微妙な形で私をおしまげていった証拠だと思う」とも書いている(2)。そうした内面の「ゆれ」を経て、敗戦後の日高は、『近代文学』をはじめとする諸々の媒体において、「近代」という時代について繰り返し論じた。そしてそのなかで追究された「人間心理」という主題は、日高にとって、デモクラシーや平和の問題と不可分であり、また彼の歴史観とも深く切り結ぶものだった。そうした思考の軌跡を、以下にたどっていきたい。

1　生い立ちと思想形成、戦争体験

(1) 青島時代

日高六郎は一九一七年一月一一日、中華民国山東省の青島市に生まれた。父・賢吉郎と母・雪子の四男であった。六郎という名は、大正六年生まれであることに由来する。

父は一八七五年、長崎県壱岐の没落した旧士族の家に生まれ、東京外国語専門学校支那語科の一期生となり、卒業後は北京の日本公使館に通訳として五年間ほど勤務した人物である。しかし官僚生活に嫌気がさして職を辞し、天津で塩の輸出に関わる貿易商を営んでいたが、病気療養のために立ち寄った青島を気に入って、妻子とともに青島の龍口路に移住した。そこで、四男の六郎が生まれた。

父は国家神道以前の「神ながらの道」を信仰する保守・伝統主義者であり、『日本及日本人』を愛読し、また曹洞宗への厚い信仰の持ち主でもあった。「『三酔人経綸問答』の〈豪傑の客〉の風があった」と、日高は父のことを振り返っている[3]。天皇を尊崇するゆえ、天皇を利用して勢力拡大をはかりアジア侵略を重ねる日本の軍部・政治家を、一貫して批判し続けた。欧米列強によるアジアの植民地化に強い抵抗感をもち、日本と中国の親善を真剣に追求する父は、信頼する中国人とのあいだに、兄弟のような

---

(1) 日高六郎「あとがき」同『現代イデオロギー』勁草書房、一九六〇年、五八三−五八四頁。
(2) 前掲日高「あとがき」同『現代イデオロギー』五八三頁。
(3) 日高六郎『私の平和論——戦前から戦後へ』岩波新書、一九九五年、三三頁。

友情関係を築いていたという[4]。中国人との親交のなかで父はときに、彼らから日本帝国主義の不当性について直接の異議申し立てを受け、また日中情勢についての見解をたびたび求められた。子どもたちに対しては、中国人を「シナ人」と差別的に呼ぶことを、厳に戒めていた。日高によれば父は、「日本国家の膨張主義をみとめる「アジア主義」ではなく、アジア諸国の解放を願う理想主義的アジア主義を考えていた[5]」。

母は愛知県岡崎市の商家の出身で、学歴は高等小学校卒業であった。頭が良く、おだやかな性格で、着飾ったり化粧したりすることに嫌悪感・軽蔑感を抱き、「人間は生まれたままでいいという信念」をもっていたという。青島居住時、日高家もほとんどの日本人居留民と同じように「ボーイ」や「アマ」と呼ばれる中国人の家事使用人を幾人も雇っていたが、母の中国人に対する親愛感は父以上のもので、彼らから中国語を習ったり相談相手になったりするなど、親身につきあった。晩年の日高は、一生を通して、自身に対する「母の影響、父の影響はずっと強かった」と語っている[6]。

「ボーイ」から、中国語の発音で親しみを込めて「六《リュウ》」と呼ばれていた幼少期の日高はまた、「愛国少年」でもあった。第一次世界大戦勃発に乗じて日本軍は山東半島のドイツ租借地を占領するが、一九二二年のワシントン条約によって中華民国への青島返還が決定して青島駐屯日本陸軍の撤退が行われると、幼い日高は、現地の様子を見に行った。進軍ラッパを吹きながら撤退する日本軍の行進を見送って、淋しさで胸が一杯になった。しかし、陸軍が去ったあとには、海軍がやってきた。それからは年にいちど、四月はじめに青島を訪れる海軍連合艦隊を兄弟たちと一緒に膠州湾まで見に行き、軍楽隊による生演奏を聞くことが一番の楽しみとなった。一九二七年の第一次山東出兵の際には、数人の陸軍兵士たちが自宅に宿泊した。青島第二日本尋常小学校五年生の日高少年にとって、「兵隊さん」が家に泊まったこの数日間はとても嬉しい体験で、「愛国一家に昇格したように感激した」という。[7] しかし翌一九二八年、第二次山東出兵に際して青島埠頭まで日本陸軍を出迎えに行った小学六年生の日高は、その数日後に学校で野球をしていたとき、六〜七人の中国人の子どもたちに、つばを吐きかけられるという体験をした。日高少年は立腹しつつも、「なぜ彼らがあれほど熱心に、私たちの野球試合を見ていたのか、そのことを考えた」。[8] 彼らは、小学校に行けない貧しい子どもたちであった。その後、済南事件と張作霖爆殺事件が立て続けに起こり、父は家のなかで母に対して、関東軍による謀略の可能性を話していた。

この年の夏、東京から帰省してきた長兄・昂《こう》(一九〇六年生まれ)が、これから「世界は動乱時代に入る」と語った。それを聞いた六年生の日高少年は、不安をおぼえた。[9] 昂は翌一九二九年に創設された東京文理科大学に入り、やがて哲学を専攻することとなる、マルクス主義シンパの青年であった。その後『東京文理科大学新聞』主筆となるも、治安維持法違反で検挙・拷問され、どうにか大学を卒業して

(4) 黒川創『日高六郎・95歳のポルトレ——対話をとおして』新宿書房、二〇一二年、五一頁。
(5) 日高六郎『戦争のなかで考えたこと——ある家族の物語』筑摩書房、二〇〇五年、五三頁。老年期以降の日高の父に対する評価は、父が生前に『暁』に書いたテクストなどを読み直すことで、若干変化している。
(6) 前掲黒川『日高六郎・95歳のポルトレ』五六 - 五八頁。
(7) 日高六郎『戦後思想を考える』岩波新書、一九八〇年、五〇 - 五三頁。ドイツ・日本・中華民国北京政府・南京国民政府の支配下におかれた近代都市としての青島とそのなかの日本的要素については、単荷君『近代青島の都市空間の変容——日本的要素の連続と断絶』ミネルヴァ書房、二〇二三年、に詳しい。
(8) 前掲日高『戦争のなかで考えたこと』四四 - 四五頁。青島が二〇世紀前半の国際情勢のなかで置かれた複雑な位置と、日高が通った青島第二尋常小学校・青島日本中学校の詳細については、山本一生『青島と日本——日本人教育と中国人教育』風響社ブックレット、二〇一九年、を参照。
(9) 前掲日高『戦争のなかで考えたこと』四七 - 四九頁。

からは、敗戦まで菊池寛のゴーストライターを務めた[10]。戦後には、横浜国立大学学芸部の教員となった。この兄が日高少年に、マルクス主義という思想を伝えた。一九二八年の兄は、「思慮深くなって帰省してきた。その年の兄は、わが家に、東京の新しい思想の伝達者となった」[11]。兄は父と世界情勢について深刻に話しあい、父もまた、「赤化」青年である兄の話に共感する。弾圧が及ぶことを心配しつつも、本人の決めた人生を本人に任せる父の姿勢は、きっぱりとしたものだった。

活字の虫となっていた日高少年は、青島日本中学校一年生のとき、日本語書籍を扱う青島の博文堂書店にて、父にトルストイの民話集を買ってもらい、反戦平和の童話「イワンの馬鹿」などを読んだ。そして、「私は、農民っぽいトルストイの民話が、びっくりするほどに中学校の教室の「道徳」とちがうことに気がつく。そしてトルストイの思想の率直さにおどろいた。私はトルストイによって、平和主義という思想に導かれた。それが、私の最初の思想的開眼だった」。そこから日高は、無政府主義者クロポトキンの『ある革命家の思い出』や『相互扶助論』などを読み、「読書の秘密のよろこび」を味わった[12]。この頃の日高家は、長兄の提案によって毎月『改造』と『中央公論』を講読するようになっており、島崎藤村「夜明け前」の連載をはじめとして、日高少年は片っ端からそれらの総合雑誌を読みあさった。そして、『改造』一九三〇年一一月号の附録として届けられた河上肇の『第二貧乏物語』を読んだとき、「目からうろこが落ちたような」体験をしたという。

本だけで、ひとりの人間の社会観が根底から変わることがある。たとえそれが観念的であると言われても。もちろんその観念を、私は現実にあわせて考えてみる。中国の半植民地的状態、世界列強の中国侵略の実態、民衆の生活のおどろくほどの低さ……。それは、中国で生活していると、肌ざわりのある形で感じられた。

観念の世界でマルクス主義に接して、急に連合艦隊がうとましくなり、軍楽隊を聞きに行く気持を失ってしまった。(13)

長兄に手紙でそうした感動を伝えると、一月後、兄は鉛筆でびっしりと書き込みをした『第二貧乏物語』を送ってきた。そこには河上肇の唯物弁証法の解釈をめぐる哲学的な誤りが綿密に指摘してあり、それはヘーゲル弁証法を河上博士が十分に研究していないためであるとも書き添えられていた。日高は、兄の見識に敬服するとともに、マルクスの原典を読む必要を教えられた。同時に、「私は、兄の指摘で、むしろマルクス主義よりも人間マルクスにたいする好奇心を持つことができるようになった」(14)。やがて後の日高は、「マルクスを尊敬する非マルクス主義者」を自称することになる。青年期のマルクス主義文献の読書体験について後年の日高は、次のように書いている。「その魅力は、未分化のものであった。そこには、認識のよろこびもあれば、善悪のけじめを学びなおしたという驚きもあれば、行動への指針もあれば、愛情の意味の新しい見なおしもあった」(15)。

---

(10) 前掲黒川『日高六郎・95歳のポルトレ』三八－六二頁。
(11) 前掲日高『戦争のなかで考えたこと』九七頁。
(12) 前掲日高『戦争のなかで考えたこと』六一－六二頁。
(13) 前掲日高『戦後思想を考える』五五頁。
(14) 前掲日高『戦争のなかで考えたこと』六三頁。
(15) 日高六郎「入門以前ということについて」『日高六郎教育論集』一ツ橋書房、一九七〇年、三七九頁。

図１　青島日本中学校正門（『中国山東省──青島の今と昔』青島日本中学校鳳雛会、1993 年より）

一九三一年九月に満州事変が勃発すると、父は夜の食卓で、これを関東軍の謀略によるものであろうと語った。日高は学校の校長先生や父を訪ねてくる日本人の大人たちが、中国民衆にとって満州での武力衝突が何を意味するかについての視点を全くもたないことに、強い不信感を抱く。それでも中学生の日常は変わることなく続いていくが、この頃になると日高は、中国人の小・中学生の子どもたちや専門学校の生徒たちに道端で出会うとき、目を伏せることが多くなった。学校から家に帰ると毎日必ず『青島新報』と『山東毎日新聞』というふたつの日本語新聞を詳しく読み、中国語新聞にも目を通し、さらに五日おきの船便で日本から届けられる『朝日新聞』も読んで、現在の情勢を知ろうと努めた。父は、一九一五年の対華二一カ条要求の帰結として今回の「満州国」樹立があり、二一カ条要求は「中国人にとって堪忍の限度をこえた」ものであったと、中学三年の息子に話す。

こうして、「私の頭のなかに、ひとつの境界線が引かれた」。一方では、日高は「よい中学生」であり「よい日本国民」であった。しかしもう一方では、満州での日本軍の行動には理がないと考えた。[16]

私は、自分が二重人格ではないかと疑ってみた。二重人格者はいやがられる。しかし、私は、用心深く、二重人格で通していくことを決心した。あるときは、人とちがう知識や判断を持っていることに、小さな誇りを持った。あるときは、そのことを人に知られまいとする自分のふるまいがいやになった。

私は、二重人格的であることが、自分を守ることであると考えるようになる。自分を守るとは、自分の〈心〉を守ることである。〔…〕もし、一重人格として〈よい中学生〉になろうとすれば、自分の〈心〉を抹殺するほかない。(17)

そして教師の教えに同調できないときは、沈黙するほかないと考えた。「私は、日本は、子どもから大人まで、みな一重人格的であることを強く求めている国家ではないかと考えた」(18)。中学校には、良い先生はいなかったという。

その年の秋、日高のすぐ下の弟である小学校五年生の八郎（一九二〇年生まれ）が、『暁』と題する家庭新聞の発行をはじめた。八郎は読むこと書くことが好きな童話少年で、戦後には英文学者となった(19)。『暁』は、日高家の家族のみが投稿者および読者である文芸新聞として創刊された。父は短歌を寄せ、東京にいる長兄はエッセイを書き、日高のすぐ上の兄である三郎は東京から短歌・エッセイを投稿した。

(16) 前掲日高『戦争のなかで考えたこと』七〇 - 七六頁。
(17) 前掲日高『戦争のなかで考えたこと』七六頁。
(18) 前掲日高『戦争のなかで考えたこと』七六頁。
(19) 後に取り組んだ八郎との共同の仕事として、Van Loon, H. W., *The Story of Mankind*, 1921. の翻訳がある。ヴァン・ローン（日高六郎・日高八郎訳）『人間の歴史の物語』上・下、岩波少年文庫、一九五二年。

日高は童話・エッセイ・詩・短歌を投稿し、八郎は毎号連載童話を書いた。当初、八郎が童話とともに寄せた愛国的な文章を、父は放任していた。「イデオロギー教育をする父ではなかった」[20]。しかしその数年後には、中学生になった八郎も、日本の満州侵出に批判的な文章を書くようになった。父も、反国策的な本音を書いた。そのことによって『暁』は、家族以外の誰にも見せることができない門外不出の新聞となった。翌一九三二年、日高は学校の修学旅行で「新満州国」を見学するために奉天や新京を訪れて、撫順炭鉱では労働者の賃金の安さと労働の苛酷さに衝撃を受けたことを、『暁』に書いている[21]。

寛大な父親は唯一、中学校の補習授業で中国語を学びたいと日高が望んだとき、それを許さなかった。父は言った。「中国語を勉強してはならない。中国に来たら、日本人は堕落する。この青島を見てごらんなさい。中国人にいばって、悪いことばかりしている。権力、武力のもとで、人間は堕落していく、みんなそうだ。中国で生活しないようにしてくれ。日本に帰って、日本で勉強しなさい」[22]。

それぞれ異なる思想をもつ父と子どもたちは、しかし日本帝国主義への批判という点で、ほとんど一致していた。家庭のなかで議論しあい、自己と異なる意見をもつ他者に敬意をはらう関係性のなかで、日高は早熟な知性を育んだ。こうした稀有の「開かれた」家族のなかで育ったことが、後の日高の思想を根底で方向づけた。

なお日高は一九七七年の水俣における講演のなかで、自分には「重症の心身障害の弟」がおり一六歳で死去したことを、公の場ではじめて語っている[23]。明示的には語られないものの、この弟の存在も、日高の思想に大きな影響を与えたと考えられる。

（２）東京高等学校から東京帝国大学へ

一九三四年、青島日本中学校を卒業した一七歳の日高は、ふたりの兄が住む東京に移り、旧制東京高等学校に入学する。はじめて東京に行ったときのことを後年の日高は、「しばらくのあいだ文明から非文明に移動したように感じた」と回想している。当時は日本「内地」よりも、中国という「外地」の生活のほうが、「はるかに快適で「文明的」だったのだ」[24]。

高校時代について日高はあまり多くを語っていないが、高校では比較的自由に発言することができ、マルクス主義の勉強に熱中する生徒もいたという[25]。日高もマルクス主義の入門書を多く読むと同時に、三木清などを読んで、「だんだんマルクス主義と他の思想との関係に関心をもつように」なり、「マルクス主義を、ややちがった角度から解釈するとか、理解するというようなこともできるんだ、というように感じ」るようになった[26]。マルクスの『資本論』は、原著を買うことができた。後年の回想によれば、時期は特定できないが、若い頃の日高は「戦前の文庫で出ていた外国文学の翻訳はあらかた読」み、

---

(20) 前掲日高『戦争のなかで考えたこと』八－一二頁。
(21) 前掲日高『戦争のなかで考えたこと』七七－七九頁。
(22) 前掲黒川『日高六郎・95歳のポルトレ』五九－六〇頁。
(23) 前掲日高『戦後思想を考える』一七七頁。なお後年の自伝ではこの弟について全く言及していないが、映像資料のなかでは、一九二四年生まれの十郎について記した文書が公開されている（『日高六郎が語る体験的〈戦争と平和〉論』アズマックス、二〇〇五年）。また二番目の兄である宣《せん》は、小学六年生のとき疫痢で亡くなっている。
(24) 前掲日高『私の平和論』四－六頁。
(25) 前掲日高『戦争のなかで考えたこと』九六頁。

図２『暁』第 82 号（還暦記念号）表紙（日高六郎『戦争のなかで考えたこと』より）

とくにロシア文学を数多く読んだという。またロマン・ロランの『愛と死の戯れ』、『獅子座の流星群』には非常に感動したといい、他にもユーゴー、プラトン三部作、マイネッケ、ジンメル、孫文、ソローなどの読書体験を後年の日高は挙げている(27)。敗戦直後の日高の論考にはロマン・ロランやベルクソンのほか、ジンメル、ウェーバー、ジッド、ゲーテ、ドストエフスキー、ニーチェ、シェーラー、ルソー、ヴォルテール、カミュ、ヴァレリー、デュアメル等々が登場する。多読な青年時代であった。

毎年夏休みになると、日高は二ヶ月間ほど青島に帰省した。一九三六年夏の帰省のとき、日高は中学三年生の八郎に対して、『暁』を今後も発行し続けることは危険であることを伝え、八郎もそれに同意した。ほとんどが文芸中心ではあるものの、ときおり時局批判を掲載する『暁』を青島－東京間で郵送し続ければ、いつ警察に開封されるか分からない。第九四号で、『暁』は終刊を迎えた(28)。

翌一九三七年七月には、盧溝橋事件が起こった。そのニュースを、二〇歳になった日高は、ちょうど青島に帰省途中の船上で知った。「恐ろしい時代が来たのだ。しかしそれに流されてはならないのだ……」という感情を抱いた(29)。そして、船上でそのときはじめて出会った中国人留学生と、甲板で長い時間話しあった。ゆくゆくは黄河の治水工事がしたいと九州の高等農林学校に入学したものの、留学をとりやめて抗日戦線に入ることも考えているという彼との会話は、日中の軍事衝突の話にはじまり、互いの身辺の事情や日本の軍国主義化の詳細にも及んだ。互いの運命の異同を知りつつ再会を約束したが、それは果たされなかった。「戦争は人間を苦しめる。しかし、戦争をしかけられた国の若者は、より積極的に苦しみを引きうけた」(30)。青島の家に帰った日高は、盧溝橋事件が満州事変とは決定的に違った影響を中国人に与えていることを感じとった。秋になり、東京に戻った日高は、高校の文芸雑誌に次の文章を投稿したものの、注意を受けて削除させられた。「いま日本人は日本がシナの運命を左右しているかのように勢いこんでいるが、シナの将来が日本の運命を決定するときがくるにちがいない」(31)。

翌一九三八年四月、二一歳の日高は東京帝国大学に入学し、社会学を専攻する。このとき日高はす

---

(26) 谷川徹三・丸山真男・日高六郎・加藤周一・久野収「座談会　三木清を語る」『図書』一九六六年一〇月号、一一-一三頁。マルクス主義文献の読書体験として日高はここで、河上肇、ミーチン・ラズモフスキー、永田広志、野呂栄太郎、羽仁五郎、大森義太郎などを挙げている。なお後に三木が東亜協同体論を展開した時期については、「いったい三木清は、ほんとうに変ってしまったのか、それともまだ頑張っているのかという、非常に単純な物差ですけれども、そういうことが絶えず気になっていました。そして、かげながら頑張っていて欲しいという気持でずっと読んでいた」と振り返っている（一三頁）。

(27) 丸山眞男・日高六郎「読書の姿勢――岩波文庫の昔と今」『図書』一九六七年六月号、五-一一頁。

(28) 前掲日高『戦争のなかで考えたこと』八二-八七頁。

(29) 前掲日高『戦争のなかで考えたこと』九〇-九三頁。

(30) 前掲日高『戦争のなかで考えたこと』九三-九七頁。

(31) 前掲日高『戦後思想を考える』五六頁。

でに、ニコライ・ブハーリン（一八八八 - 一九三八）の「社会学」を読み、彼を「学問の国際性に敏感」な「ソヴィエトのなかの異色のマルクス主義者」と考えて尊敬していた。[32] 自身が社会学を専攻した理由を日高はほとんど明言していないが、おそらくはジンメルへの傾倒とともに、ブハーリンの「マルクス主義的社会学」の影響によるところが絶大であったと考えられる。しかしそのブハーリンはこの年、スターリンによって粛清された。それまでの日高は、マルクス主義をしのぐ理論的・包括的・体系的な社会分析は存在しないと考えていたが、ブハーリン処刑の衝撃は、彼にソ連の政治体制に対する疑念を呼びおこした。後年の日高は語っている。「ブハーリンの粛清（一九三七年）は、私にとっては、強烈な一撃で、どうしても信じられない事件でした」[33]。こうした衝撃を経験するなかで、この頃から日高は、「マルクス主義思想の枠を少しはみだして、私の（あるいは人々の）〈精神〉を考えはじめていた」[34]。その〈精神〉とは同時に、戦争の前線に出ていく若者にとっての、実存の問題、生死の問題と不可分の〈精神〉でもあった。

この頃の日高は、毎年夏休みになると日本軍政下の青島に帰省し、秋の東京に戻ってきては、現地で見た日本軍や日本人による「驚くべき醜状」を誰にでも話していたが、そうした話は、アジア・太平洋戦争の時期に入ると、露骨な反発を受けるようになっていったという。[35] 一九三九～四一年には、日高は東大文学部社会学研究室の助手として、工場と農村における「「生産意欲」昂揚」のための調査・研究に参加し、工場や農村で寝起きする生活を送った。工場における現実の労使関係や職場の管理体制、農村における上に甘く下に厳しい供出制度の実態などはとくに強く印象に残るもので、この経験によって日高は、労働組合と農民組合の復活が必要であることを確信した。[36] しかし卒業論文にとりかかる時期にかけて、「自分のものの見方がすっかり孤立しようとしていることについて不安を感じ」るようになる。[37]

日高は社会学を志した当初より、社会学に深い疑念をもっていた。一九五一年の日高は、次のように書いている。

社会学にたいして、絶望したいほどの不満を持っていた、何度か社会学を見すてようと思った。ぼくはいまでも社会学にたいして割りきれない不満を持っている。〔…〕戦争という重大なことがらについて正確な分析や見透しもあたえ得ないような社会学が、一体どこで人々の要求と結びつくことができるかと考えると、なにか信頼できなかったからである。(38)

こうした社会学への批判と絶望を抱きながら、日高は第一回繰り上げ卒業の対象となり、一九四一年一二月に卒業論文を完成させて、東京帝国大学を卒業する。このとき二四歳であった。

(32) 前掲日高『戦争のなかで考えたこと』二一八頁。
(33) 日高六郎「「戦後教育」を語る」『季刊 forum 教育と文化』一一、一九九八年、一二八頁。
(34) 前掲日高『戦争のなかで考えたこと』二二〇頁。
(35) 日高六郎「船上の記憶など」大河内一男ほか『抵抗の学窓生活』要書房、一九五一年、杉山光信編『日高六郎セレクション』岩波現代文庫、二〇一一年、七頁。
(36) 前掲日高『戦争のなかで考えたこと』二〇二－二〇四頁。
(37) 前掲日高「船上の記憶など」『日高六郎セレクション』八頁。
(38) 前掲日高「船上の記憶など」『日高六郎セレクション』七－八頁。

（3）召集から敗戦まで

日高の卒業論文「社会と個人」は、後年の日高自身によれば、社会学者の名前がいっさい出てこない「かなり非社会学的な社会学論文」であり、[39]つまるところ人間の個性が生かされる社会が一番望ましいということを書いたものであったという。[40]年が明ければ召集令状がくると考え、「書きたいことだけは書いておきたい」と取り組んだこの作品は、次のような関心にもとづいていた。

私にとって、心理学とか、社会学とか、学問の領域の問題はどうでもよかった。人間が世界の全体をどのようにとらえるか、また、人間は世界とどのようにかかわるのか、当時の私には、全体性についての関心とでもいっていいものがあったと思う。[41]

そしていまひとつは、「実存主義的な関心」であった。

巨大な歴史のなかでほんろうされる個人の生のかけがえのなさをどう考えたらいいのか。それは、戦争という大きな嵐のなかに放りこまれた青年たちが、一度は思い悩んだ問題だったと思う。私もまた、そのひとりだった。[42]

そのなかで、哲学者アンリ・ベルクソン（一八五九－一九四一）の言う「開いた社会」をどこまでも支持する論理を見つけることが、この卒業論文のひとつのねらいとなった。[43]

卒業論文の執筆が大詰めとなった一九四一年一二月五日、日高は杉並区役所で徴兵検査を受け、第三乙種合格となった。そして、年が明ければ早々に召集されるらしいと聞いた。その三日後の一二月八日朝、東京駅に切符を買いに行った日高は、号外によって日本軍真珠湾攻撃の事実を知り、「ガンとなぐられたような衝撃」を受ける。(44)「米英を相手の大戦争がはじまった。私は、年明け早々に入隊する。私はこの戦いで死ぬ、ほとんど確実に」(45)。道の傍らに一〇分ほども腰かけ、考え込んだ。「生命と生命との無意味な殺戮の交換。なぜ人間はこんなに馬鹿なのか。むやみと腹が立った」(46)。

しかし、その日は予定通り東大図書館に行って卒業論文に取り組むことにした。東大正門から文学部に入ると、研究室のなかから談笑が聞こえてきて、思わず足をとめた。五〇代の教授や若い助教授を交えた五～六人が話しあっている。「わが帝国海軍は、向うところ敵なしだよ」と述べる者。「胸がすっとした。支那事変にはもやもやしてわかりにくいところがあった。これでほんとうの敵は、米・英であることがはっきりした」と述べる者。「これは、植民地解放戦争だよ。歴史が変るのだ」と述べる者。「日本には新兵器もあるようです。勝算は十分あると聞きましたよ」と述べる者がいた。この会話を聞いて、

(39) 前掲日高『戦後思想を考える』一九九頁。
(40) 前掲黒川『日高六郎・95歳のポルトレ』一一七頁。
(41) 前掲日高『戦後思想を考える』二〇〇頁。
(42) 前掲日高『戦後思想を考える』二〇二頁。
(43) 前掲日高「船上の記憶など」『日高六郎セレクション』八頁。
(44) 前掲日高「船上の記憶など」『日高六郎セレクション』三頁。
(45) 前掲日高『戦争のなかで考えたこと』一七〇頁。
(46) 前掲日高「船上の記憶など」『日高六郎セレクション』三頁。

　私の胸のなかを、持って行場のない憤りが通りすぎた。すでに日本は支那大陸で、一〇年間、戦いつづけている。もし、もやもやを感じ、わかりにくいと考えていたのならば、それはなぜかと、とことん考えるべきではなかったのか。一〇年間は決して短い歳月ではない。なにが大陸で起っているのか。それを調べる時間は十分にあったはずである。中国に調査研究に出かける同僚の研究者もいた。世界の学者や知識人の、あるいは各国のジャーナリズムの、さらには参戦国・非参戦国を問わず、世界の一般民衆のなかでの支那事変にたいする反応を調べることもできたはずである。それが、「最高学府」（？）の教授という地位にあるもののなすべきことではなかったか。(47)

そしてこの会話のなかで「植民地解放戦争」という言葉を聞いた日高は、今後はこれが、日本政府の宣伝のポイントになるだろうという印象を受けた(48)。

　年が明けて卒業論文を提出した後の一九四二年二月、日高は陸軍に召集されて、長崎県大村の久留米師団に入る。この軍隊生活について、戦後の日高は、具体的なことをほとんど語っていない。入隊から四ヶ月がたった頃、肺炎を患って雨の日の強行軍で倒れて入院し、その後除隊された。病気にならなければビルマに行く予定で、同期生はほとんどが命を落としているという(49)。その年の夏は、長野県追分の寺で療養し(50)、その後東大文学部社会学教授・戸田貞三（一八八七－一九五五）によって、副手として採用された。翌一九四三年九月には東大文学部助手となり、人気《ひとけ》のない研究室で、ともかくも本を読むことができるようになった。この頃の日高はジンメルやベルクソンを繰り返し読み、また社会学・社会心理学・文化人類学等の文献を広く読みあさった。

助手としての仕事は、社会学の学生指導よりも、軍需工場や農村に「勤労動員」に行く学生の引率が多かったという。[51] 彼らのなかには、戦争をただ「横目で見ているだけの人」もおり、「誠実主義、マジメ主義だけで過した人間」もおり、日高自身は、「両方にまたがっていたと思う」という。それは勤労動員で農民や工員と一緒に働くとき、大学の人間だからといって甘えたくないという動機から勤勉に働くといった種類の「マジメ主義」であった。[52] こうしたところにも、日高がすでに、知識人の特権性に対して自覚的であったことが表れている。

谷川雁（一九二三－一九九五）にはじめて出会ったのも、この頃であった。一九四三年四月、東大文学部社会学科に入学した谷川は日高に話しかけ、後年までつづく親交がはじまった。後に召集された谷川は、九十九里浜から日高に宛てて葉書を送った。[53] 日高は、谷川や徴兵されたほかの学生たちに、できるかぎり葉書の返事を出した。「この動乱の時代に得た教訓を、のどもとすぎても熱さ忘れず、のたと

（47）前掲日高『戦争のなかで考えたこと』一七〇－一七二頁。
（48）日高六郎『私の憲法体験』筑摩書房、二〇一〇年、一七六頁。
（49）前掲黒川『日高六郎・95歳のポルトレ』五二－五三頁。
（50）日高六郎・上山春平・作田啓一・多田道太郎・鶴見俊輔・橋川文三・安田武・山田宗睦『シンポジウム現代日本の思想――戦争と日本人』三省堂新書、一九六七年、二九頁。
（51）前掲日高『私の平和論』七七頁。
（52）前掲日高ほか『シンポジウム現代日本の思想』三〇頁。一九四三年に日高とともに勤労動員に参加した、当時東大生であった多田道太郎は後に、「日高先生が黙々としてひとりで肥えたごをかついでやって」いたことを振り返っている（二八頁）。
（53）前掲日高『戦争のなかで考えたこと』二一五－二一七頁。

えに従って、いつまでも守りたいと思います」といった内容をいつも書いたという。[54]その意味するところは、「生きてかえってこいということ。そして戦争の体験は忘れないようにしよう、というだけのこと……」であった。[55]

一九四三年夏、二年ぶりに青島の両親のもとに帰省した日高は、日本敗北の見通しを述べ、「内地」への引き揚げを説得する。父は、数日考えた末に引き揚げを決意し、その年の秋に両親は鎌倉に居を構え、日高もそこに引越した。翌一九四四年夏には、すぐ上の兄である三郎が、戦死した。三郎（一九一四年生まれ）は国文学を愛する文学青年で、東洋大学で『万葉集』の大伴家持の研究に取り組み、家庭新聞『暁』には花をうたう短歌などを多く寄せた。卒業後、召集を受けて中国の徐州に行き、帰還後は甲府で中学校の教師をしていたが、一九四一年九月に再度召集され、日高と同じ久留米師団に入る。ボルネオ上陸作戦からシンガポールに転戦し、ビルマに近い雲南省で戦病死したということであった。遺骨も遺品もなかった。[56]父は鎌倉市による合同の葬式を避けられるよう事前に手配しており、「家族だけで兄をとむらうという小さなわがままを実行した」[57]。一家の者が揃ったところで、仏壇に集まって般若心経をとなえ、曹洞宗のお経を上げた。その後も、「名誉の戦死」と讃えられることを避けるために、戦死の知らせを、しばらくのあいだ鎌倉市にも隣組にも内密にした。

これ以上にひそやかな、これ以上に心をこめた葬送のいとなみはなかった。父は、天皇のため、国のための一言も発しなかった。〔…〕

私の父が、息子の死を全くの私事としてあつかったことのなかに、父の無念の思いがこめられていることを、私ははっきりと感じた。それはまっとうな保守主義者としての父の心であった。戦争のまっただなかの当時では、息子や兄弟の戦死を外に知らせない姿勢は、糾弾をうけかねなかったと思う。そのときの覚悟も、父は持っていた。(58)

晩年の日高は兄について、次のようにも書いている。「私にとって、彼の死はなんであろうか。彼がいなくなったことが無限に淋しいということだけである。淋しいということが私の祈りとなるだけである」(59)。

この年の日高は、「集団の封鎖性と開放性とについて」と題する社会学論文を公表している。そこで日高は、次のように述べている。

封鎖的あるいは開放的集団という時、ひとは直ちに、家族、村落等を一方に、経済的結社、大都市等を他方に思い浮べる。そしてこのことは又テニイ《ママ》スの著「ゲマインシャフトとゲゼルシャフト」〔…〕を想起させるであろう。われらは、この社会学徒にとっての常識を、又テニイス以後時としては機械的分類的に使い古されて生気を失ったとさえ思われるこの対立概念を、克明に繰り返したくない。

---

(54) 前掲日高「船上の記憶など」『日高六郎セレクション』八－九頁。
(55) 前掲日高『私の平和論』七八頁。
(56) 前掲黒川『日高六郎・95歳のポルトレ』三七－四九頁。
(57) 前掲日高『私の平和論』九〇頁。
(58) 前掲日高『戦争のなかで考えたこと』二二四－二二五頁。
(59) 前掲日高『戦争のなかで考えたこと』二二六頁。

〔…〕封鎖性とゲマインシャフト、開放性とゲゼルシャフトと、あまりに容易に結びつけられ対立せしめられて、具体性を内に孕むことなく空転するようになったこれらの抽象的概念を、生き〳〵とした有機的連関にまで救い上げ、その多様な現象形式を追求しなければならない。(60)

日高は生涯一貫して、「機械的分類的に使い古されて生気を失った」、「具体性を内に孕むことなく空転するようになった」、つまりスタティックな抽象概念に対して、冷淡であった。この論考で日高はベルクソンに依拠しつつ、むしろゲマインシャフトのうちに「開いた魂」を、ゲゼルシャフトのうちに「閉じた魂」を見出していき、集団を開いたり閉じたりするところの「知性」と「情緒」のはたらきを考察している。「開かれた」家族というゲマインシャフトで育った経験が、こうした日高の発想の根幹にあることは疑い得ない。作田啓一（一九二二–二〇一六）は日高のこの論考について、「日高氏は、すでにその最初の労作において、個別者と普遍者とをダイナミックに関連させる方法論をもって出発している」と論じている。(61)同時に、この社会学論文は、「封鎖性」や「閉じた魂」を暗に戦時下の日本国家と結びつける、鋭い時局批判を潜ませるものでもあった。日本国家というゲゼルシャフトは、その閉鎖的・排外的ナショナリズムによって、兄を奪ったのであった。

一九四四年秋頃、日高は助教授・尾高邦雄（一九〇八–一九九三）の紹介により、徴用に近い形で、海軍技術研究所（以下、技研と表記）の非常勤嘱託を勤めることとなった。同僚には尾高や中野好夫、清水幾太郎（一九〇七–一九八八）など東大文学部関係者がおり、日高はとりわけ、清水の存在に安堵を感じた。日高が同僚のなかでもっとも若いメンバーであった。当初は嘱託の個々人に、「国民の戦意昂揚の方策」といった類の時局に関する研究課題が与えられる形で、たとえば清水は「流言蜚語」研究に取り組んでいた。「流言蜚語」に関する報告会の席で、清水は軍による無制限の情報隠蔽に対して、ほとんど「毒舌」に近い批判を展開した[62]。

戦局が極度に逼迫した一九四五年の四月か五月頃、技研から突然、時局の現状についての意見を「率直かつ自由に」書いて提出してほしいという連絡を受けた。二八歳の日高は、本音を書けば軍部批判になることを意識しながらも、この自由課題を自由に書いてみたいという衝動を抱き、心を決める。そして執筆に必要な情報がほとんど入手できないため、専門家に話を聞きたいと申し入れたところ、技研はその要請に応え、何人かの人々を日高に紹介した。みな知らない人であったが、後になって日高は、技研の人選の的確さに驚いたという[63]。

「私は、会う人にまず自分の意見をのべた。それは人びとをおどろかせた。しかし話しあううちに、同意する人びとが意外に多いことに気づいた」[64]。陸軍参謀本部に勤務する平等文成からは、日本陸軍はいずれ中国大陸から撤退せざるを得ず、中国共産党軍が数年のうちに国民党軍をおさえ支配権をとるだろうという見通しを聞いた。外務省ソ連課長の尾形昭二からは、ソ連の対日参戦は確実であること、ソ連は平和を求めており日本は国策としてソ連の社会主義を尊重すべきことを聞いた。そして彼は、日高が

（60）日高六郎「集団の封鎖性と開放性とについて」『社会学研究』一、一九四四年六月、二七四頁。この論文の末尾には執筆時期について、「昭和一八年五月」と記されている。
（61）作田啓一「日高六郎論」同『恥の文化再考』筑摩書房、一九六七年（初出一九六五年）、二三六頁。
（62）前掲日高『戦争のなかで考えたこと』一四〇－一四三頁。
（63）前掲日高『戦争のなかで考えたこと』一四〇－一五九頁。
（64）前掲日高『戦後思想を考える』五八頁。

技研に意見書を提出すれば身に危険が及ぶリスクがあることを案じた。大東亜省調査担当官の波多野澄夫からは、蔣介石が中国の支配権を握る見通しを聞き、日本では発禁の毛沢東『新民主主義論』やエドガー・スノー『中国の赤い星』その他の日本語訳を何冊か借りた。他にも日高は何人かの専門家に会い、最後には、獄中の日本共産党員の意見を聞きたいと技研に申し出たが、さすがにそれは却下された。面会した人々のあいだには意見の相違もあったが、みな共通して、戦局の挽回はあり得ないという見通しをもっていた。「彼らは、私よりはるかに多くの知識を持ち、はっきりした判断力をそなえていた。すごい人たちがかくれている。私は感動した。しかし、彼らの知恵も知識も判断力も活用されない。もちろん、彼らも発言する自由を持っていない」(65)。

彼らのもとを訪れるのと前後して、一九四五年の五月末か六月はじめ頃、技研では、日高の考えを聞く報告会が持たれた。そこには、いわゆる「皇国史観」で知られる東大文学部国史学科教授・平泉澄(一八九五―一九八四)も出席しており、日高の報告を聞き終わるなり、平泉はそれを「皇国思想の否定」であるとして、激しく叱責しはじめた。「その語調は秋霜烈日のごとしであった」。強い恐怖を感じた日高は、もはや文書提出は求められないであろうと予想したが、意外にも技研はなるべく早急に文書で意見書を提出するよう日高に求めた。そこで日高は、意見書「国策転換に関する所見」を、本土決戦を想定してほとんど遺書のつもりで作成し、七月に技研に提出した(66)。

なお、後年の自伝のなかで日高は、この報告会と「国策転換に関する所見」の作成に、尾高邦男が関わっていたことについては一切言及していない。しかし尾高は一九五八年になって当時を振り返っており、日高の証言と微妙に食い違うため、以下に引用しておきたい。

戦時中、わたくしは彼〔日高〕とともに海軍の技術研究所の嘱託になり、厭戦思想の研究などをやらされたことがあるが、戦争の末期には、ソヴィエトと中共をなかだちとして戦争終結を早めるという計画に参加した。あるとき、研究所の最高幹部会議――これには海軍の将官たちのほか、数名の著名な学者が顧問として参加していた――の席に呼び出されて、日高君と二人で苦心して書きあげた大論文を披露し、どんな手段にうったえても講和を早めよ、という意味の主張をしたことがある。これは日本を破滅から救おうとの至情から出たものだったが、これが某最高顧問の逆鱗にふれ、もってのほかの左翼思想だと叱られた。そのとき、愛国者日高は、わたくしのとめるのもきかず、スックとばかりに立ちあがり、あの優しい顔の目をすえて、舌鋒鋭くこの顧問氏を完膚なきまでにやっつけた。おかげで、翌日彼はクビになってしまったが、わたくしはいまでもこのときの彼の雄姿を忘れることができない。(67)

「国策転換に関する所見」は、日高の晩年の自伝『戦争のなかで考えたこと』に全文が掲載されており（全二二頁）、また日高自身による詳細な説明も書かれている。四〇〇字詰原稿用紙で四五枚ほどにわたるこの長文のなかで日高は、世界の大勢は民主主義に向かっていることから説き起こし、日本軍・在外邦人の即時撤退、朝鮮・台湾の放棄、世界に対する東南アジア諸国の独立の要請、香港返還、国内民主

---

(65) 前掲日高『戦争のなかで考えたこと』一五九－一六八頁。前掲日高『戦後思想を考える』五七－五八頁。
(66) 前掲日高『戦争のなかで考えたこと』一五一－一五九頁。
(67) 尾高邦男「福武・日高・高橋君のプロフィール」『書斎の窓』五六、一九五八年五月、一六頁。

化（資本主義体制の抜本的改革と勤労者団体による工場運営、八時間労働制、全農家の自作農化と農村団体の自治、医療と教育の国家管理、言論・集会・結社の自由等）などを、具体的に主張している。書きながら日高は、軍に提出するそれは「場ちがいの政治的主張」であり、現実に採用されるはずのないものであることに絶望し、また平泉を意識しながら迂回表現をとることが「すでに私が不正直であることではあるまいか」と考えて、強い苦痛を感じた。しかし書き直す時間はなく、書き上げた後に、父の助けを借りて写しを手元に一通残した。(68) 提出後、技研からしばらくは音沙汰がなかったが、八月一二日に呼び出しを受け、解職通知を受けとった。技研の少将は日高に向かって解職の辞令を一読したあと、「ポツダム宣言は受諾されるだろう」とつけ加えたという。(69)

八月一五日、日高ははじめて東大安田講堂に入った。「「玉音」放送を安田講堂で聞きたいと思いたった」からであった。講堂のなかは異常なほど静かで、多くの人が戦争終結を告げる放送であることを知っているらしいことを感じた。いざ玉音放送がはじまると、独特としか言いようのない天皇の朗読の抑揚に、「私は、天皇が想像を絶するほどに孤独・孤絶の人ではないかと感じた」。すすり泣く声が講堂のなかに広がっていくなか、「私の身体のなかにも、強い感情がこみあげてくる。しかし涙はこぼれなかった。こぼさなかった。天皇の声を追いかけて、むずかしい漢語の表現を理解しようと努力した」。そして戦死した兄のことを考え、強い怒りがこみ上げてきた。「兄は歌詠みであった。中国で生まれ、中国を愛し、中国の風物を短歌でのこした兄は、なぜ中国軍と戦わなければならなかったのか」。(70)「私は、涙ひとつこぼさない自分自身に、無性に腹を立てていた」。涙を流さなかったのはおそらく、「私の内部の感情が整理できないほどに複雑だったからであろう」。そして「暗く長くきびしい、そしてあるときには逃避的で生ぬるく怠惰であった五〇〇〇日を思い出」し、「大きな恥と、いくばくかの誇りの感情」をもった(71)。

玉音放送が終わった後、東大社会学研究室に足を向けた。そこで偶然目に入った、三ヶ月ほど前に谷川雁から受け取った葉書を再読した。その末尾に谷川は、「ひたすら精神の作戦を研究しながら、乱世に生きる安易さを警しめつつやってゆきませう……」と書いていた。谷川の「精神の作戦」とは、日本国家が掲げる「必勝の精神」に反対する精神の作戦、すなわち抵抗の精神をもち続けるための作戦であった。

「彼の「精神の作戦」という言葉、「乱世に生きる安易さを警《いま》しめつつ」という言葉は、戦争が進行していたときにも、平和が戻ってきた今日のこの瞬間にも、毅然と立っていると感じた(72)」。こうして、日高の一五年戦争は終結した。このとき、彼は二八歳であった。

(68) 前掲日高『戦争のなかで考えたこと』一四一－一七八頁。前掲日高『戦後思想を考える』五九頁。なお日高は「所見」のなかで、学校教育について、次のように書いている。「教育の問題は重大なり。ただ教育界にのみ限定して言はば、明治維新以来わが教育は根本的に失敗せりと言ふも過言ならず。大東亜戦争今日の窮境を招きたる一半の責任は教育者にあり」（日高六郎「国策転換に関する所見」同『戦争のなかで考えたこと』二五三頁）。

(69) 前掲日高『戦争のなかで考えたこと』二〇六－二〇八頁。

(70) 前掲日高『戦争のなかで考えたこと』二一一－二一三頁。

(71) 前掲日高『私の憲法体験』七－八頁。

(72) 前掲日高『戦争のなかで考えたこと』二一四－二一七頁。

2　戦後の出発――「人間の解放」というモチーフの生成

（1）マルクス主義者への疑義

日高の戦後は、次のような自己意識から出発した。「認識をもちながら行動しなかったものは、知らずに国家方針に同調したものよりもだめな人間だという気持が、私をひかえ目にさせた」[73]。左派知識人のいわゆる「悔恨共同体」に日高も属しており、その悔恨は日高に、自己を問うことを徹底させた。一九四九年に『きけ　わだつみのこえ――日本戦没学生の手記』（東大協同組合出版部）が刊行されベストセラーになると、日高は『わだつみのこえに応える』という感想文集に寄せた文章のなかで、「戦没学生の手記は美談ではなく、抗議である。しかし抗議に感動するためには、みずからが抗議する精神を持たなければならない」と述べ、戦死した兄や友人を悼みながら、「私はいまはすでにその仲間から落伍しかけているのではないか」と書いている[74]。占領改革のなかでにわかに喧伝される「民主主義」の掛け声に日高はきわめて懐疑的であり、そして疑念は翻って、自分自身にも向けられた。

そうしたなかで日高は、知識人たちの複雑に屈折した心理を分析している。マルクス主義の知的権威は、「獄中非転向」の共産党員の威光と相まって戦後数年のあいだ強烈な求心力を有したが、そのなかにあって多くの知識人が、実に多くの知識人論を書いた。日高はそうした流れのなかで、『近代文学』誌上に発表した論考「大知識人論」（一九四七年）において、知識人を次のように問うている。

　インテリゲンチャとは考える人間である。考えることを放棄して真実のインテリゲンチャは存在しない。しかし考えるということは如何に困難な作業であることか。かつて自由こそは考えるための空気であるとひとは信じていた。しかし八月十五日は我々にその空気をあたえてくれた筈であるのに、ひとは考えることを始めようとはしなかった。彼は自由な人間として発言することの困難に初めて直面したのである。〔…〕私は思うのである。彼等の頭のなかにあるのは思想ではなく、その解説であり、考えると言うことではなくて教えるということであることを。〔…〕ともかく彼等は正しい。そしてこの正しさこそは、日本のインテリゲンチャの賢明であると同時に、その矮少である。〔…〕絶望と安易とは背中合せである。われわれは日毎にわれわれの将来に「絶望」する多くの人達に出合う。彼等は様々の「客観的条件」を教えてくれるが、それは彼等を安易にしてくれるからである。〔…〕彼等を待ちうけているものは恐るべき孤独と絶望とではない。彼等の精神はますます円満にすべっこくなってゆくだけなのである。彼らは最後まで考えることをしなかった。〔…〕そして彼は、解決し得ない問題の解答を、すなわち彼にとって解決しなくてよい問題の解答を、紹介しようと気がまえている。(75)

(73) 前掲日高『戦後思想を考える』六二頁。
(74) 日高六郎「私たちに問いかけるもの」東大協同組合出版部編『わだつみのこえに応える——日本の良心』東大協同組合出版部、一九五〇年、『日高六郎セレクション』一一-一四頁。
(75) 日高六郎「大知識人論」『近代文学』一九四七年二・三月合併号、=同「知識人の位置について」同『現代イデオロギー』四三五-四四二頁。日高は荒正人の依頼によってこの論考を書き、当初は「知識人の位置について」という題をつけていたが、編集部の意向により解題したという。なお本多秋五はこの論考について、『近代文学』の最大公約数をこえた個性的なひびきがある」と評している(本多秋五『物語　戦後文学史(上)』岩波現代文庫、二〇〇五年、初出一九六六年、二二四頁)。

戦後日本におけるマルクス主義の、やがて公式化し硬直していった下部構造決定論の発想に対する問題提起を含むこの論考は、マルクス主義者の「安易」さを批判し、「考えるということ」を「真実のインテリゲンチャ」の基礎的な条件として要請している。敗戦直後の日高は、日本のマルクス主義者が孕む原理的問題のひとつを、その「未来完了」の発想に見た。

日高が繰り返し問題にしたのは、次のことであった。マルクス主義の発展段階説が仮に「科学的に」正しいものであるとするならば、外部から輸入したその「必然」に関する認識を獲得した個人は、ありうべき未来社会とそこに至るまでの何段階かの道筋を、すでに正しく知っていることになる。そのとき彼すなわち「前衛」は、学習によって到達した自己の無謬性に立脚して、「無知な」大衆を指導するというスタイルの啓蒙をなすより他ないのではないか。

それは日高にとって、西洋近代の知を丸呑みすることで急激な近代化をはかり、それがやがて対外膨張・侵略戦争へと帰結した近代日本の歩みと不可分の問題であった。日本の知識人の多くが、既製の西洋産の学問・思想の「輸入業者」でしかないのだとすれば、彼らは果たして本当に知識人と言えるのか。やや後に竹内好（一九一〇 - 一九七七）は、正統派マルクス主義者による発明であるところの「近代主義」――「近代」の実現を歴史の終着点と考え、その先の社会主義社会を展望しない立場――というレッテル（他称）を、「前近代社会、つまり身分制が解放されていない社会に、近代が外から持ちこまれた場合に発生する意識現象」と定義し直して、正統派マルクス主義者をもそこに含み込んで批判的に論じたが、(76) それと同様の問題意識を、日高も日本の知識人に対して抱いていたと言うことができよう。(77)

マルクス主義者に対する日高のもうひとつの批判は、彼らがあまりにも人間心理というものを無視しているということである。日高にとってこの問題は、単に部分的欠落であるという以上に、彼らの思想の総体に内在する根本的陥穽であった。それは「指導」の対象たる大衆の心理を彼らが軽視しているということにとどまらず、マルクス主義者たち自身が従来内部に抱え込んできた、そして今後も抱え込むであろう原理的困難として把握された。

社会変革を志す「前衛」の闘士たちには、自らの存在が「歴史の必然」の捨て駒になることをも厭わない、強靱な自律的精神と能動性が要求される。しかし、有限の肉体と生身の感情をもつ具体的な個人は、その行動の動機・エネルギーを、何によって充たすのか。大状況においては、「歴史の必然」を実現するための普遍的な「戦い《ウォー》」が勝利をおさめることが必然であるのだとしても、無数の小状況における個々の「戦闘《バトル》」では、無数の個人が敗れるだろう。「成功を信じて行動することが人間の自然の意志であるのに、科学は時には失敗を見透す時にも人間が自発的に行動することを要請する」。そして、「一度砂をかんだその主体的個人は再び立ち上れないこともあるのだ」。そもそも、「科学は究極的な目的論と両立し得るだろうか」(78)。

(76) 竹内好「国民文学の問題点」『改造』一九五二年八月号、『竹内好全集　第七巻』筑摩書房、一九八一年、五四頁。

(77) 後の日高自身による「近代主義」概念の整理・解説は、日高六郎「戦後の「近代主義」」同編『現代日本思想大系34　近代主義』筑摩書房、一九六四年、同『戦後思想と歴史の体験』勁草書房、一九七四年所収。日高はこのなかで、近代主義批判の第一声をあげた正統派マルクス主義者によって、「極端にいえば、正統派マルクス・レーニン主義者以外のすべての思想傾向が、近代主義の名のもとに一括されたとさえ言ってよかった」として、たとえば荒正人や大塚久雄に向けられた彼らの徹底的批判は、政治的急進派を攻撃するという誤りであったとする判断を示している（一一〇 - 一一四頁）。

こうした、マルクス主義の枠組みにおける人間心理と実存の問題に、日高は徹底的にこだわった。それは日高にとって、当時の論壇において激しい論争の焦点となっていた「政治と文学」や、また「主体性」の問題と不可分でもあった。先述のとおり、少年期にトルストイやクロポトキンの素朴かつ力強いヒューマニズムに心を寄せてきた日高は、社会変革という究極に「正しい」目的のために個々の人間を手段視する共産主義運動の非人間性を、不問に付すことができなかった。その点において日高は、初期の『近代文学』同人たちと問題意識を共有していたと言えよう。

「教える」ことではなく「考える」こと、「思想の解説」ではなく「思想」そのものの創造、「啓蒙的な正しさ」よりも「考えることの冒険」[79]を、敗戦直後の日高は繰り返し重視した。敗戦と占領改革によって、国家権力による苛烈な思想統制という前提が崩れ、人々は「考えるための空気」であるはずのところの「自由」を手にした。にもかかわらず、多くの知識人たちは、「考えることを始めようとはしなかった」。気鋭の若手として、マルクス主義者をはじめとする知識人に対するそうした峻烈な批判を世に問うていくなかで、日高は言論人としての視座と立脚点を、しだいに確立していった。

(2)「開いた魂」「開いた社会」の希求

知識人としての基盤を固めていきつつあった一九四〇年代後半の日高は、デモクラシーとマルクス主義とを生んだ「近代」という時代について、繰り返し論じている。それは二度の総力戦を経た二〇世紀半ばという現在の歴史的位置の定位に賭ける文明論的色彩の濃いものであり、その思考の軌跡は、後の「進歩的知識人」としての日高を理解する上で、決定的に重要である。

日高は『近代文学』誌上に発表した「二十世紀論」と題する一九四八年の論考において、二〇世紀が「「近代」の大詰」の時代となるかもしれないことを論じている。「近代」とは、物質的生産力とそれに支えられた人間中心主義によって特徴づけられる時代であるが、もしこの両者が予定調和的でなく二律背反の関係であったならば、「近代は原理的に大詰とならざるを得ない」。人間中心主義のイデーは、「開いた世界」の原理を内に含んでおり、そこから生じた「あらゆる人間の尊重を承認し自覚する平等主義は、デモクラシーの基盤となり根本感情となる」。「二十世紀にはいってからの、二度の大戦の経験は、いかなる政治的権謀術数にもゆるがないヒューマニズムの柱を、数多くの人々の心のうちに打ち下した」。しかし、そうした「人類的な平等感情」・「ヒューマニズム」すなわち「知性以上の感情」はまた、「自己を実現するための質料」として、物質という抵抗物を必要とする（たとえば、「ベードーヴェンのピアノ・ソナタ」は、「ピアノという一つの新しい表現能力をもった楽器の発明」なしには考えられない。しかし「そのピアノ・ソナタのイデーは、ピアノの鋼鉄線の振動とは無関係である」）。物質的生産力から解放されようと欲するはずの人間解放のイデーが、なぜ物質的生産力に依存しなければならないのか。

日高はここで、ベルクソンに依りながら「知性以下の感情」と「知性以上の感情」の両極を措定し[80]、

(78) 日高六郎「人間とかれの自由について――あるいは「主体性」論争に対する一つの小さな横槍」『近代文学』一九四九年一月号、同『現代イデオロギー』四三〇-四三二頁。

(79) 前掲日高「知識人の位置について」同『現代イデオロギー』四四〇頁。

(80) 「われわれは二つの極を考え、その二つの極への、それぞれの牽引力を考えれば十分である。すなわち二つの静態的な領域ではなくて、二つの異質的な方向への動的な力が問題なのである」と述べられるとおり（日高六郎「二十世紀論」『近代文学』一九四八年四月号、同『現代イデオロギー』四九二頁）、ある具体的な問題を論じるにあたり、抽象的な両極を措定して現実をその間の無数の段階のなかで動的に捉える発想が、日高には一貫している。

普遍妥当性をもつ知性に支えられてはじめて、「知性以上の感情」は表現されると述べる。そして物質と精神の間には「依存と同時に無関心の関係」が成立するとして、物質が、「人間の精神をただ甘やかすだけ」に終わりはしないかを問う。さらには、「二十世紀の夢」――物質的生産力に歴史の駆動因を見出すエンゲルスの言うところの、「必然の王国から自由の王国への人類の飛躍」(81)――が解決されたときとはすなわち、「人類にとって最大の問題が提出される時」なのではないかと問う。いずれ人間が、歴史を自ら意志するままに決定できる未来を迎えたとき、「自然科学的知性」は、たとえば人種差別という問題を、「人間の遺伝質にある影響を与えて人間の皮膚の色を変える」という方法によって一挙に解決に導くかもしれない。「結局はイエスの福音よりも、社会学者たちの気長な空想よりも、自然科学的知性が最も問題を解決するのに俊敏であることが実証されよう」。しかし、「このようにやすやすと精神が物質に拠って「物質以上に高まる」ことができるならば、精神とはちょうど困難な問題に困惑してむずかる子供のようなものであろう」。それは「何という知性と物質の勝利であり、何という知性以上の感情と精神の敗北であろうか。しかしまた何という受動的な問題の解決の仕方であり、何という人類的感情の立ちおくれであろう」。

日高はこのように、「知性以上の感情と精神」すなわちヒューマニズムが敗北して、来たるべき社会主義社会において、「人類的な平等感情」とは無縁な「自然科学的知性」つまりテクノロジーによって、諸々の社会問題が単に技術的（物質的）に解決される未来を、色濃く予感している。なおかつ、それでも自らは、「知性以上の感情」、自然科学的知性に対して「むずかる子供」に過ぎないかもしれないところの「精神」に賭けようとする意志を打ち出している。

一体能動的精神はこのように立ちおくれたまま人類史の終点へ進むのであるか、それともいかなる未来完了も信ずることなしに、ただ自分の生命と実存とからほとばしる能動的行為におのれをかけて、問題を時々刻々に解決しようとして現在に立ち向おうとするのであるか、問題のいとぐちはすでにこの二十世紀にはじまろうとしているように私には思われる。(82)

ここで述べられる後者、「いかなる未来完了も信ずることなしに、ただ自分の生命と実存とからほとばしる能動的行為におのれをかけて、問題を時々刻々に解決しようとして現在に立ち向おうとする」ことこそ、日高がその後、生涯にわたって貫こうとした姿勢であった。

その二〇世紀について、日高はまた別の角度から、先立つ時代との関係において考察している。一九四九年の論考「十八世紀と現代」では、アメリカ独立宣言とフランス人権宣言とを生んだ一八世紀について、次のように論じる。人間の平等と人権という「自然的権利」を追求した一八世紀を「人類史の一つの頂点」とみなすベルクソンにあっては、デモクラシーそのものも、「福音書的本質のものであって、

---

(81) 日高はエンゲルスのこの「壮大な、ほとんど予言者的な表現」が、「空想から科学への上昇と、科学から空想への飛躍との交叉する際どい一線」の上で語られていると述べて（前掲日高「二十世紀論」同『現代イデオロギー』四八五頁）、その「科学」性に対して、控えめに疑問を提出している。

(82) 日高六郎「二十世紀論」『近代文学』一九四八年四月号、同『現代イデオロギー』四八四‐四九六頁。なお晩年の日高は、「自分の考え方がやや安定してきたと思いはじめたのは、戦後、『近代文学』などに書くようになってからです。三〇前くらい。それまでの自分の生活経験が、ひとつの尺度になった。いわゆる歴史の発展段階論じゃなくて、わが寿命の発展段階論ですね」と述べている（前掲黒川『日高六郎・95歳のポルトレ』一八七頁）。

愛を動因とする」ものである。しかし続く一九世紀は、人間は必然的に「社会的歴史的人間」であると断定する、マルクスの『共産党宣言』を生んだ。これを重んじる見方からすれば、「自然的権利」の理念も結局のところ「有産階級に奉仕するイデオロギー」に過ぎず、あくまで一八世紀的価値の否定こそが問題となる。

象徴的な意味で一八世紀が「自然の世紀」であり一九世紀が「歴史の世紀」であったならば、二〇世紀は果たして「人間」の世紀となり得るか。いまや「自然」とは、人間の非合理的な感情や欲求の領域をも含み込む科学的・現実的なものを意味するようになったが、そうした認識（つまり心理学をはじめとする人間科学）には、「一種の動物的な野生にまで退行する危機も潜んでいる」[83]。そして現実政治においては、一八世紀的理念を支持するアメリカ――「歴史を知らないアメリカ」――と、一九世紀的理念を武器とするソ連との対立が、いずれ人類最大の悲劇を招来するかもしれない。しかしいずれにせよ、「どのようなことがらが起ろうとも、決して最後的には絶望しないというオプティミズムこそは」、「十八世紀的世界観の一つの大きな遺産なのである」[84]。

これらの議論の基底には、日高がベルクソンに深く傾倒した戦時下の経験が存在する。後年の日高は、次のように振り返っている。

> マルクス主義者からいえば反動的というほかないであろうベルグ《ママ》ソンが、とくに『道徳と宗教の二源泉』（一九三二年）のなかで、「閉じた社会」「閉じた道徳」「閉じた宗教」を熱烈に批判することをとおしてショーヴィニズムを否定した点に、私は強くひかれた。そうした形で、私は日本の軍国主義にたいする批判をもちこたえた[85]。

二〇世紀について論じる以前に、一九四六年の時点ですでに日高は、論考「ベルグソン《ママ》とデモクラシーの心理学」において、デモクラシーを「本質的に開いた社会」であり「人類の進むべき一つの方向」と考えたベルクソンに、自らのデモクラシー観を仮託して表明していた。それは、次のことを論じるものであった。

ベルクソンによれば、知性とは元来「閉じた社会」に奉仕するものであり、知性に支えられた「平等」もまた、当初は「閉じた社会」に属する概念であった。しかし知性はそこに完全に閉じ込められていたわけではなく、「開いた魂」への準備としても働いた。したがってデモクラシーには、「閉じた社会に仕えるものとしての知性によって根拠づけられる」デモクラシー／「知性の、すなわち「開く魂」のデモクラシー」／ベルクソンの言う「知性以上の感情」、「人類全体を包容すると言ってもなお言い足りないほどの「開いた魂」」に支えられるデモクラシー、の三つが考えられる。人類全体に及ぶ「同胞愛」をデモクラシーの根底に置いたベルクソンのオプティミズムにはさまざまな異論が提出されるであろうが、しかしベルクソンにとって「最も肝要なのは開いた魂であり、それのみである」。

(83) こうした日高の危惧は、アメリカの社会心理学が、「人間の社会的行動を基本的には動物のレベルに還元してとらえるという姿勢」をもっており、「行動主義は〔…〕ただ人間が物質的、もしくは心理的に精錬された道具、上部構造をもっている点で動物と異なるとみるにすぎない」ことに対応したものである（佐藤毅「社会心理学の方法と課題」『今日の社会心理学1　社会心理学の形成』一九六五年、一三三頁）。

(84) 日高六郎「十八世紀と現代」『近代文学』一九四九年一二月号、『現代イデオロギー』四六三‐四七二頁。

(85) 前掲日高「あとがき」同『現代イデオロギー』五八三頁。

他方、現在の日本に目を向ければ、「激しくデモクラシーのために戦っている」マルクス主義者たちは、デモクラシーのためには、（たとえば「階級敵」に対する）「ルサンチマン」と「憎悪」こそが要求される真実の徳であると主張」している。彼らの議論は、「デモクラシーの心理学ではなくて、むしろ論理学」に終始しており、「心理も結局は全体としての論理の前につねに制御されているのが真正なるマルクシストのすぐれた特徴である」。それは「科学」によって、それゆえ「知性」によって支えられている。

このようにマルクス主義者たちを批判しつつ、日高がここで表明しているのは、「閉じた社会」のデモクラシーには自らは与さず、「開いた魂」に支えられるデモクラシー、人類全体に及ぶ「同胞愛」を、あくまでも支持し追求するという意志である。そしてロマン・ロラン（一八六六－一九四四）によるジャコバン独裁期を舞台とするフランス革命劇『愛と死の戯れ』のなかの次の台詞——「現在を未来のために犠牲にしようではないか」と言う「論理家」カルノーと、それに対して「真理や愛や、あらゆる人間らしい徳性や自尊心を未来のために犠牲にするということは、とりもなおさず未来そのものを犠牲にし亡ぼすことだ。正義は罪に汚れた地面から生えはしない」と応答する「心理家」ジェローム の対話を引用する。日高は、未来のために現在の不正に加担することを強いられたカルノーの抱く苦悩に深い理解を寄せ、なおかつ、「自分の生命のために他人の生命を亡ぼすこと」を拒んで殺害される老ジェロームの「開いた魂」の「哀しい高さ」は、結局のところ単なる「心理家の心理」の自己満足に過ぎないかもしれないことを突き詰める。これらの検討を経て、最後に日高は、次のように述べている。「論理家と心理家のいずれが正しいかは誰も真実には知っていないのである。〔…〕論理家と心理家とがそれぞれに抱く苦しみこそは、未到の豊饒さを人類に約束しているように思われる」(86)。

敗戦後、日本の知的世界における「論理学」の圧倒的優勢のなかにあって、日高はマルクス主義の「正しさ」をさしあたり承認し、またルサンチマンと憎悪とが社会変革を志す人間心理にとって大きな動機・エネルギーとなり得る現実を認識しながらも、しかし自らはそれに与するのではなく、「開いた魂」、「あらゆる人間の尊重」を希求するヒューマニズムの立場を打ち出した。言うまでもなく、戦争は「閉じた魂」に仕える知性によって遂行されたにほかならず、「あらゆる人間の尊重」のはるか対極にあるものだった。その戦時下を「戦中派」世代として生き、国策に抵抗する「精神の作戦」をどうにか保ちながら敗戦を迎えた経験のなかでの思想的到達が、一九四六年のこの論考には、集約的に表現されている。

(3)「科学的人間主義」の立場

こうして、三〇歳を過ぎた頃の日高が最も重要な問題と考えるようになったのは、二〇世紀を「人間」の世紀とすることができるか否かということであった。そしてまたそのために、自らは何をなすべきかが問題であった。これらの課題と不可分のテーマとして、占領終結に至る時期にかけて、日高は次のような科学論を展開している。

近代科学の位相においては、まず自然科学が興り、次いで社会科学が発達した。そして二〇世紀半ばの現在、文化人類学や心理学といった「人間の科学」が、マルクス主義とは相交わることなく独立に展

(86) 日高六郎「ベルグソンとデモクラシーの心理学」『饗宴』一九四六年六月号、同『現代イデオロギー』四四九－四六二頁。

開している。アメリカ文化人類学は自然法的個人主義を土台としており、そこで取り上げられるのは「歴史的社会的人間」であるよりもむしろ、「不変の人間性」である。[87]

日高はアメリカの文化人類学者ルース・ベネディクト（一八八七－一九四八）が第二次世界大戦下で日本社会を分析し、戦後日本でも話題となった『菊と刀』（翻訳書一九四八年）[88]を評しながら、「人間の科学」について、次のように述べる。「哲学者たちが人間は理性的動物であるなどという幻想を真面目に信じていたころ」、「日本人のなかで「日本的」なものの暗いひだをまでもっとも鋭く読みとっているのは、わが社会科学者たちではなくて、若干の小説家や文芸批評家であると私は信じている」。しかしともあれ現在、「人間の科学」は、そうした人間の心の内部にまで分析の歩みを進めた。人間の目的意識的な階級意識が歴史を動かすと考えるマルクス主義に対し、『菊と刀』の方法は、「人間の非合理的な、無意識的な衝動」に重点をおく。著者ベネディクトにとって「デモクラシーとは政治経済的な機構であるよりも、一種の思考や行動の心がまえ」であり、それゆえ「階級社会をデモクラティックな社会とするためには非常に長い期間をかけた最も広い意味での教育が恐らく最も決定的」である。[89]

日高はこのように、マルクス主義とベネディクトの発想を対比させつつ、「進歩的な人々も勇敢にベネディクトの考えを利用すべき」であると述べる。人々の無意識の底には衝動的・非合理的なものが沈澱しているが、それは必ずしも常に保守的・退行的であると言うことはできない。「それは頑迷固陋な泥沼であると同時に、創造的な情熱の源泉ともなる」ものであり、「理性はこの泥沼を制御すると同時に、創造の源泉に適当な通路を与えなければ」ならない。進歩主義者たちは理性的通路の方向は知っているが、「その通路をみたすべきエネルギーについては、むしろフロイト的立場の人々のほうがよく心得ている場合も」ある。ほんの数年前まで、軍国主義の支柱であった「民族」は「われわれの心の奥底に実在して」いたのであり、「拭い落すことのできない魂の奥底がすなわち民族の隠れ場所」であった。それは戦後になって、超国家主義が禁止されても、容易には消え失せない性質のものである。その「行動のエネルギー」が溢れだして、再び軍国主義者たちが登場することになるかもしれない大きな危険が現在も潜んでいるからこそ、人間の心理に対する洞察が必要となる。進歩的な人々には、日本社会における「民族的性格」を単に克服の対象とするばかりでなく、「そのエネルギーを進歩的な方向に導いていく」道もまた残されている[90]。

さらに日高は、マルクス主義と「人間の科学」の平行線を念頭において、次のようにも問う。「ある一つのイデオロギーや世界観を、階級的な利害関係から説明し、あるいはそれによって否定することは、ある一つの気質に対する暴力を意味しないであろうか」。この問いに対する日高自身の解答は、次のようなものである。たとえば内向型／外向型といったような「心理学的タイプ」――幼児の頃の経験によってある程度形成され、容易には変更できないものとなる「パーソナリティの中心的な部分」――が、可変的であることに希望をつなぐよりも、むしろそれが弾力的な統一性、発展的な一貫性を持つこと

(87) 日高六郎「現代の争いと文学者の良心――政治と文学について」『群像』一九四八年六月号、同『現代イデオロギー』三九六‐三九七頁。
(88) Benedict, Ruth, *The Chrysanthemum and the Sword: Patterns of Japanese Culture*, Mariner Books, 1946. ＝ルース・ベネディクト（長谷川松治訳）『菊と刀』上・下、社会思想研究会出版部、一九四八年。
(89) 日高六郎「人間の科学――新しい科学の立場」『知性』一九四九年五月号、同『現代イデオロギー』九七‐一〇二頁。
(90) 前掲日高「人間の科学」同『現代イデオロギー』九七‐一〇六頁。

に一層大きな期待をかけている。人類のもっとも偉大な創造力は、自己の心理学的タイプに粘り強く忠実であった人々によって、すなわちそれを変更することをではなく、成熟させることを知っていた人々によって、比類なく達成されてきている。もし歴史的必然を信ずることが宿命論でないならば、それと同じ意味で内面的な必然性を信ずることも宿命論である筈がないであろう。(91)

こうした人間の「心理学的タイプ」＝「内面的な必然性」の多元性を認めることが、果たして新たな「自由と解放の原理」となり得るか、それとも単に「混乱と解体」だけをもたらすか。しかし、「一神教的な価値の体系がわれわれに熱狂的におしつけられたのは昨日のことであった。それを決して明日の現実としてはならない」。そして、「もし人類が革命のためにあるのではなくて、革命が人類のためにあるものであれば」、マルクス主義と「人間の科学」の両者は、「協力すべきであるように思われる」(92)。北河賢三が的確に指摘するように(93)、日高はマルクス主義的な「社会的解放」とともに、生理的・心理的・精神的な、つまり全的な「人間の解放」を追求した。日高は言う。

さま〴〵な人間の精神や態度を簡単に「発展段階説」で片づけようとするのは人間知らずである。〔…〕人間を真に全体として解放しようとするならば、その可能性は別の問題としても、ともかく人間を全体として捉える学問が要求されなければならない。〔…〕「社会科学」は万能ではない。それは生理学や医学や心理学や精神病学にさえ応援を求めなければならない。〔…〕人間の解放とは、単なる「農奴解放令」ではない。人間は解放を感覚しない限り解放されているのではない。自由を心細く感じるものは自由ではない。それは人間の心理の問題でもある。〔…〕社会的解放は直ちに全面的に

心理的生理的解放とならず、その逆も真実ではない。(94)

日高は戦前のプロレタリア運動のきびしさ、たとえば野間宏が小説「暗い絵」で描いた主人公（革命の闘士）がまとう「一種の悲劇的な雰囲気」の由来を、プロレタリアートの「身分的パーソナリティ」――ある社会的身分に期待される行動を実現するのに好都合な心理的態度（プロレタリアートの場合、「百パーセント党生活者」）――に適応し得ない「心理学的タイプ」の持ち主による、「絶えまない自己監視と自己抑制」に求めている。(95)全的な「人間の解放」という日高のモチーフは、人間の多様さとそれを十分に捉え得ないマルクス主義の単線的な発展段階説や下部構造決定論に対する疑問、また本来人間を解放に導くはずのプロレタリア運動が不可避に有してきた、抑圧性や暴力性に対する問題意識から生まれたものだった。(96)

(91) 日高六郎「個人と社会について」『展望』一九四九年四月号、同『現代イデオロギー』九三‐九四頁。この論考は、一九五〇年代の社会心理学（本書第2章）へと引き継がれていく初発の日高の関心をよく表している。
(92) 前掲日高「個人と社会について」同『現代イデオロギー』八六‐九五頁。
(93) 北河賢三「日高六郎の戦争・戦後体験と戦後思想」『早稲田大学教育・総合科学学術院　学術研究（人文科学・社会科学編）』六六、二〇一八年、一四一頁。
(94) 日高六郎「人間解放の立場と発展段階説」『季刊大学』二、一九四七年、三八‐三九頁。
(95) 前掲日高「個人と社会について」同『現代イデオロギー』八八‐九一頁。
(96) なお当時の日本社会において、「社会的解放」が必ずしもただちに「心理的生理的解放」に結びつかなかった代表的な例としては、「婦人の解放」が挙げられよう。

こうした思考のプロセスを経て、一九五〇年に発表した論考「自然と歴史について――アメリカ独立宣言と共産党宣言」には、以後日高の基本線となった歴史観および思想的・学問的立場が、鮮明に示されている。

自然法的立場に立つヒューマニストは、自由や平等などの理念を、（キリスト教の）「神的な「不可譲ノ権利」」と捉えるが、それは誤りである。しかしマルクス主義者のように、それらの理念が単にブルジョア的イデオロギーに過ぎないと考えることもまた誤りで、両者はともに、「一種の科学的な誤解を含んでいる」。自由・平等などの理念は、「人類が長い間の社会的歴史的な経験によって獲得した経験的な価値だった」のである。その「社会的歴史的な経験」は、「ブルジョアジーの利害というような、たかだか数世紀間の経験をはるかに超えた長期の経験」なのであり、だからこそ、「ブルジョア以外の多くの民衆、労働者や農民にまで浸透して行った」のだった。

こうした見解に立つ「第三の立場」は、自由・平等などの理念を、次のように捉える。「人間は欲求をもつことによって行動の主体者となって」いる。その欲求とは、社会的歴史的に形成されるものである。自由・平等などの価値は、「欲求の対象以外のなにものでも」ない。人間の基礎的な経験は幼少時の「濃厚な感情的な雰囲気」のなかで形成され、その時点で人は自由と抑圧を経験する。さらに成人してからも、社会生活において人は欲求と外的規制との調和／不調和を体験する以上、自発的行動への欲求が残されることは、疑う余地がない。自由・平等などの理念が「感情的な牽引力」をもつのは、当然のこととして解釈できる。歴史主義者（すなわちマルクス主義者）たちは、自由・平等という価値の「ブルジョア的限界」のみを強調するが、彼らはその背後に、「もっと重く人類の経験が沈んでいる」ことを忘れてしまっている。「それらの理念をただブルジョアジーの利害を代弁するヴェールに過ぎないと考えるような狭い経験に固執するならば、われわれは人類の経験から復讐される」。人類の経験は「素朴かつ単純」であるが、「その素朴さには、時として詭弁的となりやすいような弁証法の理論ではつつみきれないほどの、人類の経験が充実」しており、このような「全体としての人間の素朴さに直接的に接近することこそが、科学的にも、世界観としても、新しい創造的な二十世紀の立場であるべき」である。[97]

このように日高は、自由・平等という価値の「感情的な牽引力」に着目し、それらを「欲求」という心理学＝「人間の科学」の概念によって捉えた上で、それらは人類の経験的な価値であるとして、普遍主義を斥ける。「人間の科学」は、人類が長い時間をかけて獲得してきた自由・平等といった価値を、「科学」として把握する段階にようやく到達した。「全体としての人間の素朴さ」に直接的に接近することを「科学」のひとつの使命と捉え、またそのなかに創造性の源泉を見出す日高のこのような思想は、社会学者として学術研究に向きあう際の、次のような留保を伴うスタンスの由来ともなった。「科学的社会主義と心理学的方法とが、一体どこまで手をとって進むことができるか、私は必ずしも楽観的でない。しかしわれわれには徐々にでもわれわれ自身を解放して行くよりほかに方法は与えられていない筈である」。「〔フロイト的方法が〕少しでも役に立てば、それで十分ではないか」。[98]

多くの社会科学者がその「論理学」の精緻化を目ざして自己を賭した妥協のない姿勢とはやや質を異にするこうした日高のオプティミズムは、決して不可知論ではなく、また同時に、戦争によって兄や友

(97) 日高六郎「自然と歴史について――アメリカ独立宣言と共産党宣言」『人間』一九五〇年四月号、同『現代イデオロギー』四七九‐四八二頁。
(98) 前掲日高「個人と社会について」同『現代イデオロギー』八五‐九五頁。

人を亡くし自らは偶然生き延びた戦中派知識人の、「絶望と安易とは背中合せである」(99)というリゴリズムとも表裏のそれであった。日高にとって、安易に絶望することは倫理的に許されないのであり、欠陥に満ちた世界のなかで一点突破は見込めず、僅かずつでも前進していくよりほかに道はない。「科学」にトータルな期待を抱かないこうした漸進的姿勢と「人間の解放」というモチーフが、後の日高の、並外れた忍耐力・持久力の源泉となった。これを当時の日高は、「科学的社会主義」に対応させる形で、「科学的人間主義」の立場であると、控えめに称している(100)。

また、論考「自然と歴史について」のなかで日高は、次のようにも述べる。マルクス主義は、「必然的に保守主義に導かれるとさえいわれる歴史主義を、進歩の立場と結びつけようとした最初の、いわば例外的な試みだった」。そこでは弁証法が武器となった。しかし弁証法は「諸刃の剣」であり、「対象を分析する刃が反転して、自分自身を傷つけたこと」はなかったか。「限界」の発見が「自分自身に向けられるならば、それは人間の行動への意志をくじかせるような障害物に転化する危険」がある。「限界を突破しようとする努力によって、初めて人間は彼のもつぎりぎりの限界に迄肉薄することができ」るのであって、「限界線を科学的に知ったものは、ぎりぎりの限界のずっと手前で立ちどまるにちがいない」。さらに、「限界を発見することに熱中する人間は、偉大なものに対する感覚を麻痺させる恐れがある」。ある人間の仕事を、「彼の階級的立場から、あるいは歴史的状況から説明する」ことは、科学的には正当であっても、「一種の暴露的な辛辣さ」が伴う(101)。

時期を大幅に下り、一九六九年になると、日高はこれと同じことを、もうすこし直接的な表現で次のように述べている。

たとえばロックやヒュームやカントやヘーゲルやデカルトやルソーなどのブルジョア・イデオローグの一定の進歩性をみとめながら、しかもその限界をすでに十分に承知している人間は、それらの思想家たちの独創性を真に学ぶことができるかどうか。それらの思想家の百分の一の独創的能力も持たないものが、その限界だけを指摘してみても、みずから独創的思想を創造することができるかどうか。そのことを私は疑わしく思う。こうした未来完了的思考方法の傲慢と怠慢の根源は、みずから絶対的に無謬の〈思想〉を所有していると考える〈思想〉信仰に発している。〈体験〉から〈思想〉〈制度〉の次元へ上昇することなしに、〈思想〉信仰と〈制度〉信仰から下って民衆の〈体験〉をこぼれおちなく分類整理説明できると考えたその瞬間から、認識能力の硬直がはじまるのは必然である。[102]

こうして、日高の啓蒙は、「「思想」を思想創造と切りはなす「啓蒙主義」」[103]を克服し、総力戦と敗戦という日本の歴史的〈体験〉を〈思想〉化するという課題に賭けられることとなる。

その後、さまざまな現実問題に向き合ってきた一九八〇年の日高は、このとき以来繰り返し問題にしてきたことを、ずっと平易な表現で、たとえば次のように述べている。

---

(99) 前掲日高「大知識人論」同『現代イデオロギー』四四二頁。
(100) 前掲日高「個人と社会について」同『現代イデオロギー』九五頁。
(101) 前掲日高「自然と人間について」同『現代イデオロギー』四七七‐四七九頁。
(102) 日高六郎「戦後日本における個人と社会」『岩波講座・哲学5　社会の哲学』岩波書店、一九六九年、日高六郎『戦後思想と歴史の体験』勁草書房、一九七四年、二一六頁。
(103) 前掲日高「あとがき」同『現代イデオロギー』五八四頁。

マルクス主義は、「正しさ」と「かしこさ」の思想を持ちながら、「やさしさ」については深い思想を持っていないことがあったのではないかと考えた。(104)とくに「やさしさ」と「にくしみ」との関係が深くとらえられていないことがあったと考えた。

ここで日高が言う「やさしさ」とは、言い換えれば、「人間が有限の存在でしかないということの認識」(105)であった。認識と実践の位相における人間の有限性の自覚という主張は、マルクス主義から文化人類学や心理学に至るまでの各々の立場が追求する、「科学」の内容と範疇を突き詰めた末に導出されたものでもあった。日高にとって「科学」は、「人間の解放」のために考え得る条件のひとつに過ぎない。日高の内面にキリスト教への信仰といったものは全く存在しないが、しかしベルクソンが「愛の飛躍をなして人類一般に向って進むような魂の天才達」のひとりにイエスを数えたことの意味を受容し、その「愛」と「福音書的」ヒューマニズムを支えとして戦時下を生きた経験が、こうした日高の「デモクラシーの心理学」の思想を形づくった。

先述のとおり、一九四五年七月に日本軍即時撤兵・植民地返還・国内民主化等を主張する「国策転換に関する所見」を海軍技研に提出して軍国主義に抵抗した日高は、続く占領下においても、目まぐるしく展開する現実政治を見据えていた。日本国憲法第九条を多くの知識人や民衆が占領軍からの「贈りもの」と捉え歓迎したとき、それをアジア侵略を犯した日本に対する懲罰規定だと認識した例外的な知識人が日高であったことを、君島東彦は指摘している。(106)当時について、晩年の日高は次のように振り返っている。

〔一九四六年三月、幣原〕首相は、我々は日本国憲法によって、国内では民主的な政府のための基盤を確立し、対外的には戦争廃止のため世界の他国をリードしなければならない、ということを語っていた！ 私は、それを〔新聞で〕読んで、苦い気持ちになった。〔…〕第九条に懲罰的意味がふくめられていることは、彼ら〔アジア全域の戦禍と虐殺を経験した民衆〕にとっては当然のことであった。それは単純な日本への贈物であるはずはない。なぜかつての軍事的侵略国の民衆だけが、持続的な永久平和をあたえられるのか。軍備の重圧から日本の民衆は解放されたといって喜んでよいのか。(107)

「植民者」として、幼少時の「濃厚な感情的な雰囲気」を植民都市青島で生きたディアスポラの知識人である日高は、帝国日本の植民地支配と対外侵略を、他人事としてやり過ごすことのできる条件をもたなかった。少年期の日高は、「トルストイを読んで、人間平等論や、キリスト教的な愛や、ロシアの大地で生きている百姓の土の香りに魅せられ(108)」、その平和論に傾倒しながら、同時に、「貧困のどん底の中国人、いわゆる苦力《クーリー》と呼ばれる人たちを、朝晩いつも見」る生活を送った。そしてしだいに、「このよ

---

(104) 前掲日高『戦後思想を考える』一四〇‐一四一頁。
(105) 前掲日高『戦後思想を考える』六三頁。
(106) 君島東彦「六面体としての憲法9条――脱神話化と再構築」君島東彦・名和又介・横山治生編『戦争と平和を問いなおす――平和学のフロンティア』法律文化社、二〇一四年、一七九頁。
(107) 前掲日高『私の憲法体験』一〇二‐一〇三頁。
(108) 前掲日高『私の平和論』一八三頁。

うな不正は絶対に許せないと感じるようになった」。[109]「開いた魂」「開いた社会」を希求した日高の視野は、当初からアジアの人々を含み込んでいたが、それは彼の出自と生活経験に分かちがたく結びついた思想であった。

おわりに

イデオロギーの異なる親子が互いに尊重しあい、対話を重ねる「開かれた」家庭のなかで、日高の思想は育まれた。その家庭はまた、軍国主義に対する精神的抵抗の拠点となった。そして戦時下から敗戦直後にかけての日高が、社会学・文化人類学・心理学・社会心理学等の文献を読みながら考えたことは、つまりマルクス主義という「科学」の体系にそれらの異質な「科学」をぶつけてみたときに、盤石で寸分の隙もないかのように思われるマルクス主義の体系には、ある綻びが生じるのではないかということであった。それこそが、人間心理の問題であった。

「行動する知識人」となっていく前夜、日高は自らを「開く」ための準備期間を、そうした人間の心理的側面を含んだ、トータルな「人間の解放」の考察に費やした。「考える」ことを徹底した占領期の日高は、たとえば物質と精神の二元論など伝統的な西洋哲学の枠組みを用いつつも、知識人のあり方をアクチュアルに問う論考を、次々と世に問うていった。そしてその思想的到達は、「科学的人間主義」の立場として打ち出された。その後の日高はやがて、現実に生起する様々な具体的問題に関わりはじめることになるが、そのとき日高の文体は、しだいに文筆による状況介入という遂行的行為に向けられた、平易なものに変わっていく。尊敬する保守・伝統主義者であった父親は、一九五一年に病気で死去した。

「近代」に対する、ある種の懐疑とペシミズムが日高の核には存在しており、それを前提として日高は、やがて「人間の解放」や「あらゆる人間の尊重」を希求する、ヒューマニズムの思想的立場を固めていった。日高の思想を、ごく単純な「近代主義」とか「主知主義的合理主義」[110]とみなすのは、その意味においてあまり正確ではない。

占領下の日高は、具体的な政治的・時事的発言を、活字ではほとんど行わなかった（教科書の執筆を除く）。ただしサンフランシスコ講和条約締結時に、日本がかつて戦った東側諸国や旧植民地が相手国から除外されたことで国内の賛否を二分した「単独講和」「片面講和」をどう考えるかについて、『世界』一九五一年一〇月号のアンケートに、次のような回答を寄せている。

講和条約草案は、大きな修正なしに、条約正文となるにちがいない。われわれが、できることで残されているのは何であろうか。いわゆる単独講和論者の多くは、単独講和に賛成したことは、戦争に賛成したことではないと考えているにちがいない。これは相手の頬をなぐりつけて仲よくしたいというのに似ているが、実は頬をなぐりつけたとは自覚していないのである。それは善意ある無智かもわからないが、アジアの諸国民にとってはこのような善意は危険きわまりないもので、それゆえにそれを悪意にとることは当然である。

（109）徐京植・日高六郎「「国民」をめぐって——日高六郎さんとの対話」徐京植『新しい普遍性へ——徐京植対話集』影書房、一九九九年、初出一九九六年、一九二‐一九三頁。
（110）都築勉『戦後日本の知識人——丸山眞男とその時代』世織書房、一九九五年、三一一頁。

しかし全面講和論者——というより全面平和論者は、この善意ある無智を作りあげた力と争うべきで、真剣に平和を求めている単独講和是認論者としての、国民の大多数とは対立すべきではない。そしてあらゆる機会に国民の世論として、平和を求める意志を表現しよう。アジアの諸国民やソ連国民に、日本人の平和への意志をできるだけ十分に伝えるように努力しよう。[111]

かつて日本が軍事力によって支配下に置いた「アジアの諸国民」にとっては、日本の「単独講和」の実現は、「相手の頬をなぐりつけて仲良くしたいというのに似ている」ことを意味しており、「それゆえにそれを悪意にとることは当然である」と、日高は述べる。そのような講和条約が締結される見通しのなかで、「日本人の平和への意志をできるだけ十分に伝えるように努力」することが、「われわれが、できることで残されている」ことであるとする。

日高はまた、「全面平和論者」が闘うべきは、「真剣に平和を求めている単独講和是認論者としての、国民の大多数」ではなく、彼らの「善意ある無智を作りあげた力」なのだと述べている。[112]「アジアの諸国民」の視点をもち得ない「国民の大多数」の、「善意ある無智」を無智であると上から批判・指導するのではなく、そうした「無智を作りあげた力」と闘うという課題を、この後、日高は自ら引き受けていく。

---

(111) 日高六郎「講和に対する意見・批判・希望」『世界』一九五一年一〇月号、一八六－一八七頁。

(112) その「力」のなかに日高は、「いまの大新聞」を暗に含めている。「単独講和を是認した過去はともかく、今後平和主義者としての立場を一貫する勇気を、いまの大新聞は持っているのであろうか。もしその勇気があるのならば、全面平和論者は大新聞とも協力すべきである」（前掲日高「講和に対する意見・批判・希望」一八七頁）。

第2章　一九五〇年代における社会心理学の展開とその思想

はじめに

日高が今日知られるところの「行動する知識人」になっていくのと、社会学の学術成果を次々と提出しはじめるのは、ともに日本が「独立」を果たすと同時に支配層が「逆コース」の企図を本格化させていく、一九五二年頃からのことである。前者と後者の活動は、双方のどちらかが欠けても成立し得ない、いわば車の両輪として展開された。一九五〇年代の日高は、狭義の社会学者としてアカデミックな論文を多数生産し、また多くの叢書・講座本等の編集執筆に携わった。東京大学新聞研究所に職を得た一九四九年から辞職する一九六九年までの二〇年間は研究者として最も脂ののった時期であり、論壇での時事的発信のみならず、学術的な仕事にも精力的に取り組んだ。そして「東大紛争」が収束していく頃には、それらの膨大な業績を体系的にはまとめないままに残して、狭義のアカデミズムを手放した。

本章では、一九五〇年代に花開いた「日高社会学」とはどのようなものであったかを検討する。(1) 具体的には、それは当時「社会心理学」と呼ばれた領域を中心に展開され、一九五〇年代末に一定の到達をみた。日高がそこで何を論じたか、またそれをなぜ論じたかを明らかにすることが、本章の課題となる。後述するように、日高の社会心理学的な研究成果は、同分野の仲間や後進の研究者たちからは、たとえば「日本的な社会心理研究」の「主体性」(2)を発揮した「記念碑」(3)的作品として、のきなみ高い評価を与えられている。しかし日高本人は、晩年のインタビューのなかで、自身のそれらの仕事について、次のように振り返っている。

> 僕は社会学的な論文は若干のものは書いていますよ。『思想』とかにね。工場調査やなんか、高橋徹とやったものとか、城戸浩太郎とのものとかもある。あれらは社会心理学をやっている人には、ある影響を与えたと思う。それをモデルにして調査を始めたり。しかし、それらが目指したものが思想的に価値があるかといえば、ほとんどゼロに近い。(4)

この「思想的に価値があるかといえば、ほとんどゼロに近い」という身も蓋もない自己評価と他者評価との落差を、どう考えるべきか。東大新聞研所属の社会学者であった三二歳から五二歳にかけての二〇年間(5)とは、決して短い歳月ではない。最晩年において、その時期に生み出した狭義の「社会学的な論文」を全否定する境地に至っていたことを念頭におきつつ、その内容について、当時の日高のマルクス主義および近代主義をめぐるスタンスの微妙な変遷にも焦点を合わせながら、以下に考察したい。これらのことは、「日高の存在がミッシング・リンクとなってしまう現在の日本社会学」(6)をどう考えるかという問題と不可分でもある。

日高の社会学の仕事の中心を占めたのは、当時主にアメリカで展開されていた社会心理学の発想と

(1) ただし日高が編集を担った叢書・講座本の類については、本書では検討できなかった。社会運動論への貢献なども含めて、日高の社会学者としての仕事の全貌は本書の射程よりも広く、本書はその一部を捉えたに過ぎない。

(2) 宮島喬「社会意識研究の発展と現状」福武直監修・見田宗介編『社会学講座 第12巻 社会意識論』東京大学出版会、一九七六年、一九二頁。

(3) 庄司興吉「現代日本における社会意識研究の発展」同『現代日本社会科学史序説――マルクス主義と近代主義』法政大学出版局、一九七五年、一二八-一三一頁。

(4) 黒川創『日高六郎・95歳のポルトレ――対話をとおして』新宿書房、二〇一二年、八七-八八頁。

(5) 東大新聞研究所は、一九二九年に東京帝国大学文学部に設置された新聞研究室を前身として一九四九年五月に設立され、日高はその翌月助教授として採用された。文学部新聞研究室の方針を引き継いで研究と教育の二本立てを掲げ、「新聞その他時事に関する出版・放送・映画及び広報についての研究、並びにこれらの事業に従事し、もしくは従事しようとする者の指導養成を目的」としている(『東京大学新聞研究所年次要覧』一、一九五一年、一頁)。設置後まもなく助手に採用された内川芳美は同研究所について、当初から「人文社会系の境界領域を担当する独立の研究機関という位置づけ」があったのではないかとしている(「内川芳美先生に聞く」『東京大学社会情報研究所紀要』五八、一九九九年、五頁)。杉山光信「新聞研究所と1950年代のマスコミ研究」『東京大学社会情報研究所紀要』五八、一九九九年、も参照。

日高は研究所内でマス・コミュニケーションの共同研究に取り組むとともに、「新聞原論(マス・コミュニケーション理論)」の講義や「マス・コミュニケーション基礎理論」「マス・コミュニケーションの内容と効果」等の大学院特殊講義・演習を担当している(各年の『東京大学新聞研究所年次要覧』を参照)。また日高は一九五三年より、文学部社会学科を兼任した。さらに一九五〇~六〇年代当時、東大社会科学研究科の社会学専門課程は、「社会学プロパー」が所属する通称「Aコース」と新聞学専攻の通称「Bコース」とに分かれており(「竹内郁郎先生に聞く」『東京大学社会情報研究所紀要』五八、一六-一七頁)、日高はこの「Bコース」の指導も担当した。

(6) 片上平二郎「日高六郎――戦後社会を切り拓く知」奥村隆編『戦後日本の社会意識論――ある社会学的想像力の系譜』有斐閣、二〇二三年、二八頁。

方法とをマルクス主義理論の枠組みのなかに導入し、日本社会分析のために両者に批判・修正を加え、人々の「社会意識」「社会心理」に迫ることであった。それは第1章で論じた一九四〇年代後半～一九五〇年代初頭の思想的到達を、より具体的・実際的な課題に落とし込み、現実に即して実証的に展開する試みであった。そこでの鍵概念となったのは、「イデオロギー」であり、「社会心理」であり、「社会的性格」である。(7)

しかし、一九五〇年代当時の「社会心理学」がどのようなものであったのかについては、現在からはきわめて見えにくい死角になっており、(8)その学史・思想史的評価はいまだほとんど手つかずである。(9)当時の（とくに社会学・政治学をはじめとする社会科学者によって取り組まれた）「社会心理学」は、現在のそれとはほとんど全く別物であり、第一線で活躍する研究者たちの分野横断的な関心を集める、いわば最前線の学知であった。本章は、その一側面を捉える試みである。

まず、日高がフランクフルト学派やアメリカの社会心理学の成果を批判的に摂取して、日本社会の「旧意識」を分析したことを論じる（第1節）。次いで、その知見にもとづいて一九五〇年代半ばに共同で取り組んだ、労働者の意識に関する社会調査とその結果をめぐる定量分析の内容を明らかにする（第2節）。最後に、一九五〇年代後半にかけて社会心理学的研究の軌道修正をはかりつつ、近代的主体を析出するために掘り下げた「社会的性格」という概念について考察する（第3節）。いくつかの日高の中心的論文について、「社会意識論」の先行研究も手がかりとしつつ、適宜その理解を助ける文献も補助的に参照しながら検討したい。

（7）敗戦から一九六〇年までの日高の論考を集めた単著本の書名が『現代イデオロギー』であるのは、以下に論じる彼の学術的開拓の内容を反映したものである。

（8）当時の社会心理学の関心と方法は、主に後の「社会意識論」（と「文化の社会学」）に引き継がれた。現在の「計量社会意識論」の立場から、現在における「社会心理学」と「社会意識論」の違いを明晰に説明した文献として、吉川徹『現代日本の「社会の心」――計量社会意識論』有斐閣、二〇一四年、第1章、を参照（両者の関係・差異は現在の日本に固有の事情であり、吉川は、同書のタイトルを英語では「Sociological Social Psychology in Contemporary Japan」と自覚的に表記している）。また同「城戸浩太郎――計量社会意識論の水源」前掲奥村編『戦後日本の社会意識論』、も参照。より詳細な分析としては、以下の文献を参照。Yamagishi, Toshio, and Brinton, Mary C., "Sociology in Japan and "Shakai-Ishikiron"", *The American Sociologist*, 15, 1980. 山崎達彦「社会意識研究の方法論的諸課題――社会学的反省のために」『思想と文化』一九八六年二月。戦前の社会意識研究（三木清や戸坂潤らを含む）については、山崎達彦「社会意識研究の性格と展開――戦前の日本社会学における「社会心理・イデオロギー」分野の諸相」『社会学評論』二八（二）、一九七七年。

大まかに言えば、現在の日本の「社会心理学」は心理学の下位分野に収まっており、対する「社会意識論」は社会学の下位分野である。しかしかつてはそうではなく、「社会科学」としての社会心理学（社会学者によるものである場合、「社会学的社会心理学」）が、心理学者も含めた幅広い層から関心を集めていた。その担い手に含まれることがある論壇知識人として、たとえば丸山眞男、大塚久雄、川島武宜、きだみのる、鶴見俊輔、神島二郎、見田宗介など。南博（一九一四-二〇〇一）は、心理学プロパーとして日高らの社会学的社会心理学と関心を共有していた。また清水幾太郎は戦時下でアメリカ心理学・社会心理学の摂取に努め、南とならび、戦後日本における社会心理学のパイオニアとなった。清水からの学術的影響は、日高の著作に広く認められる。

（9）前掲奥村編『戦後日本の社会意識論』は、近年ではほぼはじめてこの対象に迫った共同研究の成果だが、各論者がそれぞれひとりの知識人を論じるスタイルをとっており、それらの知見を総合して学史あるいは思想史としての全体像を提示する段階には未だ至っていない。

1　社会心理学の導入と「旧意識」の叙述——一九五〇年代前半

（1）パーソナリティとパーソナル・コミュニケーションへの着眼

一九五二年に日高は、農村社会学者・福武直（一九一七‐一九八九）との共著として、『社会学——社会と文化の基礎理論』を刊行した。この本は社会学を志す学生の入門書として、その後広く読まれ影響力をもつ。冒頭の日高執筆部分は、「行動」「欲求」「パースナリティ」等の項目をはじめとする個人心理学の基礎知識にまず紙幅を割き、その前提に立脚して社会的現象に関する記述を展開するという構成をとっている。(10)

この入門書で学んだ世代に属する見田宗介（一九三七‐二〇二二）は後になって、この『社会学』の構成は『資本論』のもじりであり、「商品」にあたるものとして「欲望」の分析から始まっているという日高本人による話を紹介しつつ、「つまり新しいオーソドクシーを作っていこうという気構えがあったと思います」と話している。そして、「日高六郎さんの書かれた部分は、日高さん個人の持っている非常に優れた洞察力と、それからその当時のアメリカの社会心理学や文化人類学の成果を非常に手際よくまとめて、日本の読者に提供して、社会学にたいするイメージを変えさせたという点で大きな影響があった」ものであったと、高く評価している。(11)また心理学に立脚する社会心理学者の南博もこの本について、「社会心理学を、社会科学の中に位置づけようとする努力」が報いられていると同時に、「心理学主義の警戒も怠っていなかった点で、心理学の側から学びとるべきところが大きかった」書であると、高く評価している。(12)

しかし晩年の日高本人がインタビューに答えて言うところでは、「あれはほんとに平凡な愚書」であり、「学問的業績ではないし、入門書としても感心しない」ものであり、「青春の恥」であるとすら述べている[13]。ここにも、社会学的業績に対する同業者からの評価と本人の自己評価のあいだに、著しい落差

（10）福武直・日高六郎『社会学――社会と文化の基礎理論』光文社、一九五二年。戦前以来の農村社会学における農民意識研究は、社会意識研究（社会心理学）と密接に発展した。

なお中筋直哉は、この福武・日高『社会学』が現実の社会運動に対する「否定的な視点に固執」しており、「現実の社会運動に内発的発展の可能性を見出し得なかった点で限界をもつものであった」と批判している（中筋直哉「社会運動の戦後的位相――社会運動の歴史社会学の試み」矢澤修次郎編『講座社会学15　社会運動』東京大学出版会、二〇〇三年、五二－五四頁）。しかし、敗戦後の日高が社会運動一般に対してではなく、あくまで左派による社会運動のあり方に対して否定的であったことは、本書第1章で検討したとおりである。運動の担い手の問題および当時の論壇におけるマルクス主義の権威という文脈を中筋は等閑視しており、また、日高が現実の社会運動の限界を「個人の精神の自由によってのみ克服し得るもの」とみなしていた（同五二頁）と捉えることも適切ではない。

（11）北川隆吉・綿貫譲治・見田宗介「社会学」『座談会　戦後の学問』図書新聞社、一九六七年、二七七頁。

（12）南博「戦後日本の社会心理学」『南博セレクション6　社会意識と歴史意識』勁草書房、二〇〇四年、初出一九六三年、四三九－四四〇頁）。この論考で南は社会学者の仕事と並び、思想の科学研究会によるコミュニケーション論や大衆娯楽研究、「ひとびとの哲学」研究などを社会心理学とみなして重要視している。また、田村紀夫は自身を育んだ研究環境について、「思想の科学はコミュニケーション学を紹介、日本への移転を促しただけでなく、一定の集団の研究者を育てる役割ももった」と述べている（田村紀夫「わがコミュニケーション学の青春」『コミュニケーション科学』二四、二〇〇六年、一五頁）。初期の思想の科学研究会における社会心理学への関心については、大河内昌夫「初期「思想の科学」における心理学と性の思想」安田常雄・天野正子編『戦後「啓蒙」思想の遺したもの』久山社、一九九二年、も参照。

が見られる。

見田のように、「新しいオーソドクシーを作っていこうという気構え」を敏感に受け取る若い世代の読者が存在したことは確かであり、その後日高の影響を受けた若干名の後進が、社会心理学（後の社会意識論）を担っていくこととなる。

日高の業績として今日も著名なのは、エーリッヒ・フロム（一九〇〇 - 一九八〇）による *Escape from Freedom*（原著一九四一年）を一九五一年に翻訳した『自由からの逃走』[14]であろう。現在まで版を重ねるベストセラーとなったこの書は、当時フランクフルト学派の一員でナチに追われアメリカに移住した社会心理学者フロムが、ナチズムを支えた人々の「社会的性格」を資本主義やイデオロギーとの関係から捉え、デモクラシーが実現した「自由」という価値の重みや孤独に耐えかねた下層中産階級がむしろ権威への服従を選択する心理を、精神分析的方法も応用しつつ論じる、文明批評の作品である。フロムの「社会的性格」とは、支配的な欲求傾向を核として個人の内面に形成される社会的反応のパターンのことをさしており[15]、「欲求」という心理的レベルに着目するフロムの議論は、先述の入門書『社会学』の構想にも影響を与えたと思われる。

日高はしかし、フロムの理論そのものには、一定の留保をもって臨んでいる。後の一九六〇年になって、フロムを含む「新フロイト派」について日高は、「私はその科学性について疑問をもちながら、その発想のなかには無意味でないものがあると考えた」と振り返っている[16]。科学性については疑問をもちながらも日高が高く評価したフロムの発想とは、たとえば彼が変動期ドイツ社会を動かすものとして、マルクス的な社会経済的条件、ウェーバー的なイデオロギー、フロイト的な社会的性格の三者をそれぞれ重視しつつも、社会的性格を、あらかじめ社会化された心理的次元の問題として前景化している点である。戦後日本においては、「最初にデモクラシイというイデオロギーが入って来る。そして外側から社会経済的条件がいじくられる。ところが最後に取残されたものは日本人的性格で、これが猛烈な勢いで、社会経済的、あるいはイデオロギー的変革を邪魔している。このような日本人のイデオロギーと、日本人の社会的性格とのギャップを、フロム流に掘りさげるとおもしろい問題が出て来るのではないか」[17]。こうした関心から、一九五〇年前後の日高はフロムに接近した。

当時、日本の多くのマルクス主義者たちがアメリカ社会心理学など体制補完のブルジョア科学に過ぎないとみなしていたなか、一九四八年にすでに「多くのいわゆる社会科学的思考に馴れた人々によって、

(13) 前掲黒川『日高六郎・95歳のポルトレ』八六-八七頁。

(14) Fromm, Erich, *Escape from Freedom*, Henry Holt and Company, 1941. ＝エーリッヒ・フロム（日高六郎訳）『自由からの逃走』創元社、一九五一年。出口剛司は、戦後日本における前近代的な封建遺制と後期近代の大衆社会状況（伝統的中間集団の崩壊、個人化の進行、孤独な群衆の増加等）の並存をファシズムの第二の波の兆候とみなす危機感が、一九五〇年代を通して、フロムの社会心理学に真実味を与えていたと論じている（出口剛司（中村拓人訳）「戦後日本の社会学における批判理論とその展開――急速な資本主義的近代化の中での真の民主主義の追求」『思想』二〇二四年一二月号、六一頁）。

(15) 前掲宮島「社会意識研究の発展と現状」一八三頁。

(16) 日高六郎「あとがき」同『現代イデオロギー』勁草書房、一九六〇年、五八四頁。

(17) 日高六郎・清水幾太郎「書評　ファッシズムの心理――E・フロム『自由からの逃走』」『世界』一九五二年三月号、一二六-一二七頁。なお、もともとアメリカで展開されていた社会心理学とフランクフルト学派とは、後者のアメリカ亡命後もなお質が異なっており、後者を前者に含めることは一般的ではないが、日高の用法は両者を合わせて「アメリカ社会心理学」と呼んでいるため、本書も以下基本的に「アメリカ社会心理学」に亡命後のフランクフルト学派を含めることとする。

不当に看却されているのは、人間の生理と心理の深層の問題であり、それがいわゆるあらゆる社会問題に微妙にからんでいることではあるまいか[18]」と主張していた日高は、フロムの翻訳と並行して、同じく亡命ユダヤ人であるT・W・アドルノ（一九〇三－一九六九）らによるThe Authoritarian Personality（『権威主義的パーソナリティ』、原著一九五〇年[19]）の文献紹介も行っている。その論考「イデオロギーとパーソナリティ」で日高は、アドルノが個人のイデオロギーは彼の社会的経済的地位に全面的に還元できるものではないとして、従来のイデオロギー論で軽視されていた個人の内面的・心理的要因に焦点化して「偏見」を研究し、イデオロギーとパーソナリティの結びつきに迫ったことを説明する。そしてアドルノが「とかく「イデオロギー的」になりやすい「イデオロギー論」を、あくまで科学の段階で処理しようとした努力は、高く評価されなければなるまい」と述べて、日本社会の分析のために取り入れるべき彼の論点を列挙している。ここではとくに日高が、個人の非合理的な欲求・願望の研究について「われわれが著しく立ちおくれていることを認めなければならない」こと、「家庭的環境が、保守主義的権威主義的パーソナリティ形成のための温床となっている」日本ではこの研究は決して無駄ではないこと、「われわれの内部に頑固に巣をつくっている事大主義的権威主義的なパーソナリティの特質」を白日のもとにさらけ出すことが、この研究から「引き出し得る最大の刺激」であること等を述べている点に着目しておきたい[20]。

また翌一九五二年に日高は、戦時下ドイツの社会的現実を叙述しつつその社会心理について考察する論考「ファシズムの社会心理」を手がけ、とくにナチによる宣伝の分析を通じて、フロムの議論に批判的検討を加えている。そのなかで日高はとくに、意見の伝達の方法として、マス・コミュニケーションとマス・ミーティングにおいて、ナチズムの社会と社会主義社会では相違があることを対比的に掘り下げる。ファシズムの社会では、小規模な集まりはきびしく制限・監視される。ファシズム社会におけるコミュニケーションの特徴は、マス・コミュニケーションやマス・ミーティングの力を個人的な会話や小規模集会の力よりもずっと重いものにするところにあり、他方で社会主義社会や社会主義運動においては、小集会の意義が高く評価される。小集会のなかでの討論・相互批判が社会主義社会における意見の伝達の一般的方法であり、そのような相違が生じるのは、「社会主義社会では、その政策が一応合理的な軌道に乗せられて、小集会での徹底的な批判にもたえ得るところから来るものであろう」[21]。

このように日高は、個々人が孤立して社会的圧力に直面したとき「かれの理性もついにはかれの感情に屈服せざるを得なくなる」事態に抵抗するための方法として、個人が小集団と結びつくことを重視した。この時期の日高は、ファシズムと対比する形で社会主義体制の合理性とその実現可能性に信頼を寄せているが、ただし個人が小集団と結びつくことは「ファシズムに抵抗する方法であるばかりか、将来の「巨大な」社会主義社会における、「社会対個人」の関係を調整する一つの方法でもあろう」とも述べている。いずれ社会主義体制が実現されたとき、「巨大な」社会が個人を押しつぶすという事態を回避するためにも、「小さな人間の自発性と創造性とが発揮できるための、小集団が作られなければならない」という[22]。

（18）日高六郎「社会時評」『社会圏』二（三）、一九四八年、三四頁。
（19）Adorno, T. W., Frenkel-Brunswik, E., Levinson, D. J., & Sanford, R. N., *The Authoritarian Personality*, Harper & Brothers, 1950.
（20）日高六郎「イデオロギーとパーソナリティ」『思想』一九五一年一月号、同『現代イデオロギー』六四－七六頁。
（21）日高六郎「ファシズムの社会心理」『思想』一九五二年一一月号、同『現代イデオロギー』三二一－三四頁。

小集団におけるパーソナル・コミュニケーションがファシズムに対する抵抗の拠点になる可能性への着眼は、まさにこの時期の日高がサークル運動に期待をかけた端的な理由であったが、その認識にリアリティを与えていたのはおそらく、巨大な軍国主義の力に抵抗する思想をもった家族のなかで戦時下を生きた、日高自身の経験であったと考えられる。

こうした関心は、日高がマス・コミュニケーション研究に取りくんだ動機の一端でもある。小集団でのパーソナルな結びつきは、日本人の意識に顕著な、「他人のまえで面目を失すること面子をきずつけることを、極端におそれる」態度や、少数意見の表明が敵意の表現と受けとられるような現状を打破し、「だれでもが発言できるふんいき」を創出する母胎になり得る。社会調査の成果をふまえ、日高は日常におけるコミュニケーションをパーソナル・コミュニケーション／マス・コミュニケーション／その中間の特殊な問題を中心とするコミュニケーションの三つに分類し、特殊な問題中心のコミュニケーション（たとえば学校の職員会議など）において、「重苦しい「一同沈黙」」が起こる要因は、人々の無智・虚栄心・保身の態度にあると分析する。日高はM・ホルクハイマー（一八九五－一九七三）の研究にも依拠しつつ、そうした特殊な問題中心のコミュニケーションが弱まれば、「ばらばらの孤立した個人」が独裁政治の「心理的な準備を完了」してしまうとする。そして「直接的面接的なコミュニケイションによって説得された意見、あるいは討議の結果えられた結論は、マス・コミュニケイションによってふきこまれた意見よりも、かえって、心の奥深いところにまでくいこむことができる」ために、「「だれでもが発言できるふんいき」はファッシズムに抵抗するための一つの条件である」と主張する。[23]

このように、日高はマス・コミュニケーションの効果に強い警戒を示しているが、それは当時、マス・コミュニケーションに関心をもつテレビ放送開始（一九五三年）前後の研究者たちによって、広く共有されていた危惧でもあった。

(2)「旧意識の温存と変容」(「「旧意識」とその原初形態」)

一九五四年の論文「旧意識の温存と変容」は、日高が升味準之輔・高橋徹とともに『日本資本主義講座』に寄せた共著論文であり、当時広い反響を呼んだ。執筆は、前半部分の「《旧意識》の原初形態」を日高が担い、後半部分の「《旧意識》の変容とその動員過程」を高橋と升味がそれぞれ分担し、最後の「むすび」を再び日高が担当している(日高執筆部分は、「「旧意識」とその原初形態」と改題して『現代イデオロギー』に採録された)。この論文は丸山眞男(一九一四‐一九九六)を中心とする研究会の成果であったものの、丸山は中途病気のため執筆に参加できなくなったと冒頭に記されている[24]。

この論文は、後の研究者が戦後日本の社会意識論をレビューする際に必ず言及するエポックとなったものである。たとえば庄司興吉は、これを「政治意識論的研究の一つの頂点」であり、「丸山が開いた社会意識研究の新しい地平を日本的社会心理学が内在化した記念碑」であると述べ、高い評価を与えている[25]。

その内容は、戦時下から敗戦後にかけての新聞記事や投書、世論調査の結果等を多数参照して、人々

---

(22) 前掲日高「ファシズムの社会心理」同『現代イデオロギー』三四頁。
(23) 日高六郎「人間改造と表現能力――抑圧された意識とその解放」『教育』一〇、一九五二年八月、二二一‐二二七頁。
(24) 日高六郎・升味準之輔・高橋徹「旧意識の温存と変容」『日本資本主義講座IX 戦後日本の政治と経済』岩波書店、一九五四年、一六四頁。
(25) 前掲庄司「現代日本における社会意識研究の発展」一二八‐一三一頁。

の社会意識を詳細に分析したものである。また後に展開することになる共同研究での定量分析のベースになる論理が示されている基本文献でもあるため、以下、やや丁寧に検討していきたい。

「旧意識」とは、一九四五年八月一五日の「時局ノ収拾」とそれに続く占領改革によって戦前の意識がもはや〝旧いもの〟となったとき、それがいかに残存し、かつ変容していったかを論じるために充てられた語である。もっとも、総力戦下ですでに《一君万民》の《天皇》意識が分裂運動を起こしていたことも論じられており、敗戦を経て、米軍の占領改革方針が「民主化」から「反共」へと転換していくなかでの、支配層の動向と、それに対する大衆の反応や世論をトータルに把握することが目ざされている。

まず「1 「天皇」意識の温存」は、支配層が操縦する基本的シンボルの、敗戦後における「ほとんどなしくずし」の変遷をあとづけている。GHQの指令のもと天皇の《人間宣言》が行われ、共産党が天皇制打倒の激烈な声を挙げるなか、国民の側の天皇意識は、「《一君万民》主義から、新愛なる《民主化》された人間天皇へと変容」していく。こうして天皇の《非政治化》を民衆のかなりの層が支持し、「家長」と「赤子」という伝統的な枠内で天皇が「心情化」されることによって、天皇は再び《政治化》される。しかし、天皇はもはや戦前の《全体的シンボル》ではあり得ず、《部分的シンボル》に転化されざるを得ない。

支配層は、天皇に敵対する新しい勢力＝共産主義を《国民感情》から遊離させるための武器として、天皇シンボルを操作する。天皇シンボルは、国民全体の統合原理という戦前の積極的機能からは退いたものの、「敵と味方とを区別し、敵に非正統性のレッテルをはりつけるという消極的機能を果すためには、まだ十分のエネルギーをたくわえて」おり、「そのエネルギーは国民的規模にひろがる「村八分」原理として、とくに共産主義者の排除に向けられた」。こうして《天皇》は、《非政治化》、《心情化》、

《部分化》という変容を被りつつ、「一つの心理的遺制となって」連続的に温存されていく[26]。

「２「醇風美俗」の温存」では、「旧意識」を構成する《醇風美俗》が論じられる。戦時下において、「《天皇》意識が近代戦遂行にとってはマイナスでしかないということは、それを支持する支配層においても、また国民大衆においても、ひとしく暴露されていた」。それは支配層においては天皇シンボルの独占をめざす諸勢力のあいだの抜きがたいセクショナリズムを生み、また民衆の日常的リアリズムは「国体観念」や「尽忠報国精神」によっては日常的要求をみたすことが不可能であることを悟り、しだいに「滅私奉公」はタテマエ化していった。

戦前の「旧意識」は、構成要素として、「「上からの」旧意識」と「「下からの」旧意識」の二つを含んでいた。「「上からの」旧意識」とは、八紘一宇・一君万民の国体観念であり、「その心理的核心は、神格化された天皇にたいする絶対随順と、家父長化された天皇にたいする赤子の情」である。これは明治政府の教化政策に由来する。一方、「「下からの」旧意識」とは、「典型的には封建的な閉鎖的村落のなかで固定化した村秩序意識と家父長的家族主義」であり、「それは習俗としての《醇風美俗》へと行動様式化されるものであった」。そこでの主要な徳目は、「恩恵と奉仕、分の自覚、和と忍従」である。それを支える社会的単位は、家秩序、同族団秩序、部落（村）秩序などであり、それぞれの単位は「たがいに内部へむかっては強い凝集を、外へむかって激しい緊張を示す[27]」。

(26) 日高六郎「「旧意識」とその原初形態」同『現代イデオロギー』二二九‐二三五頁。以下、日高執筆部分については『現代イデオロギー』から引用する。
(27) 前掲日高「「旧意識」とその原初形態」同『現代イデオロギー』二三五‐二三七頁。

この「「上からの」旧意識」と「「下からの」旧意識」両者の関係について、日高は次のように説明する。

明治政府は、《国体観念》のなかへ《醇風美俗》のエネルギーを吸いあげ、〔…〕《国体の精華》を上から構成しようとしたのであるが、そのさい皇室を国民の総本家とする家族国家観は、けっきょく実質的には《醇風美俗》のアナロジーにすぎなかった。いわば《国体観念》は《醇風美俗》のエネルギーなしには回転しえないが、しかしそのエネルギーがふくむ《家族的》あるいは《部落的》閉鎖性は、すくなくとも近代的な軍国主義国家として総力戦に突入したばあいには、致命的な限界となったのである。[28]

敗戦後、占領軍はこうした「旧意識」の見透しにおいて、二重の誤りを犯した。超国家主義＝「「上からの」旧意識」を過大評価し（つまり戦時下における《国体観念》のタテマエ化現象を見逃し）、伝統的感情・行動様式としての《醇風美俗》意識＝「「下からの」旧意識」を過小評価したのである。そして、アメリカ的教育によって日本の民衆を《民主主義化》できると簡単に考えた。しかし現在のところ、「アメリカ的民主主義が、民衆の醇風美俗意識の壁をつきやぶったという証拠はまだみだれない」。こうして、とくに《醇風美俗》の故郷である農村において、旧地主・新興ボスによる村秩序の支配は継続されることとなった。[29]

「3　二重権威の成立」では、敗戦後に《醇風美俗》にまで後退した《旧意識》にとって、「マッカーサー・権威」と「天皇・権威」は両立し得ることが論じられる。マッカーサーは、「絶対に臣従すべき民主主義的権威」となった。「「権威への随順による民主主義」という絶対矛盾的自己同一（！）は、《醇風美俗》の日本的風土のなかでは、決して受けいれがたい哲学ではなかった」。こうして、「民主主義」はタテマエ化される。「看板はぬりかえられるが、意識構造の枠はそのまま受けつがれた」。「《醇風美俗》のなかへ深く沈澱している人々は、水と油の「民主主義」にたいして、表面タテマエとして一応これをみとめながらも（被治者的黙従）、それを日常的な行動様式のなかへとり入れることはためらい、あるいははっきり拒絶した」。こうして、「「民主化」政策と《旧意識》との共存体制」が成立する。そしてマッカーサーが退場すると、日本の保守勢力は「復古調」「逆コース」を復活強化した。民衆の心の奥底には自然的反動としての《旧意識》が残存しており、そうした自然的反動は、やがて政治的反動に動員されていく(30)。

---

(28) 前掲日高「「旧意識」とその原初形態」同『現代イデオロギー』二三八頁。この日高の指摘について宮島喬は、日本の近代的軍国主義にとって、《醇風美俗》が「実質上、逆機能性をおびていた事実に注意を喚起した」と説明している（前掲宮島「社会意識研究の発展と現状」一八八‐一八九頁）。

(29) 前掲日高「「旧意識」とその原初形態」同『現代イデオロギー』二三九‐二四一頁。庄司興吉は、「「上からの」旧意識」は丸山が分析した「超国家主義の論理と心理」であり、そうした「上からのインドクトリネイション」と「「下からの」旧意識」としての「モーレス」を視野の両極において意識の動態を把握しようとした、日高らの「方法論的自覚」を指摘している。またそのかぎりで日高らは、「丸山の方法と有賀（喜左衛門）いらいの方法とを総合する地点に立っていた」と評価する（前掲庄司「現代日本における社会意識研究の発展」一二八‐一二九頁）。

(30) 前掲日高「「旧意識」とその原初形態」同『現代イデオロギー』二四一‐二四四頁。これらのことは、別の論考ではより直接的な表現で、「公認の思想を支持する権力が、非公認の思想を暴力的に弾圧してしまうという点では、形式的には戦前も戦後も同じ形となり」、「戦前の絶対主義的天皇制のもとにおける思想統制も、ＧＨＱの「民主主義的」な思想統制も、日本人の思想生活における事大主義的権威主義的傾向を強めるばか

「4　反撥と屈従」では、旧支配層／官僚内閣／進歩的指導者のいずれもが民衆の反発の対象となったことが論じられる。「民衆の多くは、かれ自身が主人公となることをほとんど考えなかった。かれはつねに被治者であり、同時に被害者であった」。しかし左右の支配者・指導者に対する民衆の心理的反発は、合理的批判には成長しなかった。それは《非党派性》を特徴とするものであり、心理的反発を《醇風美俗》の《和》のなかへ閉じ込める《自然的秩序》感覚に対応したものだったからである。こうした政治的《旧意識》は、「根本的には、民衆が民衆自身の力で旧意識を克服して、八・一五を獲得することができなかったという悲劇に由来していたことはいうまでもあるまい。自らの手でつみとらなかった果実は、けっきょく天災かあるいは天恵のたぐいを出なかった」[31]。

ここまでが、日高が執筆を担当した前半部分であり、次に高橋・升味が執筆を分担した後半部分に続く。高橋と升味の記述は、もちろん前半部分で日高が提示した枠組みに整合するものであり、三者による共著論文として全体の論理は首尾一貫しているが、しかし日高執筆部分と高橋・升味執筆部分には、微妙な力点の置き方の違いが存在することは見逃せない。

高橋徹（一九二六－二〇〇四）執筆部分は、心理学の概念を社会的分析に応用することに秀で、民衆の非合理性の解剖に主眼をおいている。そして、それに対する共産主義および日本共産党の合理性と正しさは、立論の基本的前提とされている。また、たとえば社会党・「社会民主主義者」・「民同」といった現実の政治勢力に対して、次のような直截的な党派性の表明もなされる。

共産党の再三に及ぶ「人民戦線」の結成提唱を拒否して、共産党を除外した「救国民主戦線」の結成を呼びかけるという社会党の《反共》的態度こそ、経済的窮乏にともなって革新的シンボルにめざめながら、しかもなお《天皇制》の点で共産党にまで行きつけない多数の民衆を、自己のがわに引き入れるための有力な導水口の役割を果すものであった。(32)

「民同」のイデオロギーや、それを構成していた社会民主主義者〔…〕かれらのいう「中庸＝民主主義」が、結局は、かれらの意識を支配している《天皇》・《反共》のカクレミノにすぎず、〔…〕〔彼らの発想は〕《反共》既成事実を積みあげることによって、支配層のがわの陣営補強工作にくみいれられるものであったことが注意されねばならない。(33)

そして支配層に動員された人々の《反共》は、あくまで「支配層の大衆強圧によって作りだされた民衆のエセ自発的《反共》」に過ぎず、「民衆の「自発的」な反共とみえたものも、結局は、体制変革を恐れる支配層の長年にわたる「人為的」な訓練の結果」であったとされる。(34)

りで、それを克服することにはまったく役立」たなかったと述べられている（日高六郎「戦後におけるイデオロギーの動向」『現代史講座　別巻』、創文社、一九五四年、同『現代イデオロギー』二六四頁）。

（31）前掲日高「「旧意識」とその原初形態」同『現代イデオロギー』二四四―二五三頁。

（32）升味準之輔・高橋徹「《旧意識》の変容とその動員過程」前掲『日本資本主義講座Ⅸ』二三八頁。

（33）前掲升味・高橋「《旧意識》の変容とその動員過程」二四四頁。「民同」（民主化同盟）については、山田敬男「総評の結成と左転換――戦後民主主義の担い手への道」広川禎秀・山田敬男編『戦後社会運動史論――1950年代を中心に』大月書店、二〇〇六年、を参照。

（34）前掲升味・高橋「《旧意識》の変容とその動員過程」二三三・二四二頁。こうした捉え方は、後述の共著論文（一九五五年）の高橋執筆部分にも見られる。

また升味準之輔（一九二六－二〇一〇）執筆部分はとりわけ支配層の分析に優れているが、民衆が《醇風美俗》の悪循環を断ち切るためには、日常的インタレストに忠実であるという彼らの合理性をさらに拡大して「政治的自発性と連帯性」を獲得しなければならないと述べられるとおり、合理性の拡大にその糸口を見出している。(35)

対する日高執筆部分も、民衆の非合理性について踏み込んだ分析を行っているが、同時に、日高は民衆が抱いている支配層および「進歩的知識人」に対するわだかまりに、かなりの紙幅を割いている。それは先述の「4　反撥と屈従」の部分においてである。日高は述べる。敗戦後、弾圧から解放された「学者、評論家、文学者などの進歩的な知識人」たちが続々と復活し、結集していったが、

かれらは民衆のために、また民衆とともに活動することを決意した。しかし敗戦を解放と感じたこれらの少数の意識と敗戦を敗北と感じた多数の民衆のあいだには、かなり深刻な心理的溝が横たわっていた。〔…〕戦争責任と敗戦責任、戦争協力と戦争非協力との問題をめぐって、民衆の心の底には、割りきれないオリのようなものが沈澱した。

民衆は陰鬱にその胸中のオリをかみしめていた。かれらは次のように考えた。——果して進歩的指導者は戦争中なにをしていたのであろうか。もし戦争に協力していたとすれば、かれらは戦後バスに乗りかえた変節者にすぎぬ。〔…〕もし戦争を傍観していたとすれば、かれは非愛国者ではないか。〔…〕またもし戦争の不正と破局とを見透していたにも拘らず沈黙していたとすれば、その責任はどうなるのか。〔…〕——こうして民衆は、戦時中、戦争に協力して、いま社会主義をとなえる「変節者」にも、戦争に協力せず、いま民主主義を説いて、先見の明を誇る「傍観者」にも、ともに不満を

感じた。しかもその不満は、さらに進んでは、侵略戦争反対をつらぬき通した「抵抗者」にさえ向けられた。(36)

そして続けて、獄中にあった三木清や徳田球一以下政治犯を解放するための運動は、GHQによって一〇月四日に政治犯釈放の指令が出されるまでの五〇日間についに展開されることはなかったと述べて、「このような自主性の喪失にたいし、鋭い反省と批判の声」を挙げた「新しい世代」として、荒正人と竹内好の文章を紹介している。(37)

こうした知識人の側の問題性や、民衆との「心理的溝」を詳らかにする点に、日高執筆部分の独自性がある。ここでは明示されないものの、九月二六日に獄死した三木清(一八九七－一九四五)らを解放する自主的な運動を展開できなかった知識人のなかには日高自身も含まれていると捉えるべきであり、

(35) 前掲升味・高橋「《旧意識》の変容とその動員過程」二六二頁。

(36) 前掲日高「「旧意識」とその原初形態」同『現代イデオロギー』二四九－二五一頁。日高はこのなかで、当時進歩的指導者と民衆のあいだの溝の存在を無視することの危険性について警告した(ものの必ずしも尊重されなかった)知識人として、清水幾太郎を挙げている(同二四九頁)。また別の論考では、敗戦後の「民主主義者」たちの民衆に対する呼びかけには「聡明さがやや欠如していた」として、その「誤謬と失敗」を、民主主義思想がやがてタテマエ化していった理由のひとつにさえ数えている(前掲日高「戦後におけるイデオロギーの動向」同『現代イデオロギー』二六七頁)。

(37) 前掲日高「「旧意識」とその原初形態」二五一－二五三頁。また別の論考では、平野謙や荒の「政治と文学」論や「世代論」を挙げて、「いわば民衆が素朴に疑問に感じたことを、かれらは知識人の良心の立場から取りあげた」と述べている(前掲日高「戦後におけるイデオロギーの動向」二六八頁)。

こうした記述は、自らの痛覚と不可分である。[38]「旧意識」は、「進歩的指導者たちのあいだにさえ、受けつがれなかったとはいえなかった」のであり、「自らの手でつみとらなかった果実は、けっきょく天災かあるいは天恵のたぐいを出なかった。しかしこのことは、残念なことに進歩的勢力についてもそのままあてはまることがらであった」のだった。そして一〇月一〇日の政治犯釈放以後、《旧意識》を、「内がわから新しい前進的な意識へ転化させていく仕事」が開始されたとする。[39]敗戦後の「進歩的知識人」のあり方を日高が当初から問題にしていたことは第1章ですでに述べたが、一九五〇年代半ばにかけて日高は、それをよりクリアな表現によって、多くの読者（知識人）に示すという実践的発信に移行していく。

そして高橋・升味担当の後半部分を受けて、「むすび」を再び日高が執筆している（『現代イデオロギー』では「5　旧意識の変容」に改題）。そこでは以下のことが論じられる。支配者は現在、天皇を民主主義と結びつけ、民主主義を反共と結びつけ、反共を国土防衛と結びつけながら、民衆を逆コース・復古調と名づけられている反動的傾向のなかへ引きずり込もうと企図しているが、一方で《旧意識》は、戦前とは全く異なる特質を帯びてきた。そのひとつは、それが統一的原理を失ってばらばらの思考様式・行動様式に分解したことである。たとえば保安隊・自衛隊を強化する際、一体なにを「侵略」から守るかについては、その大義名分は発見されなかった。《旧意識》の物質的観念的部分品——たとえば日の丸、君が代、村祭、神輿、盆踊り、冠婚葬祭、茶の湯、華道、剣柔道、浪花節、小唄、親孝行、長幼の序、婦徳（女らしさ）、しつけ、義理と人情、体面、和をもって貴しとなす、など——には、「それらをくみあわせて効率的な一つの機械をつくるには、心棒が一本欠けていた」。そこで支配層の対応として、部分品全体の重量を利用する方策がとられた。「占領政策の行き過ぎ是正」は、《醇風美俗》の次元でも「民衆の自然的反動から共感をもって迎えられた」。もうひとつの対応は、《旧意識》に敵対するものを心理的・暴力的に弾圧することを狙う、破防法など一連の立法である。ボス的支配に反抗する者には、《アカ》のレッテルをはるという「心理的おどかし」が用いられる。

戦前と異なるもうひとつの「旧意識」の特質は、「旧意識」の基本的シンボルの一部と新しい意識の使用する一部のシンボルのあいだに、見かけ上の類似が生じたことである。戦後日本が「アメリカ帝国主義に従属化」したために、「ナショナリズムは、進歩的勢力にとって重要なエネルギーの源泉となった」。そのことによって、「民族」「愛国心」「独立」「民主主義」等のシンボルが交錯することとなる。「二つの敵対する陣営が、酷似したシンボルを利用するとき、民衆はその二つを区別するために、理性を働かさざるを得ない」ために、この交錯は、全体としては反動的勢力にとって不利に働いた(40)。

ここで日高が論じているのは、冷戦構造と日米安保体制が定着していくなかで、日本民衆の「素朴なナショナリズム」を再び排外主義に向かわせないためにはどうすれば良いかという、すぐれて実践的な問題である。日高は、交錯する諸シンボルのなかでもとくに、「民族」と「平和」が最重要であるとする。支配層が、「反ソ」「反中共」に向かう「民族」を扇動しつつ、「反米」を呼び起こす「民族」は抑圧しなければならないのに対し、進歩的勢力の側では、基地闘争にみられるように、「「民族」のシンボ

(38) 日高は後年まで、このことを繰り返し問題にしている。たとえば、日高六郎「戦後思想の出発」同編『戦後日本思想体系 1　戦後思想の出発』筑摩書房、一九六八年、同『戦後思想と歴史の体験』勁草書房、一九七四年、五六頁。
(39) 前掲日高「「旧意識」とその原初形態」同『現代イデオロギー』二五一―二五三頁。
(40) 前掲日高「「旧意識」とその原初形態」同『現代イデオロギー』二五三―二五七頁。

ルと国民の利害とは決して背反しない」。

それゆえにこそ、それ自体としては、反動的でも進歩的でもない民衆の「民族」感情を、進歩的勢力のがわへ引きよせることも可能となってくる。ここには、いわば《旧意識》から出発し、それを内がわから精算し、克服していく可能性さえ存在している。同様のことは、「平和」についてもいえよう。「戦争」というもっとも貴重な全国民的な共同体験にとっては、「平和」をうらぎるシンボルを受けいれる余地はほとんどない。(41)

そして実際にビキニ水爆事件以降、大量の《醇風美俗》さえ「平和」シンボルに広く結集することができたことを述べる。そうした「旧意識」の変容に着目するならば、「労働者階級の目ざめと運動を中核とする進歩的勢力の成長が、《旧意識》のいたるところに、分裂のくさびを打ちこんでいった」。「現在《旧意識》は必然的にその力を弱めつつあるが、もちろんそれは決して自動的にそれが没落するということを意味しない。《旧意識》に対決する新しい意識の成長とその運動こそ、その没落を必然たらしめる不可欠の条件である」(42)。こう述べて、この文章は閉じられている。

ここで示された、「労働者階級の目ざめと運動」こそが「旧意識」を没落させるための条件の枢要であるという認識は、この論考の公表と同時並行で取り組んでいた共同研究の基本的な枠組みに継承される。この後日高らが開拓していくのは、労働者の「旧意識」と「新しい意識」に関する定量分析である（後述）。

なおナショナリズムと排外主義の問題については第1章で検討したとおり、一九四〇年代末の日高は、戦時下の人々の「心の奥底に実在」した「民族」のエネルギーを今後いかに「進歩的な方向に導いていく」かが問題だと論じていた[43]。そして「独立」前夜の座談会では、過去の日本の侵略主義や家族的エゴイズムを念頭において、「いま愛国心を強調すれば必ず逆の方にプラスする結果になる」と述べて、平和主義と愛国心を結びつけることに強い抵抗を示している[44]。しかしその後一九五〇年代半ばにかけて、日米安保体制の成立と「逆コース」に対抗して、（とくに反基地闘争や原水禁運動に代表されるように）「《旧意識》に対決する新しい意識の成長とその運動」が各地で叢生しつつあるという情勢判断を、日高は下すようになっていた。そしてその情勢変化に伴って日高自身も、保革間における「愛国心」シンボルの争奪戦に、自覚的に参入していったと捉えることができる。

一九五四年の論考「戦後におけるイデオロギーの動向」では、日高は次のように述べている。「民衆の素朴ナショナリズムは、再び天皇制思想と結びついた排外的、侵略的ナショナリズムへ堕落する危険がある」。「しかし他面素朴ナショナリズムは、日本が現在おかれている外国への従属的位置にたいする反撥へと変り、そこから基地反対、平和憲法の擁護、再軍備反対、原水爆禁止、民族文化の擁護と創造、という方向へ伸びていくこともできるし、現に伸びて」いる。ただし日高は、日本がアメリカの「従属的位置」に置かれていることを論じる際には、直近の過去における日本の軍事的侵略も常に念頭におい

(41) 前掲日高「「旧意識」とその原初形態」同『現代イデオロギー』二五七－二五八頁。
(42) 前掲日高「「旧意識」とその原初形態」同『現代イデオロギー』二五八－二五九頁。
(43) 日高六郎「人間の科学――新しい科学の立場」『知性』一九四九年五月号、同『現代イデオロギー』一〇六頁。
(44) 柳田謙十郎・久野収・杉捷夫・加藤周一・日高六郎「愛国心の検討――とくに平和の問題との関連において」『日本評論』一九五一年四月号、一〇〇頁。

ており（その認識は日高の出自と不可分であろう）、「アジアにおいて、日本だけが侵略的ナショナリズムの経験を持っている」ことにも併せて言及している。したがって、「アジアの植民地解放運動のコースがそのまま日本においても利用できるかどうかという点」で「かなり多くの問題が残されて」いるものの、「ここにこそ戦後日本の思想家が全力をふりしぼって対決すべきもっとも大きな問題」があるとする。(45)

そして今後成長が期待される「「民衆の思想」の立場」には、「広くアジア全体、あるいは世界全体における植民地的な従属体制からの解放という共通の国際的目標のもとで」自国の解放をめざすことができるという「有利な条件」があるとして、次のようにも述べる。

今後このような内がわから自然発生的に成長する民族的エネルギーが、おそらく理論的枠組としてはマルクス主義と結びつくということは、ほとんど自明のことでしょう。ただそのさい、マルクス主義それ自体が二十世紀の社会科学として、さらにより高次の発展を要求されるのではないかと思われます。(46)

言論人としての日高が最もマルクス主義に接近した時期は、一九五〇年代半ばであった。第1章で論じたとおり、一九四〇年代後半の日高はマルクス主義への違和を突き詰めながらも、マルクス主義を、なお現実社会の変革のための最有力理論とみなしていた。それはアジアをはじめとする世界諸地域において第二次世界大戦終結後、現実にマルクス主義を基盤とする独立運動が有効な政治勢力として変革を遂行しつつあったという当時の情勢に見合った判断ではあるが、そのなかにあっても、「マルクス主義それ自体が二十世紀の社会科学として、さらにより高次の発展を要求されるのではないか」という一文をわざわざ付け加えていることは重要である。マルクスが生きた一九世紀には想像もされなかった現象が、二〇世紀には次々と発生し、進行していった。そのとき総じて既成左翼は、結果としてそれに対応することができず硬直化していったことを、現在の私たちは知っている。そしてそうした事態に、一九五〇年代末から一九六〇年代にかけて、日高は抗議していくことになる(第5章で後述)。

またこの時期の日高は、「旧意識」の克服をめざすと同時に、それを志して現場に入っていく局面において運動の当事者が直面する困難や不利益についても、注意を促している。当時盛んに展開された大学生の帰郷運動については、日高は地域に入っていった学生たちの話を聞きながら、「現在私にとっていちばん気になっているのは、運動に参加することによっておこる家庭的なトラブルや、将来への就職の影響や、あるいは直接露骨な干渉にどう対処すべきかということ」だと述べて、学生の「自己防衛の運動は、けっして学生のエゴイズムでもなんでもない」としている。(47)「前近代的」で「封建的」な現実社会をひとまず明日も生き延びなければならない学生に対して日高は、たとえば就職試験の面接で女子学生が「あんた、お茶をくみますか」と聞かれたとき「いや、私はお茶くみはしません」と返答することを「あらゆる人に要求するのは、やはり過酷のような気もします」とも述べている。(48)「個の自立」を

(45) 前掲日高「戦後におけるイデオロギーの動向」同『現代イデオロギー』二七二-二七四頁。
(46) 前掲日高「戦後におけるイデオロギーの動向」同『現代イデオロギー』二七四頁。
(47) 日高六郎「故郷に持続的な組織を　学生も自己を守らねばならぬ」『東京大学学生新聞』一九五三年一〇月一二日、二面。
(48) 杉捷夫・鹽見賢吾・日高六郎・小林直樹・吉野源三郎「どこに道を拓くか——今日の学生と学生生活」『世界』一九五四年六月号、一五二頁。

希求した「近代主義」の知識人のなかにあって、《醇風美俗》に埋め込まれて「自立」した主体たり得ない具体的な個人に対する日高の洞察は、行き届いたものであった。社会構造の下で劣位に置かれた主体に対し、知識人が高みから「自立」を要請することの権力性と暴力性への認識が表明されている点において、日高は当時固有の位置を占めていた。

2 「旧意識」と「階級意識」の定量分析――一九五〇年代半ば

(1) 工場労働者に対する社会調査の前提と方法

先述の論考「旧意識の温存と変容」(「「旧意識」とその原初形態」)が、「旧意識」に関するいわゆる定性分析に重心をおいたものであったのに対し、一九五五年に『思想』に掲載された単著論文「労働者とマス・コミュニケーションとの結びつき――一調査報告」、および共著論文「労働者の政治意識」の二本は、労働者の「旧意識」と「新しい意識」に関する、本格的な定量分析に踏み込んだ研究である。[49] そしてこれらの成果が本章冒頭で引用したとおり、晩年の日高本人によって、「それらが目指したものが思想的に価値があるかといえば、ほとんどゼロに近い」とされたものである(なお「「旧意識」とその原初形態」はそのなかには含まれないであろう)。

この実証的研究を行うにあたり、日高は共産主義および現実の政治勢力としての日本共産党がさしあたり正しい・望ましいものであるという価値判断に、全面的にコミットしている。それは定量分析を行う前提として足場の設定が不可避であるという方法上の要請にもよるが、そこに至るベースは、先述の「「旧意識」とその原初形態」と「戦後におけるイデオロギーの動向」において示された判断である。そのなかで日高は言う。

天皇制に対する国民の心理的なからみつきが、一般に進歩主義者たちによって予想されているよりもはるかに強い〔。…〕階級意識の比較的たかい労働者階級でさえも、天皇制の問題になると、足ぶみするということは、〔…〕意識調査でも、かなりはっきりと出ています。つまり天皇制という遮断機で、共産主義思想にたいする部分的共感が全体的支持に移行できないしくみになっているのです。(50)

つまり、「労働者」という「社会的存在」が、「共産主義思想」という「イデオロギー」を獲得するのを「遮断」している要因こそが、「天皇制に対する国民の心理的なからみつき」、すなわち支配層が吸い上げをはかった「「下からの」旧意識」である、ということである。ここから後の日高によって示される、「社会的存在」と「イデオロギー」を媒介するものとしての「社会的性格」という、フロムの議論に触発された枠組みが成立していく(後述)。いわゆる「存在が意識を規定する」というマルクス主義のテーゼはあまりに漠然としたものであり、それを受けて従来マルクス主義の枠組みのなかで存在が意識をど、い、い、い、のように規定するかを深く掘り下げて提示した知識人のひとりとしてニコライ・ブハーリンがおり(青年期の日高は、おそらくブハーリン『史的唯物論——マルクス主義社会学の通俗教科書』(51)によって社会学に導か

(49) これらは戦後、新制大学の設置に伴い大学のポストを大幅に増加させた社会学における社会調査ブームに棹さすものであったと同時に、そうした社会調査の「氾濫」に対する問題意識も併せ持つものであった。佐藤健二『社会調査史のリテラシー——方法を読む社会学的想像力』新曜社、二〇一一年、第6章、も参照。

(50) 前掲日高「戦後におけるイデオロギーの動向」同『現代イデオロギー』二七一頁。

れた）、そして一九五五年の日高は、同時代のフランクフルト学派を含むアメリカ社会心理学を参照しつつ、日本社会においてどのような「存在」がどのような「意識」をどのように規定しているかということに、具体的かつ実証的に迫ろうと試みた。そしてその対象として選択したのが、「労働者階級」という「社会的存在」であり、また「共産主義思想」という「イデオロギー」であった。

労働者の政治意識とマス・コミュニケーション過程に関するこの社会調査は、日高六郎・高橋徹・城戸浩太郎（一九二七‐一九五七）・綿貫譲治（一九三一‐二〇一五）の四人によって、一九五四年四月以降、川崎における「日本における有数の」「某鉄鋼大企業」（日本鋼管川崎製鉄所をさすと思われる）の労働者五〇九名を対象として行われた。その方法は、「質問紙を使用した意識分析と、聴取りおよび文献調査による構造分析の二方法」であり、また母集団は「職員の係長以上と女子職工員を除く労働者」で、これを「部門別に層別」して「抽出比十九分の一で無作為に抽出」した標本を対象としている。「聴取り」とは「集団面接の方法」であるとされるが、それ以上の具体的な方法は明示されていない[52]。この調査結果を分割して分析を加えたのが先述の『思想』論文二本であり[53]、また紙幅の制約を受けずに調査の全貌を掲載したのが、東大新聞研究所発行の紀要論文「労働者とマス・コミュニケーション過程」である。後者には質問紙の調査項目全五五問の全文と、それによって何を測定しているかについての対応関係が掲載されている。

労働者を対象にこの調査を行った理由を、共著論文の冒頭は、次のように説明している（日高執筆部分）。

一般に、日本の労働者階級の意識あるいはイデオロギーの構造に独特の複雑が見られるということは、すでに多くの人々からしばしば指摘されていることがらである。そのことは基本的には、日本の社会構造の特殊な複雑さに由来していることはいうまでもないが、この意識構造の複雑さを、存在それ事態の複雑さとからみあわせて考察することこそ、社会科学としての社会心理学に課せられた最大の課題の一つであろう。その複雑さは、もちろん現象的には、独占的な資本主義企業のなかで働くプロレタリアートの意識のなかに残存する前近代的な伝統的価値態度や天皇制イデオロギーというような形であらわれれるが、しかしそれは単純に文化社会学的意味での「遅滞現象」としてとらえることはまちがいである。むしろ鉄鋼企業労働者という階級的存在それ自体におりこまれている客観的諸条件の複雑さが、労働者の意識のなかに見事に反映されている筈であり、その一つ一つの対応関係こそ、明らかにされなければならない当の問題であろう。(54)

(51) 日高が読んだのはおそらく、次の二冊の翻訳のどちらかであると考えられる。エヌ・ブハリン（直井武夫訳）『史的唯物論――マルクス主義社会学の通俗教科書』同人社、一九三〇年。ブハーリン（広島定吉訳）『史的唯物論の理論――マルクス主義社会学の通俗教科書』白揚社、一九二七年。ブハーリンがこのなかで論じているのは、たとえば「社会心理と社会イデオロギー」、「階級心理と階級イデオロギー」等である。

(52) 日高六郎・高橋徹・城戸浩太郎・綿貫譲治「労働者とマス・コミュニケーション過程」『東京大学新聞研究所紀要』四、一九五五年、六五頁。日高六郎・高橋徹・城戸浩太郎・綿貫譲治「労働者の政治意識」『思想』一九五五年七月号、三八頁。

(53) 日高六郎「労働者とマス・コミュニケーションとの結びつき――一調査報告」『思想』一九五五年四月号。前掲日高・高橋・城戸・綿貫「労働者の政治意識」。

(54) 前掲日高・高橋・城戸・綿貫「労働者の政治意識」三七頁。

そして労働者が現在置かれている「客観的諸条件の分析と連関させながら」、労働者の意識のなかで基本的な「信念体系」がどのような比重で分布しているかを「数量化」した形でとらえようとしたのが、この調査であるとする。「このように数量化された意識の分布図は、存在と意識の構造という全体的文脈のなかで、再び「質」的に理解されなければならないし、またそのこともある程度可能である。それはいわば意識の定量分析と定性分析という二重の操作であったが」、この分析を通して、「労働者階級の意識変革の可能性と過程」をいくらか探り当てることができたという。(55)

また日高の単著論文「労働者とマス・コミュニケーションとの結びつき」では、調査の問いを次のように設定している。「現在民衆の政治意識にたいしてマス・コミュニケーションはどのように働きかけ、どの程度にくいこみ、どのように反応されているのであろうか」。この調査は、「さまざまのマス・メディアの働きかけに動かされて、あるいはそれに反撥して、動と反動との両極へ揺れ動いていくかれら〔労働者〕の意識の実態」を明らかにしようとしたものであり、いわゆるマス・コミュニケーションの効果研究である。そして、「政治意識に働きかける力としてのマス・コミュニケーション」の種類として、商業新聞（朝日／毎日／読売／その他）／ラジオ／「進歩的マス・メディア」（アカハタ／社会タイムス／総評など）／会社の機関誌／労働組合の機関誌という分類を行い、「なにが、だれを捉えているか」を詳細に分析している。(56)

この調査で重要なのは、「労働者」という対象を、さらに四つの「職制上の地位の相違にもとづく職階」に分類して捉えたことである。それは資本の側の労働政策の力点が、階層間の対立を助長する不均等個別支配政策におかれており、それが組合内部の対立・分裂の契機となっているという認識を踏まえた操作である。その「職階」とは地位の高い順に、「職員」／「役附工」／「平工員」／「臨時工」から成る。そして結果として、各「職階」（という「社会的存在」）の各種マスメディアへの信頼度や政治意識との相関には、統計的な有意差があることを明らかにしたこと、さらにそれらが各「職階」（という「社会的存在」）が置かれている客観的状況にどのように規定された結果であるかを詳細に分析したことが、この調査の意義である。また「職階」のほか、学歴・年齢・勤続年・賃金と各種マスメディアへの信頼度や政治意識との相関も明らかにされている。この調査と先述の論文「「旧意識」とその原初形態」は、たとえば、「個人に対する主体的な見地」および「歴史的なパースペクティヴ」を基本姿勢とした清水幾太郎の理論的な整備からさらに進み出て、それを「実証的な平面にまで拡充」した成果であるとして、[57]またアメリカ社会心理学の分析手法の「たんなる直輸入におわらず、すぐれて歴史性を加味した伝統的態度尺度の構成が工夫されて」おり、「ここに、日本的な社会心理研究のそれなりの主体性があった」として、[58]社会意識論の後進たちから、高く評価されている。

（2）「新しい意識」としての「階級意識」

しかしなぜ日高らは、「旧意識」に対決を挑む「新しい意識」を測定するために、たとえばアドルノが「権威主義的パーソナリティ」の対極に位置づけた「民主主義的パーソナリティ」、あるいは「民主

（55）前掲日高・高橋・城戸・綿貫「労働者の政治意識」三七頁。
（56）前掲日高「労働者とマス・コミュニケーションとの結びつき」二八-二九頁。
（57）山崎達彦「日本社会学における社会意識研究の理論的潮流――特に１９４５年〜１９６９年をめぐって」『Artes liberales』二七、一九八〇年、一一七-一一八頁。
（58）前掲宮島「社会意識研究の発展と現状」一九二頁。

主義的意識」「進歩的意識」等を退けて、あくまでもマルクス主義を前提とする「階級意識」を採用したのか。

共著論文の城戸執筆部分には、次のように書かれている。「体制と運動という相対立する権力が、最も強く最も集中的に作用しているのは労働者においてである」。支配層は「大衆の素朴な不満や感情」を抑圧し、またマス・コミュニケーションを掌握してそれらを「虚偽意識」に転化し、大量の政治的無関心層を生産することで、「大衆が抵抗運動に参加するのを阻止しようと努めている」。他方で、「民族的・階級的利害のうえに新しい政治権力を築きあげようとする運動」の側は、大衆の素朴な不満や反撥を「抵抗のエネルギーに醱酵させようと努力」している。こうした対立構造の下では、「大衆の素朴な感情や関心」は「必ず特定の政治的機能を果すように運命づけられている」ために、政治意識の構造を「意識という心理学的平面で内在的に把えることは不可能」であり、「体制対運動という軸」によってのみ分析が可能となる(59)。

つまり、体制側と運動側の双方が労働者の「素朴な感情や関心」を掌握すべく努めている状況において、「心理学的平面」という脱政治化された次元でそれを分析することは不可能であるという主張である。この枠組みは、労働者階級を主要な担い手とする社会主義革命というビジョンの、当時におけるリアリティを思わせる。また日高や城戸が参照したフロムやアドルノやホルクハイマーらが、社会主義を合理的な体制とみなす認識を立論の前提としていたことの影響の大きさも指摘できよう。「運動」の側に立って労働者を掌握しようとする著者たちの立場性が直截的に表明されており、そして彼らによって「運動」を担い得る「革新政党」とみなされたのは、共産党・左派社会党・労農党であった(右派社会党は「独特の傾向」として、革新政党とも保守党とも区別されている(60))。

この調査では、大別して三種類の「社会意識」が測定された。ひとつは、「運動側にそのままの形で動員しうる意識」としての「階級意識」であり、これは「感性的構成部分」と「イデオロギー」から成る。もうひとつは、「下からの旧意識としての伝統的価値態度」――体制側はこれを上から統合して「階級的行動の成長を阻止」してきた――であり、「習俗としての醇風美俗」〈既成事実への屈服〉、〈義理人情〉、〈因襲への絡みつき〉、〈孤立の恐怖〉、〈変化の恐怖〉、〈要領主義〉）、および「総合的イデオロギー」

（59）前掲日高・高橋・城戸・綿貫「労働者の政治意識」三八頁。こうした枠組みには、共著論文のなかで参考文献として挙げられている、一九五四年の城戸らによる社会調査の知見が前提とされている（城戸浩太郎・杉政孝「社会意識の構造――東京都における社会的成層と社会意識の調査研究（三）」『社会学評論』四（一・二）、一九五四年、城戸浩太郎『社会意識の構造』新曜社、一九七〇年＝吉見俊哉監修『文化社会学基本文献集第2期（戦後編）第18巻』日本図書センター、二〇一二年所収）。城戸らはこのなかで、戦後日本においては、同一の個人のなかに「封建的」「反民主主義的」「権威主義的」な「伝統的価値体系」と、「近代的な民主主義的・社会主義的イデオロギー」が両立する「二重構造」が成立していることに注意を促し（それは日高が「旧意識とその原初形態」で示した枠組みと同一である）、それゆえ「保守‐進歩」という二分法の尺度は日本社会の分析には不適切であることを論じる。そこで彼らは、「権威主義的態度」＝「伝統的価値体系」（Aスケール＝横軸）と、「社会主義的な問題解決への志向」＝「政治・経済的イデオロギー」（Oスケール＝縦軸）の両者を測定する尺度をそれぞれ構成して、測定された各職業集団の平均値を座標面にプロットしている。城戸はこの調査経験を踏まえた上で、日高らとの共同研究においては、「伝統的価値意識‐社会主義イデオロギー」という二分法に進み出たと考えられる。

この城戸らの論考は、日本の社会学にはじめて本格的な調査計量を導入した研究とされており、現在の計量社会意識論にもそのモデルが受け継がれている（前掲吉川『現代日本の「社会の心」』三一・六三頁）。

（60）前掲日高「労働者とマス・コミュニケーションとの結びつき」三〇頁。前掲日高・高橋・城戸・綿貫「労働者の政治意識」四〇頁。

〈経営家族主義〉から成る。三つめは、「上からの旧意識」――「戦前の天皇制による上からの教化により労働者の意識に残存し、階級意識の成長を阻害している価値体系」――であり、「天皇制」、「反共」、「ナショナリズム」の各イデオロギーから成る。後二者の「旧意識」については、その測定値が高いことは「旧意識」への「絡みつき」として記述され、そこからの「離脱」を望ましい価値として、その道筋が併せて考察されている。また補足的に、「政治的無関心」も測定されている(61)。

これらのことを日高の思想内容として考える場合に重要なのは、この共同研究に区切りがついた翌一九五六年に公表した論文「社会心理学的研究における問題点」において、従来の研究の反省点を洗い出したなかに示された認識である。この論文で日高は、態度・信念・イデオロギー等の調査について、戦後アメリカから輸入した社会心理学的分析法は日本ではそのまま利用し得ないことを詳細に論じている。たとえば「保守的‐急進的」、「民主主義的‐全体主義的」、「自由主義的‐権威主義的」等の二分法的尺度は、「先進の強大な資本主義国家のなかではじめて成立しうる」ものであり、これらは「後進の資本主義国、植民地や従属国、あるいは人民民主主義国家、等々における民衆の意識構造を分析するためには、かなり不適当な尺度」であると述べる。そして戦後日本で行われた社会調査において「封建主義的‐民主主義的」、「前近代的‐近代的」と定式化された二分法は、「ほとんどがいわゆる「近代主義」的傾向へおちこまざるをえなかった」とする(62)。その原因として日高が考えるのは、次のことである。

その最も根本的な原因は、現実の日本の社会が解決を要求されている問題が、たんに「封建主義」や「家族主義」や「前近代的社会構造」の克服だけではなくて、さらに一歩前進した地点に「集団目標」を設定せざるをえないという事情にあろう。〔…〕一般にアジアの後進諸国、とくに植民地や従属国では、西欧的な意味での模範的な「民主主義者」は、かえって政治的には反動的となるばあいがあるということがらが、とくに重要であると思われる。〔…〕とくに日本のように、かつて侵略的帝国主義の経験をもち、いわゆる「処女性を失ったナショナリズム」の幻影がまだ国民のあいだに残存しているところでは、その意識構造の分析をおし進めていくための仮設の設定を、アメリカの社会心理学に支配的な二分法で間にあわせることはひじょうに危険である。[63]

この記述だけでは十分に理解しにくいのだが、アジアの後進諸国では「模範的な「民主主義者」は、かえって政治的には反動的となる」場合があるというときの日本社会における実例としてこの前後の時期の日高が想定しているのは、たとえば文部省による道徳教育案である。日高によれば、文部省がうたう「自我の確立」が実現することで、「「個人が確立されない」個人は、政治や経済の問題などに口をだすことが僭越であるような個人でしかないことを意味する結果」となり、「学生運動だの平和運動だの〔…〕ストライキだのデモ行進などに「指令されるま丶に」参加するものは、まだ「個人が確立されない」附和雷同の徒」であるとする、体制側の論理が正当化される。そして、「孤独な大衆を、いわば個々ばらばらに「公共の福祉」に奉仕させること」こそが文部省案の目的であり、したがって、「現代社会では、個人が彼の自我を確立させ、彼の基本的人権を守るためには、手段として集団的組織的な

(61) 前掲日高・高橋・城戸・綿貫「労働者の政治意識」三八‐四〇頁。
(62) 日高六郎「社会心理学的研究における問題点」『日本社会学の課題』有斐閣、一九五六年、同『現代イデオロギー』二〇一‐二〇二頁。
(63) 前掲日高「社会心理学的研究における問題点」同『現代イデオロギー』二〇二頁。

抵抗が必要となっている」とする。[64] こうした、一見進歩的な方針を掲げる文部省や保守政権（その担い手は近代的意識の持ち主であることが多い）の政治的「反動」性に対抗するためには、「集団的組織的な抵抗」を試みる労働者の「階級意識」という別の「進歩的」意識こそ切り札であると、当時の日高は考えた。

この調査結果を公表した「一九五五年という年がもつ意味を、私は忘れることができない」と、日高は後の一九六九年に振り返っている。その年の出来事として、日高は次のことを挙げる――六全協、社会党統一、第一回原水爆禁止世界大会、第一回母親大会、保守合同、第一回アジア・アフリカ会議。また中国共産党の大衆路線に対する高い評価、うたごえ運動の爆発、サークル活動の広がり等々があり、「分裂反応ではなく融合反応が、内外に展開されていた。個人の復権、小集団の尊重、大状況における平和共存への胎動。それは、やや誇張的に、未来への展望を明るくさせた」[65]。

ここでの「やや誇張的に、未来への展望を明るくさせた」という表現は、それが決して正確な展望とはなり得なかったその後の苦い判断を反映しているが、当時の日高にとっては、六全協はむしろ「個人の復権、小集団の尊重」に向けて日本共産党が軌道修正していく上で望ましい事態として迎えられたと考えられる。そしてこうした東側世界の政治体制に対する信頼の表明は、翌一九五六年のハンガリー事件などを経て、しだいに微妙な陰りを見せるようになる。

（3）調査結果と変革への展望

共同研究の成果として導き出された知見はきわめて多岐にわたるため、ここではその多くを割愛せざるを得ないが、とくに後の日高の社会運動へのコミットメントに引き継がれていく論点を中心に、いくつかを以下に紹介したい。
まず日高の単著論文「労働者とマス・コミュニケーションとの結びつき」は、労働者の特定のマスメディアとの「接触」それ自体は特定の政治的立場への「方向づけ」とは相関がなく、むしろ彼らが商業誌をどのような立場のものとして理解しているかというイメージによって、それに対する信頼度は大きく左右されるという知見を引き出している。たとえば専門学校卒の学歴をもつ労働者の「やく半数は日本の商業紙が伝統的にその看板としてきた「不偏不党」（！）を信じて」いること、「役付工」（彼らは「中間的存在の権威主義的性格」をもつことが測定された）の組合紙というメディアへの結びつきは弱いものの、彼らは組合指導者個人に「情緒的」な「同一化」を行っていること等々が明らかにされる。学歴や職階と各種マスメディアへの信頼度とは強い相関を示すという諸々の調査結果から、日高はたとえば、次のような展望を引き出す。

組合員の要求に誠実に応える組合指導者の存在こそは、マス・コミュニケーションの影響力にたいする最も幅広い防波堤である〔…〕階級意識の低いものもふくめた広汎な層が、組合指導者のパーソナル・コミュニケーションにたいしては、商業的大新聞以上に耳を傾ける用意を持っている。〔…〕この通路は、いうまでもなくじつに貴重である。一般にマス・コミュニケーションの巨大な影響力は、

---

(64) 日高六郎「現代社会と道徳教育」長田新監修『現代道徳教育講座Ⅰ　道徳教育の原理』岩崎書店、一九五七年、一三二－一三五頁。
(65) 日高六郎「序にかえて――城戸浩太郎の思い出」城戸浩太郎『社会意識の構造』新曜社、一九七〇年、ⅴ－ⅵ頁。

指摘されすぎるほど十分に指摘されているが、生活の実感を体温であたゝめたコトバでコミュニケートしあうことのできるパーソナル・コミュニケーションの強い浸透力は、案外見落されがちである。(66)

そして商業紙は反動的な性格をもつものの、「その浸透力は決して万能ではな」く、問題は、読者の商業紙に対する信頼感・警戒心・イメージであることを強調する。

とくに注意をひくのは、商業紙の「不偏不党」的性格や、さらに進んではその「進歩性」をすら信ずるものが、かなり存在することである。〔…〕商業的マス・メディアにたいする本質的な洞察に欠けるばあい、労働者は現象的な「中立性」や「進歩性」という看板に、簡単に説得されるということが、こゝにはっきりと示されている。「中立性」「進歩性」のイメージとどのように戦うかは、マス・コミュニケーションの魔術から解放されるために、必ず通過しなければならない最初の関門であろう。(67)

こうしたパーソナル・コミュニケーションの重要性の実証的発見は、先述した以前からのサークル運動に対する期待を強化するものであった。また一方で日高は、「不偏不党」なマスメディアなど存在しないという全く基本的なリテラシーを公教育において涵養すべく、すでに社会科教科書の執筆において、現在で言うところのメディアリテラシー教育に取り組んでいた。そしてそうした取り組みそれ自体が、国家権力によって名指しで「アカ」認定され、日高ら執筆者は、そうした教科書排撃に抵抗していくことになる（次章で詳述）。

またこの社会調査では、組合紙という「進歩的」メディアが正しい・望ましい党派性をもつものであるという前提がとられる一方で、次のような言及がなされていることも見逃せない。

最も階級意識の「高い」と思われる層から、組合紙は「闘争的すぎる」という批判が若干あらわれていることは注目される。かれらのいう「闘争的すぎる」という意味は、もちろん職員や役付工の口ぐせとは、質的にことなるものと判断できる。その意味は、組合紙がともすれば組合員の日常的現実的要求を無視して、空まわりする観念的なスローガンで埋められようとする傾向にたいする警告であると思われる。日常闘争を怠りながら、強がりだけの「闘争」的スローガンをふりまわすことは、いうまでもなく組合紙にたいする信頼感と親近感とをさまたげる最も大きな原因である。[68]

こうした「空まわりする観念的なスローガンで埋められ」る組合紙のあり方への危惧は、この調査とほぼ同時期から日高が本格的にコミットしはじめる、日教組の教育運動のなかでの警鐘に生かされていく

(66) 前掲日高「労働者とマス・コミュニケーションとの結びつき」三六‐三八頁。

(67) 前掲日高「労働者とマス・コミュニケーションとの結びつき」三八頁。また日高は、朝日新聞の読者層が高学歴傾向である（「つまりインテリに売りこんでいる」）こと、彼らはいくらか革新政党支持に傾いているものの、それは「朝日」が「進歩的」であるからと断定することはできず、「朝日」の政治記事をよく読む「職員」層の政治意識は「最もおくれている」ことも分析している（同三〇‐三二頁）。その後の日本で、何が「進歩的」かということを含めて情勢は大きく変化したものの、朝日新聞が「インテリに売りこんでいる」という現象は、この調査から七〇年の長きを経た現在でもみられるだろう。果たして日本の受け手が、「マス・コミュニケーションの魔術から解放される」日は訪れるのだろうか。

(68) 前掲日高「労働者とマス・コミュニケーションとの結びつき」三九頁。

表1　論文「労働者の政治意識」に掲載された定量分析の表（例）

第9表　職階×反共イデオロギー

職階＼反共	高い	中間	低い	不明	計
職　員	56.5 ‖	24.6 ‖	11.6 ‖	7.2	100 (69)
役附工	54.0 ‖	26.0 ‖	18.0 ∧	2.0	100 (50)
平工員	44.6 ‖	20.8 ‖	32.2 ‖	2.4	100 (332)
臨時工	36.2	23.4	29.8	10.6	100 (47)
不　明	16.7	33.3	33.3	16.7	100 (18)
計	45.8	22.4	27.7	4.1	100 (509)

第11表　伝統的価値態度×階級意識

伝統的価値態度＼階級意識	高い	中間	低い	D.K	計
完全に脱却	61.3 ∨	30.7 ∧	8.0 ‖		100.0 (62)
経営家族主義だけにさんせい	40.3 ‖	51.6 ‖	8.0 ∧		100.0 (62)
義理人情要領主義にさんせい	33.8 ∨	46.8 ‖	19.4 ‖		100.0 (124)
日常的インタレストで離脱	21.8 ∨	50.8 ∨	27.4 ∧		100.0 (124)
殆んど絡みつき	9.0	34.8	53.8	1.5	100.0 (132)

出典：日高六郎・高橋徹・城戸浩太郎・綿貫譲治「労働者の政治意識」『思想』1955年7月号、49・54頁より。

ことになる（第4章で詳述）。

次に、共著論文「労働者の政治意識」の知見を見ていきたい。そこでの統計処理の結果は、たとえば〈表1〉のような形で、第13表まで掲載されている。これらを分析した結果、四つの「職階」のなかで、もっとも階級意識が高く革新政党支持が多く、また天皇制イデオロギーや反共イデオロギーへの「絡みつき」から「離脱」していることが測定されたのは、全体の七四%を占める「平工員」である。また彼らの「階級意識は、労働運動、ひろくは反体制運動への参加を通じて、感性的な認識から、目的・手段・状況を明確に把握した認識に高揚する」というルートが、調査結果から導き出される。これに対し「職員」は、「現在わが国は対米従属体制下にあるという認識」をもちながらも「従属体制の打破のために労働者階級は戦わなければならないという考え方には賛成しない」、「傍観者的意識」を有する傾向をもつことが測定される。彼らは天皇制イデオロギーからは比較的すみやかに離脱しながらも、反共イデオロギーには全職階のなかで最も強くとらわれている。また「役附工」は、「職場の直接的接触世界に君臨する支配者」であり「資本の命令の媒介者」であり「直接的監視人」であるとされ、さらに組合本部と組合員大衆の媒介者、すなわち「大衆のエネルギーを巧みに企業側の通路に導くエセ自発性の培養者」であるとされる。そして彼ら「役附工」が、他の職階に比べてきわだって伝統的価値態度への傾斜が強いこと、とくに経営家族主義イデオロギーの浸透度は「異常にといっていいほど強」いこと、天皇制イデオロギーに「ほとんど強迫的なまでの絡みつきの強さ」を示すこと等が測定される。最後に「臨時工」は、「資本主義企業の矛盾をもっとも多くしわよせされている」「孤独なる労働者」であり、「状況把握と規範意識において弱い」ために、「目先の利益に釣られて体制側に動員される危険性を持っている」ことが測定される。(69)

これらのことから、組合の動向を決定するのは、「平工員」であるとされる。こうした職階間の統計的有意差は、まさに組織された末端のプロレタリアートこそが変革主体であるというマルクス主義のセオリーを裏書きする結果であった。ただし、これは高度経済成長前夜という一点に固有の状況であったのではないかとも推測される。高度経済成長と大衆社会化がその後本格化するなかで、こうした職階による差異は、職階そのものの再編も伴いつつ、流動化していったであろう。

そのほかこの調査では、次のことも明らかにされている。ナショナリズムに関しては、年齢と学歴が強い相関を示す。とくに中等教育を受けた者が最もナショナリズムへの一体化を示すが、その要因としては、彼らの「マス・メディアに対する接触が比較的多く」、「政治記事をかなり無批判的に信頼しているることがあげられる」。さらに彼らの一部が、「いわゆる「擬似インテリ」として、かつてのウルトラ・

(69) 前掲日高・高橋・城戸・綿貫「労働者の政治意識」四〇 - 四七頁。

ナショナリズムの強い支持層であったことも、あるいは関連があるかもしれない」とする。また支持政党は職階によってかなり有意差があり、右社を支持する傾向をもつのは、「役付工」のほか四〇才以上で高賃金を得ている者、つまり「いわば上層労働者とも呼ぶべきもの」であるという[70]。

そして、「各態度尺度相互間の相関係数」の計算によって明らかになったのは、たとえば、天皇制イデオロギーは伝統的価値態度と強く相関しており、とりわけ経営家族主義イデオロギーと強い相関を示すことである。このことは、「天皇を頂点にする家族国家観のイデオロギーが企業内における家族主義的職制支配の統合シンボルの役割をも果している」ことを示しているのだとする。さらに伝統的価値態度と階級意識の相関について見ると、「階級意識の高揚が、目的・手段・階級闘争の自覚的判断というイデオロギー的次元にまで高揚するためには、労働者のなかに深く滲透している「経営家族主義イデオロギー」との対決が要求される」ことが示される。また反共イデオロギーと伝統的価値態度は最も弱い相関を示す（関係がない）ことが述べられ、つまり反共イデオロギーは「「西欧的民主主義」の支持者にも滲透しうる」ために、「階級意識のゴール」に到達するためには、「伝統的価値態度からの離脱→反共イデオロギーの克服→階級意識という二重の段階が必要となる」[71]。

しかし、これらのことはつまり、職階が高く（先述の「職員」）、学歴が高く、伝統的価値態度から「離脱」している層にも反共イデオロギーの持ち主が多いという相関を意味しているが、この論考において、「反共」の合理性という側面は、著者たちに全く考慮されていない。女性労働者が調査対象から除外されていることと併せて、現在の見地からは、そうした時代の「限界」を有する調査であったと言うこともできよう。

（４）著者たちの立ち位置

ところで、川崎でともに共同調査を行い論文の共著者となった日高・高橋・城戸・綿貫の四人は、その過程でたびたび合宿も重ねたというが、当時どのような関係性にあったのだろうか。

一九五五年当時、新聞研究所助教授であり日高と研究室の同室者でもあった高橋は、後の一九七〇年に、次のように書いている。

〔日高六郎研究室は〕東京大学におけるある意味での「第二社会学研究室」的な意義と役割をもっていた。「社会学ディレッタントのサロン」、「ジャーナリズムべったりのポピュラー社会学」、「ジェラルミン的知識人派社会学者のヴィレッジ」等々、外部から寄せられる辛辣な批評が部分的にこの研究室の雰囲気と性格を伝えているが、そこに参集した者の心に共通していたものは、これまた当世風にいえば、文学部に鎮座する社会学スケアーのエスタブリッシュメントに抗して社会学ヒップスターの声を挙げるということだった。(72)

この「第二社会学研究室」的な日高研究室に集った高橋と、城戸（当時東京学芸大学講師）と綿貫（当時東大社会学研究室特別研究生）という若手は、「当時の三人が三人とも、「われわれは正統派社会学にも、

(70) 前掲日高・高橋・城戸・綿貫「労働者の政治意識」五〇‐五一頁。
(71) 前掲日高・高橋・城戸・綿貫「労働者の政治意識」五三‐五五頁。
(72) 高橋徹「解説――『社会心理学研究会』のこと」前掲城戸『社会意識の構造』三〇九頁。

正統派マルクス主義にも属さない、いわば欄外《マージン》にいる」という、すねた姿勢と鬱屈した心情をもって」おり、そうした「自己を繋留さすべきたしかな学的世界がないという思い込みから生まれた、アイデンティティ・クライシスとも呼ばれるべきマイナスの心的状態」が三人を結びつけたのだと、高橋は後にいくぶん諧謔を交えて書いている[73]。日高によれば当時彼らは、冗談に自分の立場を「〈モダニズム左派〉などと称して、まじめなマルクス主義者から疑わしげに見られていた」[74]。

そして、この若手三人のうちで「社会心理学者」として当時急速に頭角を現しつつあったのが、城戸であった。後に日高は城戸について、「人間の心理についてのほとんど芸術家的な深い洞察力にめぐまれた社会心理学者は、ついに彼のほかにまだあらわれていないように思う」とさえ書いて、社会学者のなかでは例外的に、高い評価を与えている[75]。その城戸は、旧制東京高校理科出身でもあり、同世代の高橋と綿貫に、数的処理の知識と技能を伝授した。高橋の回想によれば、城戸の導きによって「社会測定の技術というナイフをわれわれは研いだ。そして、その切れ味を験めしてみたいという気持に駆られた。その結果、日高をかついで始めたのが五四年四月に実施した川崎地区の鉄鋼労働者の意識調査である」[76]。こうして、若手三人によって日高は〝かつがれて〟、ともに調査に取り組むこととなる（日高が定量分析のための知識と技術をどこで身につけたかは不明である）。

日高によれば、父である心理学者・城戸幡太郎（一八九三‐一九八五）の反骨を受け継いだ城戸浩太郎は、「日本の旧い前近代的軍国主義的体制にたいしてはほとんど本能的ともいうべき反撥をもっていた」。そして大枠としてはマルクス主義を受け入れていたものの、一九五六年のスターリン批判は、城戸の発想に根本的な変化を要求しなかったのではないかという。「むしろそれは彼がかねて考えていたことの延長線上にあり、彼には〈スターリン批判〉をうけとめる十分の用意があった。それは、教条的なマルクス主義からすでに脱出する努力をかさねていた彼には、歓迎すべき兆であった」[77]。

これは裏を返せばつまり、城戸はかつて、「教条的なマルクス主義」にとらわれていたと日高は捉えているということである。しかしその立場は同時に、「正統派社会学にも、正統派マルクス主義にも属さない」マージナルなものでもあり、次のような関心において、日高と共鳴しあう地点にいた。

社会的存在が社会的意識を規定することをみとめながら、その関係は決して単純ではなく、複雑な人間心理のメカニズムを媒介として、さまざまな屈折が存在しているはずだという認識は、事実に即し、実態に執してものごとを観察したいと考える戦前世代あるいは戦中世代ならば、ほとんど実感的体験的な共通了解であったはずだ。ただそれをつかみ出す方法論をマルクス主義の大枠のなかでは発見しにくく感じていた研究者にとって、社会心理学的方法論はやはり強烈な魅力であった[78]。

(73) 前掲高橋「解説――『社会心理学研究会』のこと」三〇九-三一〇頁。彼ら三人は一九五五年に「社会心理学研究会」を立ち上げ、この後さらに若い世代を引き入れて研究成果を挙げていくことになる。「社会心理学研究会」については、鄭佳月「もうひとつの社会心理学――社会心理学研究会から社会意識論へ」吉見俊哉編著『文化社会学の条件――二〇世紀日本における知識人と大衆』日本図書センター、二〇一四年、に詳しい。そこで論じられるとおり、後続世代で「社会意識論」を体系化したのは、見田宗介であった。

(74) 前掲日高「序にかえて――城戸浩太郎の思い出」ⅴ頁。

(75) 前掲日高「序にかえて――城戸浩太郎の思い出」ⅰ頁。

(76) 前掲高橋「解説――『社会心理学研究会』のこと」三一三頁。

(77) 前掲日高「序にかえて――城戸浩太郎の思い出」ⅳ-ⅵ頁。

(78) 前掲日高「序にかえて――城戸浩太郎の思い出」ⅳ-ⅴ頁。日高はここで、当時こうした関心を共有した戦前・戦中世代として、清水幾太郎と南博を挙げている。

こうした関心は城戸にも大きな影響を与えたが、しかし城戸を含めて若年世代に属する共著者三人は、マルクス主義に対して日高がかねてから抱いていた、理論的という以上に思想的な屈折と懐疑は、必ずしも有していなかった。ありていに言うならば、日高よりも若手三人のほうが、政治的にはより左に位置していた。[79]そして単に知識人の高みから民衆の「遅れ」を指摘するのではなく、現実のなかに胚胎している可能性を具体的・実証的に探ることで変革への糸口を摑もうという関心に共通して貫かれながらも、また労働者の意識の「遅れ」を「単なる「文化遅滞」現象」とみなすのではなく、それが彼らの置かれている客観的条件に規定されたものであることを詳らかにしようという動機に共通して貫かれながらも、結局のところ彼ら四人は、「進んでいる－遅れている」という軸の上に対象を配置するという、「近代主義」的方法に落ち着かざるを得なかった。いったんは「近代主義」的視点に立たなければ調査対象を分析できないという方法上の要請は、自覚的に選択された立場でもあったであろうが、同時に日高本人には、強い違和をもたらしたように考えられる。

個々の人間を単に頭数とみなして操作的に数的処理することで、はじめて明らかになる知見があるという調査の意義を十分に認識しつつ、日高は同時に割り切れない違和も抱いており、それは社会学という学問分野に対する彼の居心地の悪さの感覚とも、一部通底するものであったように思われる。東大を辞職した後の日高は、次のように書いている。

混沌から分析・抽出する作業がどのように見事であっても、ときにはその成果をもう一度混沌へもどしてみる必要がある。私の経験では、確実な真理はおおむね索漠としており、おもしろい話はたいてい不確実な議論にしかすぎない、ということが現在の社会科学の一般法則に近い。そして、自称アカデミシャンには、真理に忠実であるふりをして、索漠とした〈真理〉を壮重に表現する技術者が多いのである。(80)

こうしたアカデミズム批判はまた、城戸の志とも通じ合うものだった。高橋は城戸の問題意識について、それは「「社会心理」の定性分析と定量分析の統一ということに見られる、社会学系社会心理学における第一次戦後世代の自己主張」であり、彼の社会心理学へのコミットメントの底には、「社会を「個人に解消」して研究したうえで、「再び全体に再構成」する方法をとるという意味での科学主義」があったこと、この「方法的個人主義は、個人ユニットへの分解＝微分的方法のみならず、それをふたたび全体にまとめあげる総合＝積分的方法を含む二元的構成をもつもの」であったことを強調している。(81)

図１　日高六郎（『日本読書新聞』1957年10月28日より）

　そして川崎での社会調査という実践を経て、若手メンバーにも、次のような「反省」が自覚されるようになっていた。すなわち一九五七年の高橋いわく、「これまでのところ、ぼくたちの研究は「虚偽意識」にとらわれた労働者や農民の意識状態を固定化したり、あ

(79) たとえば先に述べたような、組合紙のあり方に対する批判や進歩的知識人の民衆に対する姿勢の問題視などは、他の三人の執筆部分には一切見られないものである。
(80) 日高六郎「入門以前ということについて」『思想の科学』一九七〇年六月号、『日高六郎教育論集』三七七頁。
(81) 前掲高橋「解説――『社会心理学研究会』のこと」三一一－三一二頁。

るいはそれを本質とみなしたりする誤りをおかしていることを反省しなければならない」[82]。こうして彼らは、スターリン批判やハンガリー事件といった東側情勢のなかで、次の地点に向けた脱皮を模索していた。日高にとって、若き俊英である彼ら、とくに城戸の伸び代は未知数であり、「教条的なマルクス主義」から脱出した城戸が今後どのような方向にその才能を開花させていくかが、大きな可能性として認識されていた。

3　近代的主体と「社会的性格」の追究——一九五〇年代後半

(1) 東側世界への評価と社会心理学的研究の軌道修正

結局のところ日高が「近代主義」者なのかどうかは、「近代主義」という語の定義によって、是とも否とも言える性質の問いであろう。しかし戦後空間のなかで「リベラル派」に分類される日高が、一九五〇年代現在の日本を「ブルジョア民主主義」の歴史過程にあると判断しており、そしてヨーロッパにおける「ブルジョア民主主義」の最良の価値は「政治的には基本的人権を中心とする民主的諸権利の尊重」[83]にあることを繰り返し強調している点は、重要である。

また、そうした「基本的人権を中心とする民主的諸権利の尊重等のブルジョア民主主義の最良の部分」は、「新しいより高次の社会体制へとリレーされるであろう」という認識もまた、繰り返し表明されている[84]。そして、現実にソ連という社会主義体制を実現した「ロシア革命こそは、ヨーロッパ的ブルジョア民主主義の長子であり、その遺産の正式の相続人だった」という判断が一九五六年に示されたのが、日高がもっとも既存の社会主義体制に高い評価を与えた地点となった。そうした「ブルジョア民主主義の最良の部分を〔…〕広汎な民衆の統一的行動の力で守りぬいていくこと、こうしてブルジョア民主主義的支配形態が、ファシズム的支配形態へ転落していくことを防ぎとめることこそが、現在また将来の最大の課題となる瞬間がある」ことを、ヨーロッパの第二次世界大戦の経験を論じながら、「逆コース」に対峙する一九五六年時点の日本社会における「統一戦線」の可能性として考察している。(85)しかし、ロシア革命こそヨーロッパ的ブルジョア民主主義の「長子」であったとしながらも、ファシ

(82) 高橋徹「現代の社会心理①　日本の社会心理学」『日本読書新聞』一九五七年九月一六日、七面。高橋を皮切りに、「社会心理学研究会」のメンバーによって、『日本読書新聞』紙上でその後六週にわたり、連載「現代の社会心理」シリーズが担当された。また最後に日高が、それらの連載に対する感想を述べている（日高六郎「現代の社会心理を読んで　ひとつの比喩的感想　社会心理学者の役割について」『日本読書新聞』一九五七年一〇月二八日、七面）。

(83) 日高六郎「ヨーロッパにおける対立と混乱」『岩波講座現代思想I』岩波書店、一九五六年、＝同「二つの大戦の間——ヨーロッパにおけるイデオロギーの対立」同『現代イデオロギー』四九頁。

(84) 前掲日高「ヨーロッパにおける対立と混乱」同『現代イデオロギー』四九頁。後の日高は、戦後の「近代主義」について解説する文章のなかで、近代主義者と正統派マルクス主義者のあいだには、「近代をただ「通過駅」と考えるか、あるいは〔…〕通過してはならない象徴的価値をふくむひとつの「下車駅」と考えるかのちがい」があったとして、後者にとっての「近代」とは、つまり「共同体規制や規格版となった旧慣」などからの「精神の解放」であり、また「主体の自立」であり、また「自立した主体のあいだの平等な人間関係の確立」を意味していたと述べている。そして、「一言でいえばそれは「通過駅」思想に対する拒否と言ってもよい」とする（日高六郎「戦後の「近代主義」」『現代日本思想大系34　近代主義』筑摩書房、一九六四年、同『戦後思想と歴史の体験』二一四‐二一五頁）。そうした「通過駅」思想に対する拒否という側面において、日高はまさに近代主義者であると言える。

(85) 前掲日高「ヨーロッパにおける対立と混乱」同『現代イデオロギー』四九‐五一頁。

ズムの席捲のなかでヨーロッパ知識人たちがコミュニズムといかに向き合ったかを描く一九五六年のこの論考は、コミュニズム評価に関して、きわめて微妙な叙述を重ねている。たとえばA・ジッド（一八六九－一九五一）による『ソヴェト旅行記』・『ソヴェト旅行記修正』を取り上げて、ジッドのソ連批判を否定はしないまでも肯定するでもない留保と襞の多い叙述に続き、「ともかく西欧的ヒューマニズムとコミュニズムとのあいだに統一的な原理を求めようとして、じつに数多くの良心的な知識人が苦闘した。そして数多くの知識人たちが、コミュニズムに接近し、あるいは入党さえしながら、ふたたびコミュニズムからはなれていった」ことが述べられる。「西欧の知識人の〔コミュニズムへの〕失望や転向も、やはり民主主義とヒューマニズムにたいする信頼と善意の上に立っていたことだけは忘れてはなるまい」という記述は、まさにこの後日高が辿った道程を、あらかじめ述べたものと読むことすら可能である。(86)

同じ一九五六年にまた日高は、「異なった学問的立場の協力」という論考において、マルクス主義と社会学の関係について、ソ連におけるロシア革命後の社会学の位置の変化やブハーリン失脚などと併せて詳細に論じている。(87)フルシチョフによるスターリン批判の情報が入ってきたのは、この論考の脱稿直後であったという。(88)またこの年の秋以降、ハンガリー事件が勃発し、ソ連軍が鎮圧に出動して大きな国際問題となっていく。

こうした東側情勢のなかで日高は、先述の社会調査の経験を踏まえ、社会科学における「社会心理学的研究」の軌道修正を主導していく。(89)論文「社会心理学的研究における問題点」が、その口火を切った。このなかで日高は、現在強い関心が寄せられている社会心理学には厳しい反省もまた要請されており、その点を「筆者自身の自己反省」として挙げたいとして、以下のことを論じている。

まず、社会心理学的研究は常に社会・集団の構造分析と密接に連関づけられなければならないとする。多くの調査はこの点が不十分であり、「操作的に設定された階層区分と意識傾向とのあいだの相関」を知ったとて、その方法では「あるコミュニティのなかで現実にある役割を果している集団成員の生きた人間関係は全く捨象されてしまう」ために、「とくに彼が所属している階層あるいは階級を、心理学的カテゴリーとしてではなく、社会的歴史的カテゴリーとしてとらえること」が必要であるとする。(90) この点は川崎での共同調査の成果のなかでも強調されたことであり、その問題意識が、労働者を「職階」という「社会的歴史的カテゴリー」によって捉えるという方法に反映されたのであった。

次に、社会心理学は非合理的な価値体系の残存を説明するだけでなく、合理的な価値体系の誕生と成長にも関心をはらう必要があることが述べられる。アメリカ社会心理学のかなりの部分はフロイト主義・ネオフロイト主義の影響下にあり、合理的なイデオロギーも非合理的次元で説明される傾きがあるが、日本における「意識改造」の問題を考える上では、合理的な価値体系の成長こそ重要であるとする。

(86) 前掲日高「ヨーロッパにおける対立と混乱」同『現代イデオロギー』五三‐五七頁。
(87) 日高六郎「異なった学問的立場の協力」『思想』一九五六年二月号、同『現代イデオロギー』所収。
(88) 日高六郎「マルクス主義者への二、三の提案」『現代の理論』創刊号、一九五九年、同『現代イデオロギー』二一〇頁。
(89) 山崎達彦は、この時期において「社会心理・イデオロギー」分野の軌道修正を先導したのは日高と高橋であり、彼らはマルクス主義的アプローチと「アメリカ社会心理学的アプローチにおける「実証主義」を「無」原則的に受容した多くの個別的な作業」という、左右のあいだの「架橋」を試みたとしている（前掲山崎「日本社会学における社会意識研究の理論的潮流」一二五頁）。
(90) 前掲日高「社会心理学的研究における問題点」同『現代イデオロギー』二〇〇‐二〇一頁。

また、社会心理学は意見・意識の分布図を書くだけでは不十分で、意見の浸透力（強度）、意見の論理性、意見と社会体制とのつながり等を深く掘り下げるべきであるとする。ときには数えるに足りない少数意見が強力な社会的エネルギーの萌芽であることもあり得るために、統計的に処理しにくい少数例を無視することは危険である。さらに、社会心理学は小集団の機能を的確に把握する必要があり、この点でアメリカ社会心理学における小集団の「科学的研究」は、最も「価値中立的」に見えて、最も「政策的」意味合いを含むものであることが強調される。とくに労務管理の必要性に要請された小集団研究は、「「人間性回復」の旗じるしのもとで行なわれる「人間性抹殺」の道具となりやすい」[91]。

そして社会心理学の最大の欠点は、「その多くが非歴史的な分析に終始している」ことにあるとする。マス・コミュニケーション過程についても、それを規定する最大の要因は、歴史的社会的条件のなかではじめて把握できると述べている。たとえばある時点における意見分布の断面図や、超歴史的に妥当すると仮定された社会的相互作用のメカニズムを明らかにするといった類の社会心理学の非歴史的性格は、「その分析をつねに平板で単調なものにした」。どのような形で歴史性を導入することができるかが、現在最も大きな課題であるという[92]。

最後に、鶴見俊輔（一九二二－二〇一五）の議論を紹介しつつ、次のことが述べられる。

おそらく現在の社会心理学も、本店はシカゴあるいはニューヨーク、支店が東京という形をとるかぎり、その運命は戦前のさまざまのヨーロッパの社会学説の輸入商会がたどった運命をたどるほかなく、十年あるいは二十年先には、仕入れ先をまた変更することも余儀なくされるかもわからない。そしてその十年乃至二十年間に努力をつづけた社会心理学者の仕事もたちまち忘れ去られてしまうかもわか

らない。支店意識は日本の文化全体の根本問題であるが、社会心理学者もこの問題を避けて通ることはできないのである。(93)

そしてアメリカで発達した社会心理学のどのような部分が日本社会の分析に役立つか、役立たないかを明らかにしながら、「日本ということなった風土のなかに、社会心理学的研究方法を土着させること」こそが重要であり、あるいは「社会心理学的発想それ自体が、日本の風土には根づかないという批判があらわれるならば、それも歓迎すべき」であると述べる。「方法が対象を切るのではなくて、対象が方法と学問をえらぶ」。いずれにせよ、

ただ一つ明らかなことは、「支店」意識に甘んじることなく日本の社会の現実が要求する問題意識につらぬかれて、日本人の複雑微妙な社会心理を追求しようとするものだけが生きのこるであろう、ということである。このことなしには、いわば現在の社会心理学の流行も、「支店」倒産史の一頁を占めるだけに終るにちがいない。(94)

(91) 前掲日高「社会心理学的研究における問題点」同『現代イデオロギー』二〇二―二〇四頁。「小集団」研究の問題性に関する日高の認識については後述する。
(92) 前掲日高「社会心理学的研究における問題点」同『現代イデオロギー』二〇四―二〇五頁。
(93) 前掲日高「社会心理学的研究における問題点」同『現代イデオロギー』二〇五頁。
(94) 前掲日高「社会心理学的研究における問題点」同『現代イデオロギー』二〇五―二〇七頁。

先にも述べたとおり、日高らの社会心理学は、「日本の社会の現実」に向き合い、日本的な社会心理研究の主体性を発揮したものと、後進からは高く評価されている。にもかかわらず（あるいはそれゆえに？）、それらの仕事は後に忘却の彼方に沈み、他方ではアメリカ社会心理学の「支店」だけが日米安保体制下で「実証主義」に特化して安泰に生き延びたというその後の展開は、一九五〇年代の社会心理学の担い手が予想だにしなかった歴史の皮肉であろう。(95)

従来アメリカ社会心理学の導入に努めてきた日高は、このような議論によって、アメリカ社会心理学の発想と方法を日本社会の理解に安易に用いることの問題性に、しだいに発言のウエイトを移していく。同一九五六年の「心理学ブームの功罪」と題する座談会においては、日高は「心理学ブームの責任はいくらか僕なんかにも（笑声）百分の一くらいあるかもわからない」としながら、次のように率直な危惧を表明している。

僕は戦後、社会学と心理学との提携ということを非常に強く言ったわけなんですよ。そして社会心理学的な研究というものが、これから非常に必要だということも言ったわけだ。〔…〕価値体系の崩壊してゆく過程が始っている時に、従来の社会科学的な構造論とか、あるいは階級論とか、そういうものだけじゃ解決、解釈できない問題が続々出てくる。僕たち日本人全体が、ものすごく色んな古い沈澱物を持っている。それをどう処理し、脱却し、新しい価値体系を自分のものにするか〔…〕そう考えたとき、どうしてもある程度人間に対する、いわば鋭い心理学的な洞察というものが必要だ、ということになり、それでアメリカのものたとえばフロムのものなんかを紹介したりしたわけです。〔…〕それがなぜ心理学ブームというような形で出ていわば横道にそれたか〔…〕戦後、最初の社会科指導要領の中で人によく思われるような人間にならなくちゃいけない、これは非常に大切なことだということを言っているわけですね。で、そうなると、人によく思われるための技術の本というのが要求される〔…〕心理学と医学とか、心理学と社会学との提携ということは非常に大きな大切な問題だと思うんですよ。それで一番良くないことは、全人間的に治療しているのでなくて、非常に表面的なところでゴマかすことに心理学が応用されているということなんだ。〔…〕アメリカの社会心理学を、日本で受け入れた場合の、その受入れ方にも随分問題があると思うんですよ。その場合に心理学者がカン違いしていた第一のことは、日本人が養われてきた、いろんな社会的条件とか、歴史的な沈澱物とか、そういうものを無視しちゃって、いわば人間というものを透明なものとして測定し処理するという立場にたって考えていたいわゆる心理学主義の誤謬というんですか、それが非常にあった〔…〕正しい形で、社会的な大きな場で解決して行かなければならない問題を、いわば個人のいろんな適応技術とか、心構えとかいったようなものだけで何とかうまくやってゆきなさい、環境にうまく適応してやって行きなさい、ということになるわけですね。〔…〕学者の責任、ジャーナリズムの責任はたし

(95) その理由については別途考察されなければならないが、社会構造への視座や歴史的視点の欠如というアメリカ社会心理学の欠陥を補った理論がマルクス主義一辺倒であったという事情は、一九七〇〜八〇年代にかけて、日本の社会心理学(と呼ばれる研究群)が心理学の下位分野に収束していき、社会構造へのマクロな視点を失っていったことと密接であろう。Yamagishi, and Brinton, op. cit., も参照。
なお近年は、社会学者の吉川徹らによって「社会意識論」が再興されている。そこに至るまでの経緯や、社会学における計量的な社会意識研究が階層研究に「パラサイト」した事情などについては、前掲吉川『現代日本の「社会の心」』を参照。

かにあると思うんです。だけど、もう一つ、大衆の側にも、自分の精神的な不安を、極く簡単な形で解決してもらいたい、説明してほしというような、相当強い要求があると思うんですよ。(96)

このように日高が述べる社会的・歴史的条件の無視という「心理学主義の誤謬」は、当時「社会科学」として社会心理学に取り組んだ研究者たちに広く共有された、ごく基本的な批判の対象であった。(97)しかしそうした視点は、一九七〇年代～八〇年代に「社会科学」としての社会心理学（を掲げる研究）が消滅していくとともに失われ、また他方では、「誤謬」を克服したのではなく単にそれを認識する努力を放棄した心理学的社会心理学の「実証主義」が、その後も存続していく。(98)「社会的な大きな場で解決して行かなければならない問題」を個人化しつつ心の問題に還元し、「非常に表面的なところでゴマかすことに心理学が応用されている」のだと捉える日高の危惧は、それを求める大衆のニーズの指摘と併せて、近年の心理学内外からの「心理主義」批判の論点とも、(99)一部共通するところがある。現在にまで連なる、心理学のあり方の問題性を問う視座は、一九五〇年代にはすでに提示されていた。(100)

そして日高はこの座談会のなかで、社会心理学という学問は「日本では非常に重たい学問」であること、「本当にまじめにずっとやって行こうとすれば、それは日本の社会のいろんな背負っている重たい荷物を引受けなければ、とてもどうにもならない」ものであることを主張している。(101)また併せて、アメリカにおいて心理学が軍事科学と結びついて発展した事実についても言及する。一九五〇年代末になると日高はさらに、人間関係をめぐる心理学の学知が、管理社会のツールとして用いられていくことの危険について警鐘を鳴らすようになる。企業の労務管理に人間関係の科学が適用され、(102)かつての露骨な管理抑圧体制がしだいにソフトで洗練された統治へと切り替えられてゆく状況のなかで、心理学者がテ

(96)島崎敏樹・飯島衛・日高六郎「座談会　心理学ブームの功罪　一つの文明批評として」『日本読書新聞』一九五六年三月五日、四－五面。

(97)そうした議論のなかですぐれた作品として、たとえば、佐藤毅「社会心理学の方法と課題」『今日の社会心理学1　社会心理学の形成』培風館、一九六五年。高橋徹「日本における社会心理学の形成」前掲『今日の社会心理学1　社会心理学の形成』。見田宗介『現代社会の社会意識』弘文堂、一九七九年。また、南博は心理学者であるが、「心理学主義の誤謬」に自覚的であった。前掲注12を参照。

(98)たとえば、心理学的社会心理学の領域においてごく稀に「「社会心理学の危機」を巡る論争」というテーマが立てられるとき、そこで検討される内容は、アメリカにおける論争のみである（三井宏隆「「社会心理学の危機」を巡る論争について」『実験社会心理学研究』二五（二）、一九八六年）。

その後の社会心理学のあり方に対する批判としては、たとえば以下の文献を参照。橋本仁司「思想史として見た社会心理学の展開」『早稲田大学大学院文学研究科紀要　第1分冊』四二、一九九六年。小坂井敏晶『社会心理学講義――〈閉ざされた社会〉と〈開かれた社会〉』筑摩選書、二〇一三年。

(99)たとえば、日本社会臨床学会編『シリーズ社会臨床の視界4　心理主義化する社会』現代書館、二〇〇八年。斎藤環『心理学化する社会――癒したいのは「トラウマ」か「脳」か』河出文庫、二〇〇九年。

(100)また、近年の日本の（心理学的）社会心理学の一部で採用されている社会構成主義は、主にアメリカの社会心理学者ケネス・J・ガーゲンを参照しているが、その論点の少なからずが、一九六〇年代までの日本の「社会科学」としての社会心理学のなかで盛んに議論されてきた問題と重なっている。

(101)前掲島崎・飯島・日高「座談会　心理学ブームの功罪」五面。日高はここで、現在の日本で「社会心理学的な仕事として良いことをやっている人」として清水幾太郎と丸山眞男を挙げ、また別の論考では、「日本における最もすぐれた社会心理学者の一人」として鶴見俊輔を挙げている（前掲日高「社会心理学的研究における問題点」同『現代イデオロギー』二〇五頁）。清水幾太郎が日高と並び、日本のマスメディアのあり方を繰り返し問題にしていたことはとくに重要である。前掲杉山「新聞研究所と1950年代のマスコミ研究」も参照。

(102)当時企業の労務管理のなかで用いられはじめていた生産性向上の手段としての「人間関係的管理技術」とは、たとえばP・R（パブリック・リレーションズ）、H・R（ヒューマン・リレーションズ）、QC（クオリティ

クノクラートとして機能し、心理学の学知が規律権力として作用することの問題性に着眼した日高は言う。「労働者の心理的な不満までもひっくるめて、心理的な側面全体が搾取されていく。気付かないでいる間に搾取されていくことになる。人間の心理自体までマニピュレート（操作）してしまうことになる。小集団の関係を調整することで、ますます大きな機構を安定させていくという問題になる」(103)。

心理学という「科学」の負の側面に自覚的であり、心理学の学知を現実社会でいかに用いるかという問題が現代において重量をもつテーマであることを認識しつつ、それでもやはり、二〇世紀後半において心理学と医学や社会学との提携の追求は不可避であり、また大きな可能性をも孕むものであるという両義性の認識において、日高の問いは、マルクス主義が潰えた後もなお有効であろう。

（2） 城戸浩太郎の死去

こうして、かつて川崎で共同調査を行った四人がそれぞれに軌道修正の必要性を自覚し、そこに踏み出しつつあった矢先、城戸が急逝した。一九五七年五月五日、城戸は同行者二人とともに南アルプスを登山中に雨に襲われて遭難し、三〇歳で命を落とした。

城戸の死は、仲間たちに、深いダメージをもたらした。後年の高橋は次のよう書いている。「けっしておおげさでなく、私を含めた親しい仲間は当分虚脱状態を続けることとなった。亡くなってますますその存在意義の大きさを痛感させられるという陳腐な言葉が、痛いほどの迫真性をもってよみがえる日々だった」(104)。

日高は後に、東大を去る直前の一九六九年一月、「城戸浩太郎の思い出」と題して、次のように書いている。

人間の心理についてのほとんど芸術家的な深い洞察力にめぐまれた社会心理学者は、ついに彼のほかにまだあらわれていないように思う。人間を知らないままに社会を語る社会学者や社会心理学者もい

コントロール）サークルなどをさす。「大衆社会論」のひとつの焦点となった「小集団」をめぐる議論およびサークル運動との関係については、水溜真由美「一九五〇年代後半のサークル運動と小集団論」（『国語国文研究』一二八、二〇〇五年）がすぐれた整理を行っている。

道場親信は水溜のこの論考について、「学ぶところの多い論文」であるとしながらも、「小集団」という「操作可能な」用語を採用することで、「サークル論は運動論としてよりも、「小集団」内部のグループ・ダイナミクスへと関心を限定していってしまうことは否めない。そこからは運動論的視点や、歴史的視点は失われていってしまう」と述べている（道場親信『下丸子文化集団とその時代――一九五〇年代サークル文化運動の光芒』みすず書房、二〇一六年、八六・三五六頁）。しかし先述のとおり、日高は運動論的視点や歴史的視点を繰り返し強調していた。当時、「操作可能な概念」である「小集団」を捉える学知がすでに存在し（その源流のひとつは、民主的な社会の実現をめざした亡命ユダヤ人の社会心理学者K・レヴィンが打ち立てたグループ・ダイナミックスに代表される）、また戦前来の左翼運動としてのサークルの歴史があり、戦後各地でさまざまな（非）政治的姿勢のサークル運動が展開される状況のなかで、知識人たちは、「小集団」をめぐる学知がアメリカにおいて次第に体制に接近して経営論や政策科学に応用されていく現実を、当然射程におさめていた。その上で、その「操作可能な概念」を自覚的かつ批判的に摂取していったのであって（科学的操作それ自体はただちに非難されるべきことではない）、問われなければならないのは、なぜそうした批判性が後に脱落していったかである。

(103) 上原専禄・日高六郎・国分一太郎・馬場四郎「座談会　新しい人間関係の創造」『教育評論』七（六）、一九五八年四月、一一三頁。

(104) 前掲高橋「解説――『社会心理学研究会』のこと」三二四－三二五頁。

ないことはないが、それだけに彼のような資質が失われたということは、いまなお痛惜にたえない。(105)〈実存〉と〈小集団〉と〈大状況〉についての彼の認識は、おおむねのところでひとつの全体に近づきかけていた。彼の仕事の方向はようやく定まりかけた。その瞬間に彼の生命は絶ちきられたのである。

彼の残した仕事はトルソであった、その可能性がどこまで成熟していくか、それは予想をこえて豊かなものであったように思う。彼の不運は私たちの痛惜である。ことに私にとっては、とりかえしのきかない打撃であった。(106)

こうした打撃は、その後の社会科学としての社会心理学の行く末にも、影響を及ぼしたと考えられる。(107)最も未来の可能性を嘱望された若手が、東側世界の不透明な混迷のなかで、マルクス主義の問題性を克服しようとしていたまさにそのとき突如生命を絶たれたという不幸は、親しい友を喪った痛みと学術上の損失と不可分の混沌として、彼らに言語化し得ない傷を残した。晩年の日高による社会心理学的業績に対する自己否定は、おそらく純粋に学術・思想上の問題のみであるのではなく、こうした喪失の経験や後の「東大紛争」のダメージなどが、複雑に絡まり合った結果として捉えられるべきなのであろう。

(3)「イデオロギー・社会心理・社会的性格」

城戸の死を経て、翌一九五八年に日高が公表した論文「イデオロギー・社会心理・社会的性格」は、方法論をめぐる日高の社会心理学的業績の、到達点および最終地点となった。本章の最後に、これを検討したい。

一九五〇年代末、いわゆる「大衆社会」状況が本格化するとともに、社会心理学と結びついた「大衆社会論」が論壇でブームを迎えたが、日高は日本社会の「現代」性に大きな関心を払いつつも、そうした議論への違和感や批判も率直に表明している。(108) 一九五八年論文のベースにあるのは、高度成長の本格化に伴う経済的生産力の急激な増大に伴って個々人がさまざまに不均等な影響を受けつつあるなかで、どのような近代的主体を、どのような道筋によって析出し得るかという実践的関心である。

いまひとつは、保守政権の「逆コース」に対抗する革新諸運動が「統一戦線」を形成することの必要性をこの時期の日高は繰り返し説いていたが、その基礎的な論理を整備しなければならないという動機である。「統一行動を基礎づける論理と倫理とには曖昧な部分が多」く、(109) 〝みんなで手をつなごう〟式の

(105) 前掲日高「序にかえて――城戸浩太郎の思い出」ⅰ頁。
(106) 前掲日高「序にかえて――城戸浩太郎の思い出」ⅵ頁。
(107) 城戸の死後、「城戸浩太郎賞」が創設された。これは父である城戸幡太郎や、城戸とともに遭難した塚本栄二の父らによる寄金をもとにしたものである。しかしこの城戸浩太郎賞も、一九七九年に消滅する。Yamagishi, and Brinton は、「日本の社会心理学で最も権威ある賞となった」城戸浩太郎賞の消滅について、「この賞が主に「社会意識論」の著作に授与されてきたことを考えると、その終了は、この分野の性質に関する理論派と実証派の間のコンセンサスの欠如が進んでいることの反映かもしれない」と考察している（Yamagishi, and Brinton, op. cit., pp.199-200. 引用者訳）。
(108) 「大衆社会論」への批判的視座としては、たとえば、日高六郎「「実感」と「理論」について」『世界』一九五八年八月号、同『現代イデオロギー』所収。
(109) 日高六郎「イデオロギー・社会心理・社会的性格」『思想』一九五八年一月号、同『現代イデオロギー』一一頁。

性質	把握の根拠となる理論体系
目的意識的 社会心理をきびしく統制	マルクス主義 最近(1958年時点)の社会心理学
自然発生的	社会心理学 ブハーリンら一部のマルクス主義
社会的存在とイデオロギーを媒介し結びつける主体的条件 イデオロギーの内面的・主体的より所	社会心理学
–	マルクス主義

日高六郎「イデオロギー・社会心理・社会的性格」(1958年)、「「大衆社会」研究の方向」(1957年)をもとに作成。
(ただし日高は「上部構造」という語は用いていない)

呼びかけでは繕いようもない矛盾が各所で顕在化していた。マルクス主義者と非マルクス主義者の双方が、とくに平和運動や教育運動のなかでともに保守政権に鋭く対抗していったが、両者の協力は容易ではなく、しばしば前者の後者に対する引き回しや後者の前者に対する不信が問題化し、六〇年安保を経ると、さらなる分裂の季節に突入していく。そのなかで、一九五〇年代末の日高は、「統一戦線」形成のための(その困難性の認識も含めた)論理を打ち立てる責任を引き受けようとしていった。

これらふたつの実践的関心に貫かれているために、この論考は高度にアカデミックな内容を扱いながらも、必ずしも理論として完成度が高いとは言いがたいものになっている。目まぐるしく動いていく社会的現実に食い込もうとする努力が、日高の学術的業績に、ひとつの体系に完結し得ないさまざまな綻びを生じさせている。

学術的には、この論考はイデオロギー論の追究である。日高は、「イデオロギー」と「社会心理」の関係という戦前来のマルクス主義におけるイデオロギー論の問題に、社会心理学の知見、とりわけ「社会的性格」という概念を導入することで挑もうとした。ここで日高が詳細に論じているのは、「社会的存在」

図1　社会的存在／社会的性格／社会心理／イデオロギーの相互関連

			概要
上部構造 ↑	社会意識	イデオロギー	自覚的・論理的に首尾一貫した判断の体系 自然・人間・社会のすべての現象を統一的に捉えようとする世界観
		社会心理	諸現象に対する雑多で断片的で曖昧な意見・態度・判断・好悪・気分（ムード）等の反応
媒介	社会的性格		同一の社会的存在にほぼ共通する、ある程度統一されたパーソナリティ構造
↓ 土台	社会的存在		個人が所属する政治的・経済的・社会的諸関係や基礎的諸集団・派生的諸集団

と「社会的性格」と「社会心理」と「イデオロギー」の四者がどのように相互関連しているかという、「イデオロギー」論のなかでも最も興味のある中心問題」である(110)。

その四者の関係をめぐる日高の認識を整理したのが、〈図1〉である。日高が論理的にすっきりしないこうした議論を行うのは、人々の日々生起する諸現象に対する断片的かつ曖昧な意見・態度・判断・好悪・気分（ムード）等の反応すなわち「社会心理」が、どのようにして特定のイデオロギーへと至るかに、一貫して強い関心があるからである。それは先にも述べたとおり、戦後日本においては往々にして、社会主義という「進歩的」イデオロギーの持ち主が同時に旧い「伝統的価値体系」の持ち主でもあるという、諸々の社会調査の結果に向き合うなか

（110）前掲日高「イデオロギー・社会心理・社会的性格」同『現代イデオロギー』三頁。なお、M・ミードら文化人類学が用いる「パーソナリティ（personality）」とフロムが用いる「社会的性格（social character）」は質の異なる概念であるが、日高は日本社会を分析する上で、論者によるこうした概念の差異を自覚的に捨象したように思われる。両概念の詳細については、厚東洋輔『〈社会的なもの〉の歴史――社会学の興亡1848-2000』東京大学出版会、二〇二〇年、8章を参照。

で養われた関心でもある。日高はそうした、戦後日本における「自然発生的意識と目的自覚的意識とのズレ」について、次のように述べる。

いったいこうしたこと〔ズレ〕は、単純に労働者の意識の低さ、進歩的運動における啓蒙活動や情宣活動の不足を示しているのであろうか。

〔…〕注意したいことは、総体的イデオロギーで統制されない個別的な政治的態度や意見は、決して進歩と保守との単軸のスケールで測定しうるほど単純なものではないということである。(111)

そして社会心理の次元におけるさまざまな政治的態度や社会的気分は、「進歩的と保守的との役割を交換しあえるような曖昧なもの」であることを述べる（たとえば、「西欧文化崇拝と国粋主義尊重」、「都会的風潮へのあこがれと農村的気風の擁護」、「個人主義と家族主義」等々）。こうした言及は、明示されないけれども、かつての川崎の労働者を対象とした社会調査に対する自己批判として、すなわちそこでの「労働者の意識の低さ」を測定する自らの「近代主義」的な限界に対する、論理的批判として読むことが可能である。また、例示したなかで前者のみを「進歩的」意識と捉える平板な「近代主義」的決めつけに対する批判でもあろう。

日高は、「曖昧ではあるが民衆のなかに流れている一般的な態度や気分が、社会的イデオロギーの原鉱である」(112)ことに、従来からたびたび言及している（そしてそれをわざわざ「社会心理」と呼ぶのは、アカデミックな論考においてのみである）。たとえば一九五四年の一般読者向けの論考においては、民衆の「処世智的な庶民的発想法」こそが「最も実質的な思想形態」であり、それは「無数の貴重な生きた思想を含む原鉱」であるとしつつ、次のことを述べている。

> しかし反面それは思想と名づけるにはあまりに便宜主義的であり、首尾一貫性を欠いていることも忘れることはできません。これらの原鉱を、そのまま肯定することは、ちょうど民衆を「聖化」するえせインテリゲンチャの誤りに陥る危険があります。〔…〕原鉱はえらび出され、鍛えなおされなければなりません。その仕事をするものこそ、真実のインテリゲンチャであり、同時に真実の民衆です。(113)

こうした「原鉱」、すなわち民衆の「豊富ではあるが断片的な、生き生きとしてはいるが相互に矛盾した」社会心理に、日高は強くこだわっている。そのこだわりは、マクロには日本の近代化をどう捉えるかという問題と不可分であり、さらにはその下で、知識人は何をなすべきかという当為の問題とも不可分であった。すでに一九四八年、「五分〔の知識人〕と九割五分〔の民衆〕とが、分裂した二つの岸に、それ〴〵安眠している」ことを指摘し、「危険はむしろ〔知識人の民衆に対する〕影響力がないのにも拘わらず、あるかのようにうぬぼれることである。東京の何百人かの文学青年だけがさわいでいるのに、日本中が大騒ぎしていると感ち《ママ》がいすることである」と述べていた日高は、(114)その後の約十年間を経て、知識人の思想は「民衆のなかにまだ根をおろしていない」ながらも、「知識人も、西欧の思想の

(111) 前掲日高「イデオロギー・社会心理・社会的性格」同『現代イデオロギー』一四頁。
(112) 前掲日高「イデオロギー・社会心理・社会的性格」同『現代イデオロギー』一五頁。
(113) 前掲日高「戦後におけるイデオロギーの動向」同『現代イデオロギー』二六一―二六二頁。
(114) 日高六郎「二つの世界」『総合文化』二(五)、一九四八年、四二―四三頁。

伝達者という役割から、民衆の貴重な実感の支持と組織者という役割へ、少しずつではあるが動いている」と判断するに至っていた。[115]また一九五八年の対談では次のようにも述べている。知識人は「注意しないと、一種の「大衆崇拝主義」になりかね」ず、「大衆の中の悪いものも容赦なく指摘するという知識人の役割が忘れられがち」である。「いまの知識人には、大衆と断絶しているという〝痛み〟の感覚が案外うすいのではないだろうか」[116]。

これらの発言には、日高の当為としての知識人観が率直に示されている。民衆・大衆との「断絶」を自覚し、彼らの中の「悪いものも容赦なく指摘」しながら、なおかつ彼らの思想以前的な社会心理という「原鉱」を「えらび出」し「鍛えなお」し、「思想」と名づけるに値する首尾一貫した体系にまで育てていくこと。それこそが、日高にとって果たすべき知識人の役割であった。

しかし、その道筋と方法は未知であり、モデルはどこにも存在しない。再び一九五八年の論文「イデオロギー・社会心理・社会的性格」の検討に戻ると、日高はそのなかで次のように述べている。「社会的存在が社会的性格を培養し、その社会的性格に根ざしたイデオロギーが結晶する」という形態が、「もっとも無理のない発展の形態」である。しかし日本を含む「後進国などでは、一部のインテリゲンチャにしばしば見られるように、イデオロギー先行というような形態も存在しうる」。その結果、イデオロギーと社会的性格あるいはイデオロギーと社会的存在との間に「裂け目」ができる（そのとき個別的特殊的態度は動揺しやすい）。その「裂け目」を埋めるために、「あるイデオロギーのみちびきのもとに、急速に自己の社会的性格を変えていこうとするとき、いわゆる自己改造の問題がおこる」。

この「イデオロギー先行」という現象の説明は、竹内好による「近代主義」の定義――「前近代社会、つまり身分制が解放されていない社会に、近代が外から持ちこまれた場合に発生する意識現象」[117]――の、いわば社会科学的記述である。そのとき生じる「自己改造の問題」やパーソナリティとの不調和は、第1章で論じたとおり、日高がかつて野間宏の作品「暗い絵」を挙げて戦前のプロレタリア運動の過酷さを論じたりしながら、繰り返し問題にしてきたことであった。そして日高は、マルクス主義がイデオロギーの土台として「社会的存在」のみを仮定するのに対し、社会心理学がイデオロギーの「内面的、主体的なより所」として「社会的性格」を挙げたのは収穫であったとして、社会心理学を評価する。[118]

ただし日高は、社会心理学によってさえも、民衆の「生き生きと」した「原鉱」であるところの「社会心理」を十分に捉えることはできていないという不満を抱いている。マルクス主義が「複雑なニュアンスを持つ内容を一挙に裁断する原則主義」によってそれを単なる自然発生的意識として貶価するのに対して、社会心理学の「理論的な方向性を欠いた断片的な「実証主義」」では、豊富な「原鉱」は、「無数の意見に断片化されたまま、けっきょくはある単軸のスケールのなかに配列されるだけでおわりやすい」という。結局のところ、マルクス主義と社会心理学の双方によって、「イデオロギーと社会心理との生き生きとした交流関係がみのがされようとしている」[119]。

これらの限界を自ら乗り越えるべく、「現在の日本人の社会的性格の基本的類型」(理想型)として、

(115) 日高六郎「日本の教科書と知識人——ジャンセン教授の論文について」『世界』一九五七年一〇月号、一七〇頁。
(116) 日高六郎・埴谷雄高「知識人と大衆 〝両者の断絶〟考え直せ 限界にきた上からの指導」『朝日新聞』一九五八年一一月二九日、六面。
(117) 竹内好「国民文学の問題点」『改造』一九五二年八月号、『竹内好全集 第七巻』筑摩書房、一九八一年、五四頁。
(118) 前掲日高「イデオロギー・社会心理・社会的性格」同『現代イデオロギー』一六頁。

表2　現在（1958年）の日本人の「社会的性格」の基本的類型

社会的性格	概要	論文「「旧意識」とその原初形態」における意識	該当するリースマンの「社会的性格」
庶民的性格	伝統的価値意識・伝統的諸集団に埋没した前近代的性格	「下からの」旧意識	伝統志向型
臣民的性格	特殊日本的な絶対主義的天皇制の強烈なインドクトリネーションのなかで培われた性格	「上からの」旧意識	伝統志向型
市民的性格	日本社会の資本主義化にともなって形成された、近代的自我意識に目ざめようとする性格	新しい意識	内部志向型
大衆的性格	高度資本主義の展開のなかで「大衆化」された民衆にあらわれつつある自己疎外された性格	（政治的無関心）	外部志向型
人民的性格	社会的変革あるいは進歩的な社会運動に強い関心をもったり、それに直接参加する民衆のなかにあらわれつつある性格	新しい意識 階級意識	内部志向型

日高六郎「イデオロギー・社会心理・社会的性格」（1958年）、「「大衆社会」研究の方向」（1957年）、「「旧意識」とその原初形態」（1954年）をもとに作成。

日高は仮説的に、次の五類型を提示する。それが〈表2〉に示す、「庶民的性格」／「臣民的性格」／「市民的性格」／「大衆的性格」／「人民的性格」である。そして、「社会的存在はいわば社会的性格というクッションに媒介されて、社会的意識へ働きかけることが多い」ために、「社会的存在と社会的意識（イデオロギー）を結びつける主体的条件としての社会的性格の問題」が存在するとして、その「主体的条件」について考察している[120]。

そうして日高が微に入り細に入り論じるのは、どのようなルートによってどのような近代的主体を析出する可能性があり得るかという問題である。日高は別の論考でも、そのルートについて「驚くほど複雑なタイプが予想される」として、きわめて多くの社会的性格の変化に関する想定を挙げている[121]。谷川雁が日高に「整理王」というあだ名をつけたのも頷けるところだが、それらの煩雑な議論のなかで注目すべきは、ひとつには、「大衆社会」化の両義性への着目である。「大衆社会」化は、「庶民」が「市民」・「人民」へと転回することを妨げて「自己疎外」をもたらす反面、「庶民から市民を解放するための刺激となるばあいもある」。また「大衆社会」化は、「〈前近代〉から人々をもぎはなし」ており、政治的関心は、戦前と比べればはるかに広く根強く「民衆のなかに滲透しつつある」[122]。いまひとつは、数多のルートのなかでも、とくに「庶民→人民→市民」というルートを重視しているように読めることである。これは、西欧社会が辿ってきた（理念型としての）「公衆→大衆」すなわち近代市民社会→現代大衆社会という発展の図式は、日本には適用することができないという見解を踏まえた想定である[123]。いま

(119) 前掲日高「イデオロギー・社会心理・社会的性格」同『現代イデオロギー』一五頁。日高はここで、英米の社会心理学（アドルノ、アイセンク、ファーガソンら）が測定の軸として用いる「権威主義的パーソナリティ－民主主義的パーソナリティ」、「保守的－急進的」、「硬い心－柔軟な心」、「人道主義－反人道主義」等の心理学的分類はあくまで便宜的・恣意的なものに過ぎず、歴史的・社会的文脈のなかで具体的に形成される社会的性格の分類としては利用できないことを、再び述べている。これは単にそれらの分類が日本社会の分析に適さないというだけではなく、英米の社会を対象とする英米の社会心理学そのものに対する理論的批判でもある。

(120) 前掲日高「イデオロギー・社会心理・社会的性格」一八－二〇頁。出口剛司は端的に、日高（と高橋徹）にとってフロムの「社会的性格」概念は、「両義的な社会心理がもつ不定形のエネルギーを概念的に把握し、予測する役割を果たすものであった」と言及している（前掲出口「戦後日本の社会学における批判理論とその展開」六五頁）。

(121) 日高六郎「「大衆社会」研究の方向」『講座　社会学Ⅶ』東京大学出版会、一九五七年、同『現代イデオロギー』一一八－一二〇頁。ここで日高が挙げるのは、たとえば次のルートである。「庶民→市民」、「庶民→大衆」、「庶民→人民」、「市民→大衆」、「市民→人民」、「庶民→市民→大衆」、「庶民→市民→人民」、「庶民→人民→大衆」、「庶民→大衆→人民」、「市民→大衆→人民」、「庶民→市民→人民→大衆」。

(122) 前掲日高「「大衆社会」研究の方向」同『現代イデオロギー』一一八－一二〇頁。

(123) 前掲日高「「大衆社会」研究の方向」同『現代イデオロギー』一一八頁。ただし日高は欧米においてさえも、かつて合理的な公衆が存在して合理的世論を形成した時期があったとする図式は信用できないとも述べている（前掲日高「「実感」と「理論」について」同『現代イデオロギー』三八二頁）。

の日本には現実に、「庶民的性格が、何かの機会に――たとえば大規模なストライキへの参加によって――急進的イデオロギーを持つようになり、やがてそれが照りかえって、新しい人民的性格が成長し、そのなかから徐々に市民的近代的な自我がめざめていくという過程」が存在する、という。[124]

つまり日高は、明確にそう述べているわけではないものの、「市民〔的近代的な自我〕」を最上の価値とみなしているのではないかと考えられる。「人民」ではなお不十分であるとは決して書かないまでも、この論考で日高は、マルクス主義という「総体的イデオロギー」について、それはやがて「それにてらして個々の判断や意見の正統と異端とを弁別する不動の「基本法」となり」、さらに「形式的な「解釈法学」の体系となる」こと、またそれでは「多様な意見や判断から帰納的に「法律改正」をみちびくための道しるべとはならない」ことを問題にしており、そこでは「強靱な一貫性と空虚な形式性」が表裏の関係におかれると指摘している。そして、マルクス主義者が非マルクス主義者との統一行動を考える以上、「総体的イデオロギーの支持者たちは、部分的イデオロギー〔たとえば非マルクス主義者の「平和主義」〕を総体的イデオロギーの目的を実現するための手段とするやりかたを、誠実に「禁欲」しなければならない」ことを論じている。[125] 要するに、「人民」は最上のゴールではないということが、日高の主張の隠れた核心なのではないか。そのことは先に述べた、「基本的人権を中心とする民主的諸権利の尊重」という「ブルジョア民主主義」の価値を、〔いずれ社会主義体制に至ったとしても〕あくまで堅持しようとする立場とも合致するものである。それは同時に、かつて労働者が「階級意識」を獲得することをさしあたりゴールとみなす社会調査を行った、ほんの数年前の認識の微妙な修正を意味しており、そのことは同時期における東側世界および日本の左派に対する、もともと微妙なものを含んでいた評価のさらなる翳りの反映でもあった。

このような現代日本における「社会的性格」をめぐる煩雑な議論は、つまるところ日本の民衆が、いかにして社会構造そのものにはたらきかける近代的主体へと脱皮していくことができるかを追究する試みであった。そのような意味において、日高は「近代主義」者であったと言うことができるだろう。しかし相対的なポジションとしては、日高は近代主義者からはマルクス主義者であるとみなされ、マルクス主義者からは近代主義者であるとみなされる、境界的な地点にいた。そして国家権力からすれば、日高は「アカ」に他ならなかった（次章を参照）。そうした立ち位置において、社会変革のための学知として、日高はマルクス主義と社会心理学に果敢に挑んだ。双方に対する飽き足らなさと不満が、一九五〇年代における日高のアカデミックな原動力であった。しかしそうした狭義の社会心理学的研究は、その後手放されていくことになる。

おわりに

本章の冒頭に引用した晩年のインタビューのなかで、日高は先述の発言に続き、次のことを述べてい

---

(124) 前掲日高「イデオロギー・社会心理・社会的性格」同『現代イデオロギー』一九頁。

(125) 前掲日高「イデオロギー・社会心理・社会的性格」同『現代イデオロギー』一〇-一一頁。また併せて、非マルクス主義者には「平和主義という目標を達成するために有効な、あらゆる方法を積極的に採用するという「現実的勇気」」が必要であるとも述べて、こうした統一行動の論理と倫理の問題は「総体的イデオロギーと部分的イデオロギーとの諸関係の問題」であることを論じている（同一二頁）。これらの問題は、「政治と文学」論争以降の論壇的なテーマと密接にリンクするものであり、また、「民主主義的算数」とか「進歩的絵画」といった革新教育運動の発想を問題視した、加藤周一にインスパイアーされた議論であった可能性もある（第4章を参照）。

る。

僕は社会学的な論文は若干のものは書いていますよ。『思想』とかにね。〔…〕しかし、それらが目指したものが思想的に価値があるかといえば、ほとんどゼロに近い。つまり、労働者の心理をつかまえてないんですよ。あれらがねらったのは、単純に言うと、日本の労働者は封建的であるとか、そういう労働者を近代化し、あるいは、そこから脱却させ、天皇制に対する批判力をもつに至らせるために、どういう経路でいけば労働者を啓蒙できるか、という調査なんです。けれども、日本の労働者はその図式では動かない。現実にも動かなかった。予想は全部はずれた。(126)

『思想』論文が目指したものの思想的価値がゼロであるかどうかはともかく、この発言において、かつて「階級意識」を到達すべきゴールに設定していたことは脱色されているものの、そのことを除けば、九五歳の日高が言っていることは、全く妥当である。（そして、「階級意識」をもたない労働者の意識を「遅れている」とみなす裁断は、一九五五年の論文公表以後、ただちに軌道修正が必要と判断された点であった。）確かに、日高らの「予想は全部はずれた」。ただし、高度成長が人々の意識に何をもたらすかということを、当時正しく予想できた知識人は存在しなかった。

日高は一九五〇年代後半には、日本には「ヨーロッパ的イデー」＝「区分の論理」（近代的機能集団の論理）とも「アジア的イデー」＝「密着の論理」（中国の人民公社の戦術）とも異なる、「自前の第三の論理」が必要であると主張するようになる。そして理論的枠組みとしては欧米の社会科学や人間科学を応用しながら、しかしそれらを生み出した土壌とは異なる日本という社会に固有の「第三の論理」を求める自己の立場について、日高自身は、「区分の論理」と「密着の論理」の間に「はさまれて」しまい、「右往左往」しているのだと説明している。[127]日本に固有の「第三の論理」を発見しようと模索しながら、しかし理論的枠組みは欧米から借りてこざるを得ないフラストレーションのなかで、一九五〇年代の日高は独自の仕事を成し、そして後には、欧米の理論を用いることを放棄する。それは、「どういう経路でいけば労働者を啓蒙できるか、という調査」にはもはや可能性が見込めないと判断して見切りをつけたことを意味しており、そうしたいわば〝駄目な啓蒙〟とは別様の啓蒙を、日高は社会運動に伴走しながら模索していくことになる。

庄司興吉が一九五四年論文「「旧意識」とその原初形態」の分析手法の未熟さとして指摘しているように、日高のすぐれた仕事は、「半ば文学的で半ば科学的」なものであった。[128]その「半ば文学的」なところで日高のセンスは最大限発揮されたが、単にそれだけでなく、「科学的」なものに全てを覆い尽くされまいと抵抗しつつ、しかし半ば以上にそれを追究するという緊張のなかで、一九五〇年代の日高はすぐれた仕事を残したと言える。

「科学」としての心理学は、そもそも「自立した個」という主体像をもたない。一九世紀に誕生し、二〇世紀に発達した新興の学問分野である心理学は、個の自立という近代の理念がフィクションに過ぎないことを、結果として「科学」的に明らかにしてきた。そうした学問分野に立脚し、あるいは多くを学

(126) 前掲黒川『日高六郎・95歳のポルトレ』八七‐八八頁。
(127) 日高六郎「大衆論の周辺――知識人と大衆の対立について」『民話』一九五九年三・四月号、同『現代イデオロギー』五一八‐五二三頁。
(128) 前掲庄司「現代日本における社会意識研究の発展」一二九頁。

んだ知識人、たとえば宮城音弥や清水幾太郎などが、それぞれに「個の自立」を大いに必要と考えながらも、敗戦直後の「主体性」論争のなかで最も割り切った科学主義の立場を打ち出したことの思想史的な今日的意味は、従来必ずしも十分に考察されてきていないように思う。そのことと、本章が論じてきたテーマは地続きである。(129) かつて、「知識人と民衆」の断絶という問題に向き合った戦後知識人のさまざまな試みのなかに、社会心理学というアプローチが存在した。その歴史的・思想的意味を問う仕事は、まだ緒に就いたばかりである。

(129)「主体性」論争を日高自身が後に論じている文献は、たとえば、前掲日高「戦後の「近代主義」」同『戦後思想と歴史の体験』二一六－二一八頁。

第3章　社会科教育をめぐる実践

はじめに

一九四八年の日高は、新設「社会科」の教科書執筆を担った。この経験は、彼が以後現実の諸問題・諸運動に関わりはじめる、重要な契機となった。一九五〇年代に入ると、日高は引き続き教科書を執筆するとともに、社会科教育や道徳教育に関する学術成果を現場教師たちに提供すべく、講座本等の編集・執筆を精力的に担った。本章では、そうした日高の社会科教育をめぐる実践を明らかにする。

「社会科」の新設は、戦後教育改革の目玉であった。軍国主義の解体と民主主義の実現という重い使命を背負った戦後「新教育」は、とりわけ社会科をめぐって多くの問題と課題を含み、教育関係者の議論が盛んに展開され、地域の学校現場では教師や教育学者らによるさまざまな試行錯誤が重ねられた。教育学者のみならず、社会科学の担い手もまた、社会科の構築に関与した。この戦後教育改革については教育史研究の蓄積があり、また一九六五年以降展開される家永教科書裁判についても多くのことが論じられてきたが、その狭間にあたる一九五〇～六〇年代前半における知識人の取り組みについては、それほど広く理解されているわけではない。しかしこの時期の社会科教育は、重大な出来事を経験していた。独立回復後、保守政権は学校教育を「戦後改革の行き過ぎ是正」の標的に定め、これに日教組をはじめとする革新勢力は激しく反発して、保革対立は教育をめぐって焦点化した。とりわけ社会科の教育内容に対する介入は、保守政権による教育統制のひとつの柱であった。その「政治の季節」はまた同時に、日本型雇用の確立や教育の大衆化とも連動して、いわゆる偏差値による一元的能力主義が新たな民衆支配の原理となっていく起点に位置づけられる時期でもあった。一九五八年には学習指導要領に法的拘束力が与えられることになり、同時に「道徳」教育の時間が特設された。一九六〇年代に入ると教育政策の経済政策に対する従属は本格化し、能力主義による競争的支配秩序が、新たな民衆支配の原理となっていく。(1)

この流れのなかにあって日高は、まず先述のとおり、占領改革のただなかで新設「社会科」の教科書を執筆した（第1節）。次いで、一九五〇年代半ばに彼の手がけた教科書が文部省を巻き込んだ与党によって排撃されると（「うれうべき教科書の問題」・「F項パージ」）、執筆辞退声明を公表して、広く社会に対する問題提起と議論の拡大に努めた（第2節）。同時に日高は、一九六〇年代にかけて、「社会科学科」（社会科学を学ぶ科目）としての社会科教育や道徳教育に関する理論を、教師に提供すべく努めた（第3節）。以下にその詳細を描きたい。

1　教科書執筆――一九四八年～一九五〇年代

(1) 文部省著作『個人と集団生活』

駆け出しの社会学者であった日高が学校教育に関与する直接の契機は、本人には、全く思いがけずもたらされたものだった。当時文部省職員として社会科導入の中枢を担っていた教育学者・勝田守一（一九〇八 - 一九六九）が、最後の国定教科書となった文部省著作中学社会科教科書の一八分冊（うち四冊は未発行）の最後の一冊の執筆を、日高に依頼したのである。一九四七年後半から四八年初頭にかけてのことと推測される。当時東大助手であった日高はこれを受けて、『文部省著作教科書　社会科18　個人と集団生活』（一九四八年発行、以下『個人と集団生活』と表記）を執筆し、以後教育の世界に足を踏み入れていくことになる。面識のない勝田から突然依頼を受けた当時について、後の日高は、次のように振り返っている。

ある日、突然、まだ一度もお目にかかっていない勝田守一氏から書簡をもらった。ぜひ会いたいという。〔…〕用件は、社会科教科書を文部省でつくるから、その一冊を受けもってほしいということであった。〔…〕私はまだ助手であり、三〇歳まえの青二才であった。いまの文部省的感覚からは想像もできないようなことであろう。敗戦直後には、すべてが流動的だった。

その後、勝田氏は、私のプランを聞いたうえで、あとはいっさい私にまかせた。草稿を持っていくと、その場で読んで、氏の考えていた新しい教科書のイメージにぴったりだと、私をはげましてくれ

（1）詳細は以下の文献を参照。汐見稔幸「企業社会と教育」坂野潤治ほか編『シリーズ日本近現代史4　戦後改革と現代社会の形成』岩波書店、一九九四年。乾彰夫「教育政策・教育問題」渡辺治編『現代日本社会論——戦後史から現在を読む30章』労働旬報社、一九九六年。中西新太郎「教育運動」前掲渡辺編『現代日本社会論』。木戸口正宏「教育の「能力主義」的再編をめぐる「受容」と「抵抗」」岡田知弘・進藤兵ほか編『高度成長の時代2　過熱と揺らぎ』大月書店、二〇一〇年。小国喜弘『戦後教育史』中公新書、二〇二三年。

た。(2)

こうした経緯で日高が執筆した中三用教科書『個人と集団生活』（全六五ページ、表紙は〈図1〉、目次・書き出しは〈図2〉）は、CIEの検閲を経ているとはいえ、後の検定教科書とは異なり、日高が最初から最後まで完全にひとりで執筆を担ったものであり、かつ日高の言論活動のごく初期にあたるテキストでもあるため、以下にやや詳しく引用したい。

図 1

「第一章　個性はどのようにして作られ発展するものだろうか」は、次の書き出しからはじまる。「きみたちのクラスの友だちを見たまえ。だれひとりとして全く同じ人はいない。太ったものもいれば、やせたものもいる。背の高いもの、低いもの、からだの強いもの、弱いもの。意志の強いものもいれば、だらしのない人間もいる。おどけた人や内気な人。勉強の好きな人、嫌いな人。ひとりで本を読んだり、機械をいじったりすることに熱中しているものがいるかと思うと、みんなで野球をやることばかり考えているものもある」。「どうしてこんなに人間はひとりひとり違うのだろうか」。このような冒頭の問いかけから、日高は環境的要因がパーソナリティ形成に大きく作用することを、具体例とともに示す。またジェンダー構築について、女子は「男子より肉体的に弱いといわれる」から「生まれつき服従的な性

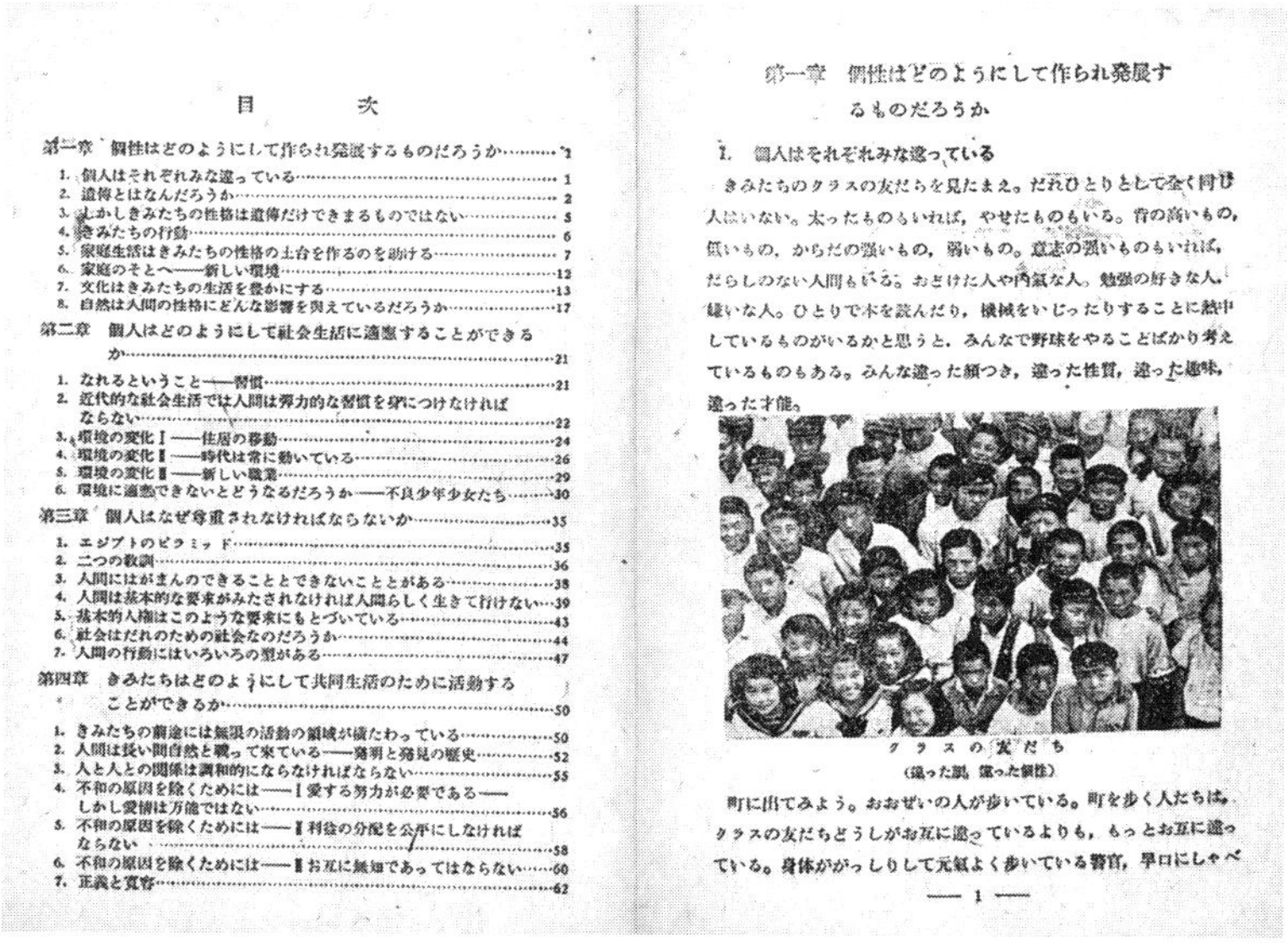

目　　次

第一章　個性はどのようにして作られ発展するものだろうか

1. 個人はそれぞれみな違っている

きみたちのクラスの友だちを見たまえ。だれひとりとして全く同じ人はいない。太ったものもいれば，やせたものもいる。背の高いもの，低いもの，からだの強いもの，弱いもの。意志の強いものもいれば，だらしのない人間もいる。おどけた人や内気な人。勉強の好きな人，嫌いな人。ひとりで本を読んだり，機械をいじったりすることに熱中しているものがいるかと思うと，みんなで野球をやることばかり考えているものもある。みんな違った顔つき，違った性質，違った趣味，違った才能。

クラスの友だち
（違った顔，違った個性）

町に出てみよう。おおぜいの人が歩いている。町を歩く人たちは，クラスの友だちどうしがお互に違っているよりも，もっとお互に違っている。身体ががっしりして元気よく歩いている警官，早口にしゃべ

―― 1 ――

図2

質を持っているといわれるが、それは間違い」であり、男女では、「生まれた時から与えられるおもちゃでさえ全く違っているではないか。このことが子どもたちの柔い心にどんなに深い印象を与えているか想像してみたまえ。このようなことだけからでも、男女の性質の中には、むしろ環境の力によって作られるものが多いことがわかるだろう」と述べる。また家族関係が子どもにもたらす影響を強調し、「家長中心の家族では子どもにはきびしい服従が要求された」ものの、それが弱くなれば「子どもはのびのびと自分の個性をのばすことができるようになり、親子の関係もいっそう人格的になるだろう」とする。さらに、「最も深く生きる最善の方法は、人類の最高の文化遺産に常に接することである。

（2）日高六郎「あとがき」『日高六郎教育論集』一ツ橋書房、一九七〇年、四二一頁。

その意味で偉大な宗教も人間の性格に強い影響を与える」とも述べる。

「第二章　個人はどのようにして社会生活に適応することができるか」では、近代的な社会生活においては、「環境の変化に応じてものごとを科学的に考えて行動する習慣」が大切になると説く。農村から都市に移動した青年が反社会化する場合や、戦後の浮浪児が置かれた過酷な境遇についても言及し、「不良少年少女たち」は「健全な社会生活に適応できず、不当に軽視されている人たち」であり、「少年少女たちを取りまく環境を健全なものにすることが、社会のすべての人々の責任であることを忘れてはならない」とする。

「第三章　個人はなぜ尊重されなければならないか」では、次のことを論じる。「人間はすばらしい能力を持っている。お互の経験を交換し、共同して大きな仕事をなしとげることができる」。しかし、「その能力がいつでも人間全体の生活の向上のために利用されるとは限らない。時には、ごく少数のものの満足や虚栄心のために、間違って利用されることもある」。そして人間の「肉体的な要求」と「社会的、文化的要求」とを「人間の権利として認めることが、基本的人権を認めるということ」であり、「権利はすべて人間の根本的な要求に根ざしている」がゆえに、「基本的人権を尊重する社会は最も永続性があり、また最も安定的である」とする。さらに今まで、わが国では「国は国民のためにあるのではなくて、国民が国のためにあるものと考えられていた」が、「一体大多数の国民のためにもならず、また国民の子孫のためにもならなくて、しかも国のためになるというような規則があるだろうか」と問い、「改める必要のないすぐれた伝統は心からこれを尊重するが、改めなければならない習慣や制度に対しては、どんな障害があっても改めようとする行動」こそが、「社会を進歩させて行く原動力」であるとする。

「第四章　きみたちはどのようにして共同生活のために活動することができるか」では、「人間らしい精神的な生活」を実現するためには、「物質的生活の向上」と並んで、「人間と人間との関係の面」が大切だと述べる。「愛情は決して受動的なものではなくて能動的なものである」が、一方で家族生活の不和については、「家長に強い権力が与えられているような現在の家族制度についても深い反省が必要である。「資本家と労働者の関係をただ思いやりや愛情だけで解決しようとするのは実際には効果がなく、不和の原因を除くためには「もっと理性的な判断」が必要であり、そのために、「無知であってはならない」」。そして、「お互どうしの無知と無理解のために、どんなに多くの不必要な争いが生じたことだろう。無知の中でも一番危険なのは、自分の知っていることだけが真理で、自分の考えはいつでも正しいと考えることである。自分の国だけが選ばれた国であるといううぬぼれもその一例である」と述べ、「人類の不幸の中でも最大のものの一つは戦争である。そしてその戦争の不幸を避ける最もよい道は、諸国民が人種や、ことばや、宗教などの違いを越えて、お互が相互に理解し合い愛し合うことである。それは、きみたちの胸の中に寛容の精神と、なにものによっても消すことのできない人類愛を育てることである」と文章を結ぶ(3)。

(3)『文部省著作教科書　社会科18　個人と集団生活』教育出版／日本書籍、一九四八年、一－六五頁。この教科書に日高の名は記されていない。一九四七年八月時点では、この単元は勝田らによって「地域社会の生活」という主題で構想されており、これが「個人と集団生活」に結実した背景には、「教科書の原稿料が安いのですぐれた執筆者を得ることが難しい」ために、地域社会についての書き手に適任者がいないという事情もあったのではないかと推測される。片上宗二『日本社会科成立史研究』風間書房、一九九三年、第9章を参照（引用は、勝田守一によるＣＩＥへの現況報告。CIE Records, Box No.5135, Report of Conference, 13 August 1947. 同書八二六頁より再引用）。

第1章で述べたとおり、日高は戦時下でマルクス主義文献からしだいに離れ、文化人類学、心理学、社会心理学等の文献を渉猟していた。それらによる知見を教科書叙述において統合し、人間は生まれながらに社会化された存在であることを中学生にも理解可能な言葉で示し、また互いに異なる多様な人間が共に生きていくためには何が必要であるかを問うている。たしかに文体は荒削りであり、お説教じみた調子もないわけではないものの、当時の日高が全身全霊で挑んだ仕事であったことがうかがえる。

教科書執筆者としての日高は、いわば進歩主義者であり、近代主義者であり、人文主義者である。しかし第1章で検討したとおり、一九四〇年代後半当時の日高はきわめて思弁的な論考を多数執筆しており、それらにおいては、たとえば人類の進歩に対する根本的な懐疑と「近代の大詰」の蓋然性を論じ、またテクノロジーに思想が敗北する未来を予感していた[4]。両者の文体のあいだには、距離がある。

おそらく教科書の叙述には、戦争による犠牲を集約的に受けて育ってきた子どもたちに対して、いま何を言わなければならないかを自問した結果としてのヒューマニズムが示されている。どれほど社会が混乱し、どれほど新たな道徳や価値が不確かなものであるとしても、子どもは待ったなしに育ち、教育は待ったなしに行われなければならない。未来の社会において、日高がかつてベルクソンに仮託した「開いた魂」「開いた社会」が実現される可能性は絶無とは言いきれないのであり、その可能性に日高は、自らを投企していくことになる。そうした姿勢と、一方では人類の進歩に対する懐疑とを共に手放さない意志が、やがて「行動する知識人」となっていく日高を駆動した。勝田守一の依頼によって、全く唐突に学校教育という実践に引き入れられた日高は、自らの手がけた教科書が全国の中学生に読まれるという事実の重みを重みとして認識する、感受性と責任意識を有していた。

（2）中教出版の検定教科書

占領期には、社会科教育に関する幾多の議論が繰り広げられた。社会科をすべての教科の中核に据えて問題解決学習を行うコア・カリキュラムをめぐる論争はその代表的なものであり、経験主義の偏重と系統的学習の軽視は当時、「はいまわる経験主義」と批判された。[5]それらの論争に日高は直接加わっていないが、一九五二年に遠山茂樹・大田尭とともに社会科教育についての鼎談を行っており、そこでの発言のなかにこの時期の日高の認識が示されている。

このなかでまず日高は、日本に「いきなりアメリカの社会科教育を持って来た」ことが混乱の出発点であったと述べる。日本の社会科は、「子どもの身近な生活の把握」や「地域社会を出発点とする傾向が強いが、地域差の強い日本では、「社会問題は、かえって地域のなかだけで解決できないばあいが多い」。したがって、「日本全体の社会構造にもいつでも気を配らなければいけないという面倒な問題」が生じるとする。両者を結びつける契機を「意識的につかまえなければならない」点で、日本の社会科教師には、アメリカの教師の「二倍の苦労があると思う」。

またアメリカの問題単元学習は「現状を維持するための問題解決」であり、「全体のわくは不動のもの」であるが、対する「日本では現状維持じゃなくて、現状変革のための問題単元になって行かなくてはならない」。そして現状変革のためには、子どもの自発性をただ尊重するだけでは不十分であり、

（4）たとえば、日高六郎「二十世紀論」『近代文学』一九四八年四月号、同『現代イデオロギー』勁草書房、一九六〇年所収。
（5）詳細は、馬場四郎「社会科の展開」『岩波講座現代教育学12　社会科学と教育I』岩波書店、一九六一年、を参照。

「教師の方が自覚した意識の下に、意識的に問題を取上げて行くようにすべき」だと述べている。また、「戦争を防ぐための心理的な方法」として、「ただ恐怖に訴えるだけでなくて、もっと深い人間性尊重の意識をふるい起させたい」という自身の理念を述べ、「平和は守り得るという自信を教師が持つ。またその根拠を与えるのが、やはり今の社会科学者の一つの義務」であるとしている(6)。

子どもが生活に根ざした社会認識を育むことの重要性はこの時期盛んに唱えられ、各地で実験的なコア・カリキュラムの教育実践が行われた。日高もその問題意識は基本的に共有しつつも、子どもの社会認識を社会変革へと結びつける教師の主導性が重要であるという点に、日高の議論の力点はおかれている。そうした問題意識をもつ日高が、一九五一年に出版された国分一太郎と無着成恭による生活綴方作品にインパクトを受けたのは、いわば必至であった。戦後教育史において、「個人のすぐれた才能と、歴史が求めていた必然性」とが結びついた例として「これ以上のものはない」として彼らの実践を高く評価し、その「「概念くだき」という卓抜な発想」は、〝内容的には民主主義、かつ形式的には絶対主義〟という戦後「新教育」の根本的矛盾に、「もっとも有効適切な衝撃をあたえた」と述べている(7)(次章で後述)。

一九四九年に東大新聞研究所助教授となった日高は、そのような関心を抱きつつ、検定制度へ移行後の社会科教科書を執筆した。日高が分担執筆に携わった、中教出版を版元とする社会科教科書は、次のとおりである(なお教科書は年度ごとに微修正を経て発行されるが、括弧内の西暦は最初の版が発行された年を示す)。

・小学六年生用『あかるい社会』上・下(改訂版一九五三年、新版一九五四年、改訂新版一九五八年)(8)

・中学三年生用『中学生の社会科　民主主義と明るい生活』上・下（一九五一年）(9)
・中学三年生用『中学生の社会科　日本の社会（政治的、経済的、社会的内容を主とするもの）』（一九五四年）(10)（以下、『日本の社会』と表記）
・高校一年生用『一般社会　社会生活の基礎』（一九五二年）(11)

これらの教科書が、共著者たちとどのような分担執筆によって作成されたかは不明である。しかし全

（6）日高六郎・遠山茂樹・大田尭「社会科学者の社会科批判」『教育』一九五二年一月号、四〇‐四九頁。
（7）日高六郎「生活記録運動――その二、三の問題点」日本作文の会編『講座・生活綴方　第5巻　生活綴方と現代教育・文化』百合出版、一九六三年、二八五‐二八七頁。
（8）改訂版は、編集責任者：周郷博（代表者）・宮原誠一・日高六郎・長洲一二・古川原。執筆者：桑原正雄・周郷博・高橋磌一・中山信夫・長洲一二・日高六郎・古川原・宮原誠一。
新版は、編集委員会：周郷博（代表者）・宮原誠一・桑原正雄・高橋磌一・小川徹・日高六郎・長洲一二・古川原・徳武敏夫。

改訂新版は、編集委員会：周郷博（代表者）・桑原正雄・長洲一二・羽仁説子・宮原誠一・高橋磌一・小川徹・日高六郎・福田和・上川淳。
（9）監修：岡田謙。著作者：別枝篤彦・日高六郎・長洲一二・大村栄。
なお一九三七年生まれの見田宗介が次のように述べているのは、この教科書を指してのことと考えられる。「わたしが最初に日高先生の仕事に触れたのは、中学時代です。日高先生が社会科の教科書を編集しておられたんですね〔…〕とても良い教科書だったことを覚えています」（見田宗介「追悼・日高六郎――「含羞の知識人」を見送る」『世界』二〇一八年八月号、二三二頁）。
（10）監修：岡田謙・内田寛一・豊田武・周郷博。執筆・編集：日高六郎・長洲一二・木村栄・木村茂夫・岡見謙。
（11）監修：岡田謙・勝田守一。編集委員：宗像誠也・長洲一二・松島静雄・暉峻衆三・日高六郎・木村茂夫・古川原。

数できる人を、五人あげてごらんなさい。また、その人のどういう点を尊敬しますか。

(七) 日本の國で、世のなかをよくするために目だって力をつくした人をあげて、そのわけをいってごらんなさい。また、世のなかをおしすすめるのをじゃましたと思われる人をあげて、そのわけをいってごらんなさい。

(八) ひとくちに、戦争とかあらそいとかいっても、その原因にはいろいろあります。つぎのような原因でおこったものを、それぞれ一つずつあげて説明してごらんなさい。

(1) じぶんたちの自由をまもるためにやった戦争。

(2) じぶんの國の富をふやそうとして、よその國へせめこんだ戦争。

(3) じぶんたちのなかまの利益だけを目あてにしたあらそい。

(4) 生活や自由をまもるためにした戦い。

(九) あなたは、文化財の保護ということを知っていますか。わたしたちの祖先がのこした、りっぱなたてもの、絵画《かいが》、彫刻《ちょうこく》、歌、ならわしなどが、ほろびないようにまもることです。こういうものについて、わたしたちは、どういう心がまえが必要でしょうか。また、祖先がのこしたものでも、これからの世のなかをおしすすめるのに、じゃまになるものもあります。そういうものについて、あなたはどうしますか。古いもののなかにも、いいものとわるいものを見分ける目をつくりましょう。

(十) 太平洋戦争のまえとあとでは、日本はどのように変りましたか。ちかごろでは、そのまりぐあいがどうなっていますか。

三　日本の政治

(一) 日本国憲法と基本的人権《きほんてきじんけん》

一九四八年十二月十日の夜のことです。フランスの都パリでひらかれた国際連合の総会には、世界の五十六か国の代表たちが集まっていました。ここで、「世界人権宣言《せかいじんけんせんげん》」がきめられたのです。それは、おもに、つぎのようなことです。「すべて人間は生まれながらに自由であり、平等である。人種のちがいや、男女のちがいや、いろいろな考えのちがいなどのために、人間を差別あつかいすることは、ぜったいにいけない。だれでも、自由でゆたかなくらしをする権利がある。国家や政府は、人民の考えをもとにしてつく

ルーズヴェルト夫人　「世界人権宣言」の案をつくった人

られるものである。」

かずしれないとおとい人のいのちをうばった、長い戦争ののち、世界の人々は、すべての人間がもつ権利をかたくまもることこそ、世界の平和のもとであることを、さとりました。そしてこれからは、どんなことがあっても、基本的人権《きほんてきじんけん》と民主主義をまもり、平和をきずきあげようと、ちかいあいました。それが「世界人権宣言《せかいじんけんせんげん》」です。ここには、けっしてやぶってはならない人間の権利が、三十か条にわたって、こまかにきめられています。

わたしたちは歴史を学んできましたが、歴史をよく考えてみると、いままでにかず知れない人が、どんな苦労があっても、一歩一歩、人間の権利と民主主義をきずきあげるために努力してきたことがわかります。アメリカ人が、外国

フランスの国旗は、革命のときにつくられました。赤・青・白の三色は、自由・平等・友愛をあらわしたものだといわれています。

の軍隊をおいはらって、独立の戦争をしたのもそのためです。フランス人が国王をやめさせる革命《かくめい》をおこしたのも、そのためです。どの国でも、農民や労働者や市民は、このために苦しい努力をかさねてきました。基本的人権《きほんてきじんけん》と民主主義は、人々のこのような長い苦労によって、しだいにうちたてられた、人類のたからなのです。

日本で、このたからがようやくみとめられたのは、太平洋戦争がおわってからのことでした。一九四六年（昭和二十一年）、日本人は、新しい「日本国憲法」をつくりあげました。憲法というのは、国の政治の大もとをさだめた、いちばんたいせつな法律です。この憲法は、「前文」にもはっきり書いてあるように、三つの大きな特色をもっています。

第一の特色は、基本的人権《きほんてきじんけん》がたいせつであることを、くわしくさだめていることです。

むかしは、おなじ日本人のなかにも、身分のちがいがありました。政府の役

図3　小6用『あかるい社会』上（新版）より

人は、ふつうの国民よりもえらいもののように考えられていました。自由にじぶんの考えを話したり、みんなで集まったりすることは、おさえられていました。社会のわるい面を正直に書いたり、政府のやりかたに反対の考えをもったりしたために、つかまえられて、ろうやに入れられた人もたくさんいました。ことに、働く人たちがみんなで労働組合をつくり、力をあわせてじぶんたちのくらしをまもることは、すすんだ国ではどこでも、いちばんたいせつな基本的《きほんてき》人権《じんけん》の一つとされているのに、日本では事実上みとめられていませんでした。また日本では、おなじ人間なのに、女は男よりもずっと地位が低いものと考えられ、女の人の権利や自由は、法律でたいそう弱められていました。

日本国憲法は、すべてこのようなことはいけないと、はっきりさだめているのです。

「すべての国民は、みんな平等である。どんな宗教を信じるか、また宗教を信じないかは、人々がじぶんの良心にしたがってきめることだ。そとからの力で、

—140—

これをきめることはゆるされない。じぶんの考えを自由に人に話したり、本に書いたり、じぶんが正しいと思う学問をすることは、人間のとおとい権利である。男と女は、すべておなじ権利をもつ。働く人たちは、みんなでまとまって、じぶんのくらしをまもるためのしごとをすることができる。」そして第十一条は、「このような基本的人権《きほんてきじんけん》はおかすことのできない永久の権利である。」と、はっきりさだめています。だから、これからのち、たとえどんな法律ができても、国民の権利や自由をせばめるようなものでは、いけないのです。

第二の特色は、「主権《しゅけん》は国民にそんする」とさだめて、日本の国をおさめる力をもつものは日本の国民全体だという、民主主義の政治をうちたてていることです。むかしは、国をおさめ

明治のはじめのころの役人

—141—

体の大まかな特徴を抽出すると、次のことが言える。

まず何よりも、民主主義が人類の長い歴史のなかで獲得されてきた成果であることに紙幅が割かれ（〈図3〉）、基本的人権の尊重が日常生活上のどのようなことと具体的に関わるのかが系統的に説明されていることである。またとくに中・高の教科書では、教育が民主主義の要であることをはっきり示している点が目を引く。戦後、公選制の教育委員会ができたことの意義を述べたうえでその仕組みを示しており（〈図4〉）、また、次のようにも述べる。

> 民主的で批判的精神を持った人間となるためには、しっかりした教育を受けることが何よりたいせつである。そこで憲法は、すべての人が平等に教育を受ける権利を持っていることをみとめたのである。憲法は、すべての普通教育には、父母などに経済的な負担をかけ

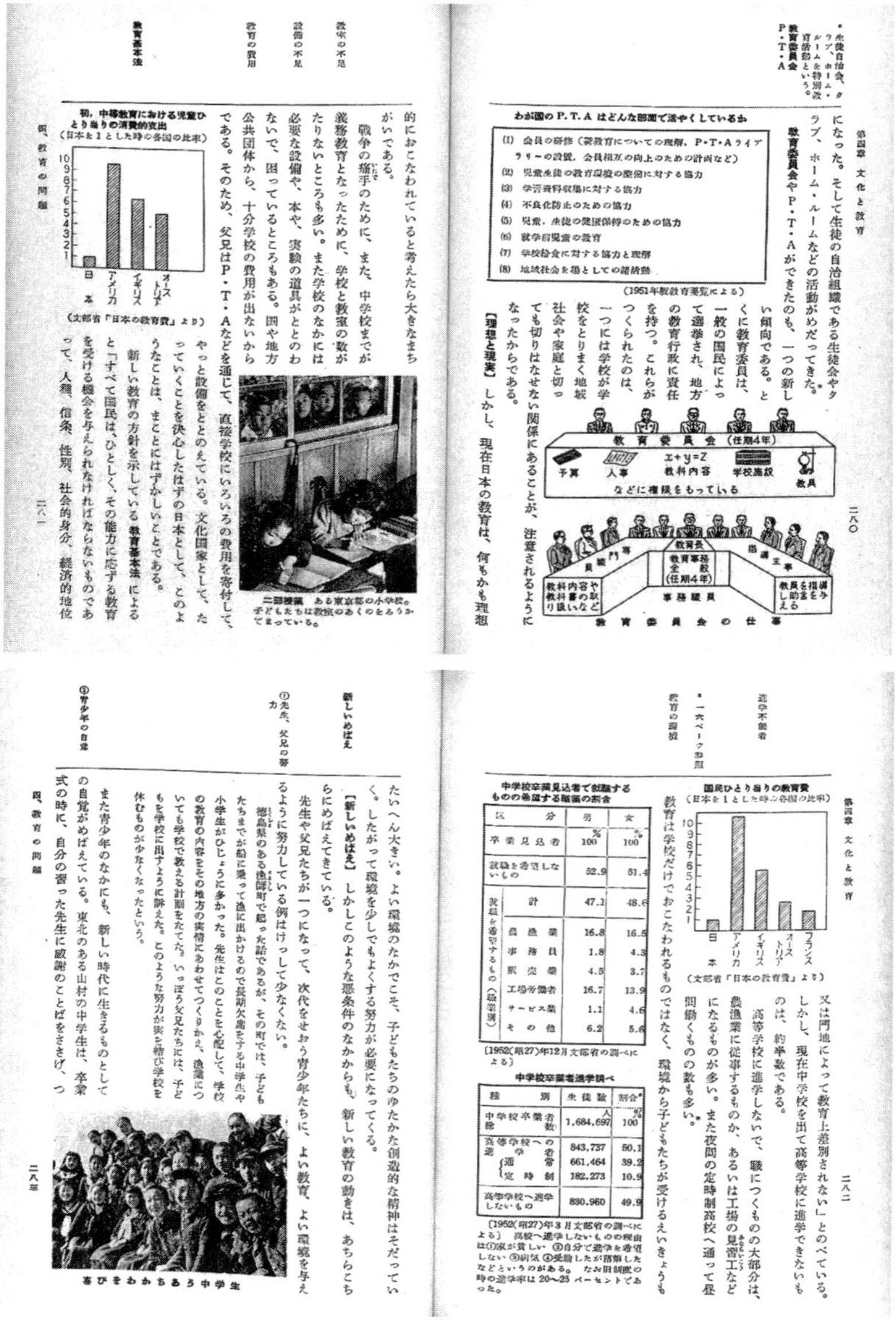

＊生徒自治会、クラブ、ホーム・ルームを特別教育活動という。

教育委員会

P・T・A

になった。そして生徒の自治組織である生徒会やクラブ、ホーム・ルームなどの活動がめだってきた。＊

教育委員会やP・T・Aができたのも、一つの新しい傾向である。とくに教育委員は、一般の国民によって選挙され、地方の教育行政に責任を持つ。これらがつくられたのは、一つには学校が学校をとりまく地域社会や家庭と切っても切りはなせない関係にあることが、注意されるようになったからである。

わが国のP.T.Aはどんな部面で活やくしているか

(1) 会員の研修（新教育についての理解，P・T・Aライブラリーの設置，会員相互の向上のための計画など）
(2) 児童生徒の教育環境の整備に対する協力
(3) 学習資料収集に対する協力
(4) 不良化防止のための協力
(5) 児童，生徒の健康保持のための協力
(6) 就学前児童の教育
(7) 学校給食に対する協力と理解
(8) 地域社会を場としての諸活動

（1951年版教育要覧による）

教育委員会の仕事

【理想と現実】　しかし、現在日本の教育は、何もかも理想

教室の不足

設備の不足

教育の費用

教育基本法

的におこなわれていると考えたら大きなまちがいである。

戦争の痛手《いたで》のために、また、中学校までが義務教育となったために、学校と教室の数がたりないところも多い。また学校のなかには必要な設備や、本や、実験の道具がととのわないで、困っているところもある。国や地方公共団体から、十分学校の費用が出ないからである。そのため、父兄はP・T・Aなどを通じて、直接学校にいろいろの費用を寄付して、やっと設備をととのえている。文化国家として、たっていくことを決心したはずの日本として、このようなことは、まことにはずかしいことである。

新しい教育の方針を示している教育基本法によると「すべて国民は、ひとしく、その能力に応ずる教育を受ける機会を与えられなければならないものであって、人種、信条、性別、社会的身分、経済的地位

初，中等教育における児童ひとり当りの消費的支出
（日本を1とした時の各国の比率）

（文部省「日本の教育費」より）

二部授業　ある東京都の小学校。子どもたちは教室のあくのをろうかでまっている。

進学不能者

＊一六ページ参照

教育の環境

又は門地によって教育上差別されない」とのべている。

しかし、現在中学校を出て高等学校に進学できないものは、約半数である。

高等学校に進学しないで、職につくものの大部分は、農漁業に従事するものか、あるいは工場の見習工《みならいこう》などになるものが多い。また夜間の定時制高校へ通って昼間働くものの数も多い。＊

教育は学校だけでおこなわれるものではなく、環境から子どもたちが受けるえいきょうも

国民ひとり当りの教育費
（日本を1とした時の各国の比率）

（文部省「日本の教育費」より）

中学校卒業見込者で就職するものの希望する職業の割合

区分		男	女
卒業見込者		100%	100%
就職を希望しないもの		52.9	51.4
就職を希望するもの（職業別）	計	47.1	48.6
	農漁業	16.8	16.5
	事務員	1.8	4.3
	販売業	4.5	3.7
	工場労働者	16.7	13.9
	サービス業	1.1	4.6
	その他	6.2	5.6

〔1952（昭27）年12月文部省の調べによる〕

中学校卒業者進学調べ

種別	生徒数	割合＊
中学校卒業者総数	1,684,697人	100%
高等学校への進学者	843,737	50.1
通常	661,464	39.2
定時制	182,273	10.9
高等学校へ進学しないもの	830,960	49.9

〔1952（昭27）年3月文部省の調べによる〕　高校へ進学しないものの理由は①家が貧しい　②自分で進学を希望しない　③病気　④受験したが落第したなどというのがある。　なお旧制度の時の進学率は20〜25パーセントであった。

新しいめばえ

①先生、父兄の努力

②青少年の自覚

たいへん大きい。よい環境のなかでこそ、子どもたちのゆたかな創造的な精神はそだっていく。したがって環境を少しでもよくする努力が必要になってくる。

【新しいめばえ】　しかしこのような悪条件のなかからも、新しい教育の動きは、あちらこちらにめばえてきている。

先生や父兄たちが一つになって、次代をせおう青少年たちに、よい教育、よい環境を与えるように努力している例はけっして少なくない。

徳島県のある漁師町で起った話であるが、その町では、子どもたちまでが船に乗って漁に出かけるので長期欠席をする中学生や小学生がひじょうに多かった。先生はこのことを心配して、学校の教育の内容をその地方の実情にあわせてつくりかえ、漁業についても学校で教える計画をたてた。いっぽう父兄たちには、子どもを学校に出すように訴えた。このような努力が実を結び学校を休むものが少なくなったという。

また青少年のなかにも、新しい時代に生きるものとしての自覚がめばえている。東北のある山村の中学生は、卒業式の時に、自分の習った先生に感謝のことばをささげ、つ

喜びをわかちあう中学生

図４　中３用『日本の社会』より

ないということをきめている。しかし残念なことには、現在は、まだこの理想は完全に実現されているとはいえない。[12]

このように、現実社会の具体的な問題点もかなりはっきりと述べ、教育基本法の条文も引用している。「憲法改正」の問題については、今後どのような改正を行う場合にも「基本的人権をおかすようなことがあってはならない」と述べ、現在の世界の冷戦構造については、「アメリカは、ソ連の民主主義はにせの民主主義だといい、ソ連も、アメリカの民主主義は資本家のための民主主義だとたがいに批判しあっている」ものの、「ともかく民主主義という理想を、おたがいにすてたわけではな」く、「理想に共通点がある以上、両国はたがに歩みよることができるはずである」としている。[13]

また高校の教科書には、各単元末に「参考書」として多数の社会科学の入門書や専門書等が挙げられており、学習者が自らの関心に応じて、専門的な学術研究の成果にアクセスすることを可能とする便宜がはかられている。

そして小六用『あかるい社会』には、たとえば「報道機関のはたらき」という項目に三〇ページあまりの紙幅が割かれ、新聞・ラジオ・ニュース映画の仕組みと歴史を解説するとともに「言論の自由」について考えさせるなど、マス・コミュニケーション研究にとりくんだ日高ならではの、現在ではメディア・リテラシーとも呼べる内容が重視されている〈図5〉)。また教師向け指導書では、教科書を作成

---

(12) 前掲中三用『日本の社会』一八五頁。

(13) 前掲中三用『日本の社会』一八九・三〇七頁。

新聞のなかみを大きく分けると、つぎのようになります。

(1) ニュース　国のなか、国のそとの事件をあつかっていますが、これも、政治、経済、国際、社会、文化などに分けられます。新聞の第一の役めは、ニュースをできるだけ速く、またできるだけ正確に、読者に伝えることです。ニュース解説は、こみいった事件を、読者にわかりよく説明するものです。

(2) 意見　新聞社の意見は、論説や、新聞の下のほうに出ている「天声人語《てんせいじんご》」とか「編集手帳《へんしゅうてちょう》」のような批評のなかにあらわれています。そのほか、読者からの投書もあって、世のなかの動きに対して、いろいろと批判しています。

(3) 実用記事とごらくよみもの　天気予報や、農業の技術や、衣食住の記事などが実用記事です。「ご」とか「しょうぎ」とか、小説やまん画などがごらくよみものです。

(4) 広告　たいてい、新聞の下の段は、広告ばかりです。

新聞は、以上のようななかみを、のせています。新聞社の編集局をのぞいて

—120—

見ると、毎日毎日、おいかけられるようないそがしさです。電話はひっきりなしにかかり、新聞記者は、出たりはいったりしています。新聞記者は四方八方にとびまわって、ニュースをとらえ、それを記事に書くのです。

しかし、一つの新聞社の記者の力だけでは、まだ、たりません。そこで、新聞社は通信社からニュースを買っているのです。通信社は、国内にもあるし、国外にもあります。ニュースのはじめに、「共同」とか「UP《ユーピー》」とか「AP《エーピー》」、「ロイター」、「タス」などとあるのは、みんな通信社から買ったニュースであることをしめしています。通信社はじぶんでは新聞をつくりませんが、新聞社に、ニュースを買ってもらうことをしごとにしているのです。

新聞社の編集室

—121—

そのほか、海外へ送ったその社の特派員《とくはいん》や通信員からも、電報や電話で、国外のニュースが伝えられてきます。

ニュースのねうちの高い事件が、大きくあつかわれます。しかしここで注意しなければならないのは、ほんとうにたいせつな事件でなくても、犯罪《はんざい》記事や他人の秘密《ひみつ》などをことさらに大きくあつかう新聞があることです。そのような新聞は、読者のわるい好奇心《こうきしん》にへつらって、新聞をたくさん売ろうとするものです。また大きな事件のない日でも、新聞は、やはりトップ記事をつくっています。だから、大見出しのニュースが、いつでも、ほんとうにたいせつなニュースであるとはかぎらないのです。また、すみに出ている小さなニュースのなかに、ときには、だいじなことが書かれていることもあるわけです。

(ロ) 新聞のよみかた

読者は、いまの新聞がなんの欠点もないと考えているわけではありません。

—122—

じっさい、新聞にはいろいろの欠点があります。とくに売ってもうけることばかりをねらっている新聞は、つまらないことを大げさに書きたてたり、社会に害のあるようなことをのせたりします。だから、わたしたちは、そのようなことにだまされないで、正しい判断で新聞を読む習慣を、いまからつけたいものです。そのためには、おなじ事件でも、いくつかの新聞をくらべて読むこともいいし、わかるようになれば、解説や論説を読むのもいいし、みんなで討論したり、事情をよく知っている人の意見を聞くのもいい方法です。

(2) ラジオとテレヴィジョン

一九五二年（昭和二十七年）八月八日のしらべでは、ラジオをそなえつけ

おなじ日の2種類の新聞の第1ページのトップ記事をくらべたものです。

—123—

図5　小6用『あかるい社会』下（新版）より

た家は一千万をこえました。これは日本全体の家族（世帯《せたい》）の六十一・五パーセントにあたります。それからのちも、ラジオは、どんどんひろまっています。

ラジオと新聞とをくらべると、おたがいに長所と短所があります。ラジオのほうがすぐれているのは、なによりもまず速さです。新聞は号外を出しても、どうしても数十分はかかります。ところが、ラジオは事件がおこるとすぐに、臨時《りんじ》ニュースを放送することもできます。またラジオは、どんな人も、らくに耳から世のなかのできごとを知ることができますが、新聞を読むほうは、努力がいります。しかし新聞は読みかえすことができますが、ラジオは聞きかえすことができません。こみいった問題は、新聞をよく読んだほうが、わかります。

ラジオは朝から夜おそくまで放送しています。その番組は、だいたい三つに分けられます。(1) ニュースやそのほかの報道、(2) 教養番組、たとえば学校放送や読書案内《あんない》など、(3) ごらく番組、です。一九五一年（昭和二十六年）に民間放送がはじまりましたが、民間放送には、このほかに広告放送があります。

日本で放送が最初にはじまったのは、一九二五年（大正十四年）でした。そのころには民間放送はなく、いまのNHKのしくみではじまりました。ラジオを聞く人から料金をとって、費用をまかなっていました。

いまNHKを、民間放送にたいして、公共放送といっています。それはいくらか「ためになる放送」に力をいれるということで、ニュースやごらく番組などには、ほとんどちがいはありません。そしておたがいに競争して、聞く人をひきつけようとしています。

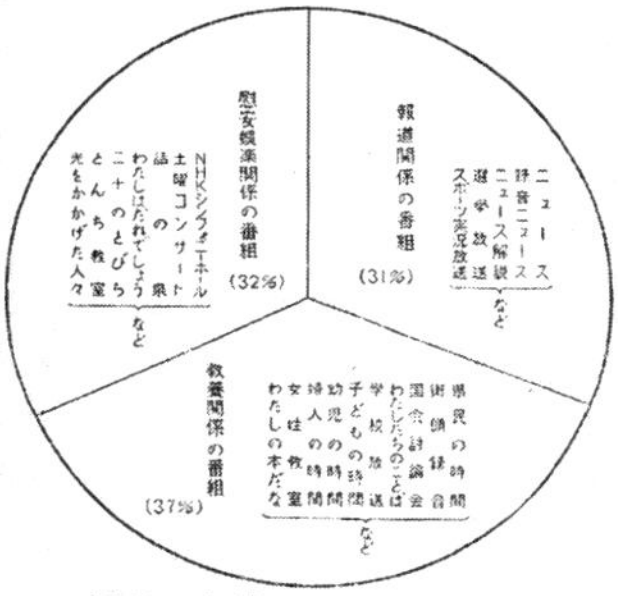

1日のうちの放送番組の割合（NHKの第1放送）

テレヴィジョンは、ごくちかごろ正式に放送をはじめました。NHKがはじめたのが最初で、それは一九五三年（昭和二十八年）の二月でした。一日の放送時間は四時間ほどしかありません。それでも国会のようすやスポーツなどを、目と耳で知ることができるようになっています。しかしテレヴィジョンの受信機はねだんも高く、全国にひろまるには、まだいろいろとむずかしいことがたくさんあります。

テレヴィジョン・カメラ

ラジオもテレヴィジョンも、その放送のなかみがしっかりしており、またごらく番組も、人々の心をほんとうにやすめてくれ、たのしませてくれるようなものであれば、わたしたちの生活にたいへん役にたちます。しかし、なかには、ただ聞くものや見る人を、おもしろがらせれば、それでいいというような放送も、ないとはいえません。アメリカでは、テレヴィジョン放送がはじまってから、こどもたちが勉強をしないで、テレヴィジョンばかりにかじりつくのでこまるという声も高くなりました。しかし、それはテレヴィジョンがわるいのではなく、放送のなかみがわるかったわけです。

ラジオを聞くときにも、やはり批判する心がまえをなくさずに、できるだけ世のなかのことを知るのに役だつ番組や、じぶんの心がたのしめたり、勉強になったりするのに役だつような番組をえらぶことがたいせつなのです。

(3) ニュース映画《えいが》

ニュース映画《えいが》は、新聞やラジオよりも、世のなかの動きや事件を、手にとるようにはっきり見せてくれます。一九五三年（昭和二十八年）六月におこなわれたイギリスのエリザベス女王の戴冠式《たいかんしき》、おなじ年の夏の九州や和歌山県などの大水害、また、国会のもようなどを、ニュース映画《えいが》は、わたしたちの目のま朝鮮《ちょうせん》の南げんかん、それは釜山《ふざん》《プサン》の港です。ここから汽車に乗って北にむかいます。しばらくいって、山をこえると、だんだんと平野になり、広い水田には、いねが風になびいています。ここはやはり、米のできる国なのです。

ところどころ、まるい屋根のわらぶきの農家が見えます。まるで、大きなきのこが、にょき、にょきと、土からはえているような感じです。ポプラやアカシヤの木がならんでいる野道を、白いきものをきた人たちが、ゆっくりと歩いているかと思うと、広い田ん

ぼをつききった大きな道路を、外国の軍用自動車が、すなけむりをあげて走っていくすがたも見えます。

汽車は、八時間ばかりで、京城《けいじょう》《ソウル》につきます。ここに、大韓民国《だいかんみんこく》の政府があります。朝鮮《ちょうせん》は三十五年ものあいだ、日本におさめられてきました。太平洋戰争後、朝鮮《ちょうせん》は日本からはなれましたが、このとき、北緯《ほくい》三十八度線をさかいにして、北部はソヴィエトに、南部はアメリカに占領《せんりょう》されました。その後、ソヴィエトとアメリカの意見のちがいから、北と南が、それぞれ、別の政府をもち、南は大韓民国《だいかんみんこく》（南鮮《なんせん》）、北は朝鮮《ちょうせん》民主主義人民共和国（北鮮《ほくせん》）として、二つに分れて、独立したのです。北鮮《ほくせん》の政府は平壌《へいじょう》《ピョンヤン》にあります。

朝鮮《ちょうせん》の人は，よく白いきものをきるので，女の人はせんたくでたいへんです。

北鮮《ほくせん》では、米はあまりとれません。木材と鉱

産物がおもなものですが、そのうちでも金がゆうめいです。このほか、北鮮《ほくせん》では鉄や石炭がほり出されています。また、鴨緑江《おうりょくこう》《ヤールー》やそのほかの川には、水力発電所がもうけられ、工業もおこってきました。南鮮《なんせん》が農業地帯なら、北鮮《ほくせん》は工業地帯ということができましょう。

この二つの朝鮮《ちょうせん》は、一九五〇年から三年間、はげしく戰いつづけました。南鮮《なんせん》には国連軍《こくれんぐん》、北鮮《ほくせん》には中国の義勇軍《ぎゆうぐん》がくわわって、戰いはますますはげしくなり、このために、ようやくたちなおってきた朝鮮《ちょうせん》の工業や農業が、すっかりうちこわされてしまいました。それに、たくさんの人のいのちがうしなわれました。

北鮮《ほくせん》のダム

しかし、朝鮮《ちょうせん》をはじめ、世界じゅうの平和をのぞむ人々のねがいがかなって、

一九五三年七月、休戰のとりきめがおこなわれました。

日本には、いま、たくさんの朝鮮《ちょうせん》の人たちがきて、わたしたちといっしょに働いています。この朝鮮《ちょうせん》の人たちは、よく「アリランの歌」をうたいます。

アリラン　アリラン　アラリ　オオ
アリラン丘《おか》を　こえていく
アリラン丘《おか》には十二の峠《とうげ》
さいごの峠《とうげ》を　いま　こえていく

この歌は、親や兄弟がちりぢりにわかれていくかなしみをうたったものです。

この歌は、古くからの朝鮮《ちょうせん》の人々のあいだでうたわれていたものですが、日本が朝鮮《ちょうせん》をおさめるようになってから、いっそうさかんにうたわれるようになりました。いまでも、この歌をうたいながら、朝鮮《ちょうせん》の人たちは、一つの朝鮮《ちょうせん》になることをのぞんでいます。

図６　小６用『あかるい社会』下（新版）より

する過程で掲げた編集方針として、「郷土の現実から出発して真実をつかみと」ること、「教材はすべて実在する地域・事物をえらび、具体的に表現」すること、「道徳教育については、徳目主義を排して、基本的人権、民主主義、民衆の生活を守る立場にたって」いることを説明し、こうした「新しい道徳意識」は「自ら身につけられるもの」でなければならないとしているように[14]、道徳教育を包摂した社会科教科書が目指されている。

駒込武の研究は、一九五五年度版の六社による小学校用社会科教科書を比較した上で、中教出版の『あかるい社会』について、日本の「植民地支配経験」を歴史と地理の有機的連関のもと「具体的な問題」として提示しており、「安住すべき故郷からの離散という点で、日本による植民地支配も、冷戦構造のもとでの分断も、朝鮮人にとっては一貫した歴史的体験であったという認識を示している」唯一の教科書であったと評価し、こうした「「植民地支配経験」に関する共通認識を深化させようとする試み」がその後の教科書検定の強化によって変質させられ、教科書の記述が後退していったことを述べている[15]。また大串潤児は、一九五〇年代半ばを「新たな構想と叙述をもった教科書が次第に登場してきた時代」であったとして、そのなかでも、中教出版『あかるい社会』の朝鮮近代史に関する叙述は、朝鮮史教育の流れのなかにおいて先駆的なものであったと高く評価している[16]（朝鮮に関する記述の例は〈図6〉）。

（14）中教出版編集部『あかるい社会　指導書（第六学年　新版）』中教出版、一九五六年、三 - 四頁。
（15）駒込武「戦後社会科教科書における「植民地支配経験」」研究代表者坂本明『研究報告No.49　戦後教科書における海外認識の研究』中央教育研究所、一九九六年、二四 - 三四頁（ただし駒込は教科書執筆者として日高の名前を落としている）。なお『あかるい社会』の「郷土」をめぐる記述や編集体制については、須永哲思『桑原正雄の郷土教育――〈資本の環〉の中の私達』京都大学学術出版会、二〇二〇年、第5章を参照。

また経緯の詳細は不明だが、日高は法的拘束力をもつとされるようになる以前における学習指導要領の改訂にも携わっている（一九五一年「試案」：中等社会科一般社会、一九五七年度：高等学校社会科社会）。この経験について後の日高は、一九五七年頃から「小委員会でまとめたものを、文部省上層部、とくに文部大臣段階で、完全に骨ぬきにし、ニュアンスをすっかり変えてしまう」ことがとくに目だってきたとして、日高自身は「内部でかなりがんばって、ある程度の歯止めをしたつもり」だが、そのときに「つくづく感じたことは、『学習指導要領』は委員の顔ぶれでどうにでもなるものであり、その意味で、それは恣意的に動く可能性がたぶんにあり、それに法的拘束性をあたえることなどは、とんでもないことだということ」であったと振り返っている。[17]

2　教科書パージへの対応――一九五五〜五七年

(1)「うれうべき教科書の問題」

一九五五年から日教組教育研究全国集会で講師を務めはじめた日高は、以後教研活動や教育運動に本格的にコミットしていくことになるが（次章で詳述）、これとちょうど同じ時期に政府・文部省による教科書パージの標的とされ、[18] その対応に忙殺されることとなる。

まず一九五五年八月、与党民主党による「偏向教科書」排撃が開始される。民主党はパンフレット『うれうべき教科書の問題　教科書問題報告第一集』を発行して全国に配布し、そのなかで先述の中教出版小六用『あかるい社会』[19] を、「ソ連中共を礼賛するタイプ」、「マルクス＝レーニン主義の平和教科書」であると述べた。パンフレットには、次のように書かれている。

著者のひとり高橋磌一氏は、すでに定評のある人であるから、それはそれとしても、著作者代表の周郷博氏はむろんのこと、編著者として、その名をつらねている宮原誠一、桑原正雄、小川徹、日高六郎、長洲一二、古川原の諸氏の責任は充分追及されねばならない。もっとも、これらの人々もまた、日共党員であるというなら、われわれは、合法的公党たる日本共産党のこの非合法的活動を、人と党

(16) 大串潤児「歴史学と歴史教育」歴史科学協議会編『歴史学が挑んだ課題――継承と展開の50年』大月書店、二〇一七年、三五二‐三五三頁。
(17) 日高六郎「私の教科書論」『変革への提言』学芸書房、一九六九年(初出一九六六年)、『日高六郎教育論集』二五七‐二五九頁。ここで日高は「一九五七年度高校の「政治・経済・社会」」の作製に参加したと述べている。日高六郎「「戦後教育」を語る」『季刊 forum 教育と文化』一一、一九九八年、一二三頁も参照。なお当時の政府・文部省による社会科教育課程の「改悪問題」に対抗する日教組の取り組みについては、日本教職員組合編『日教組20年史』労働旬報社、一九六七年、二八七‐二九〇頁を参照。
(18) 当該期の日教組については、広田照幸編『歴史としての日教組 上』名古屋大学出版会、二〇二〇年、を参照。当該期の教科書検定やパージの背景と概要については、以下の文献を参照。徳武敏夫『教科書の戦後史』新日本出版社、一九九五年。君島和彦『教科書の思想――日本と韓国の近現代史』すずさわ書店、一九九六年、第七章・第八章。石田雅春『戦後日本の教科書問題』吉川弘文館、二〇一九年。また日教組の教科書パージへの対応については、日本教職員組合編『日教組十年史』日本教職員組合、一九五八年、三一二‐三一四頁、六五七‐六六九頁を参照。
(19) 一九五五年度における『あかるい社会』の採択部数は一六〇万冊であり(徳武敏夫『新しい歴史教科書への道――『あかるい社会』の継承と発展』鳩の森書房、一九七三年、六三頁)、約一〇%のシェアを占めていたと考えられる(前掲須永『桑原正雄の郷土教育』二二八‐二三〇頁)。

を含めて非難しなければならぬと思う。[20]

また、日教組による教育研究の「成果を、教科書におり込み、日教組—講師団—教科書という結びつきで、〔…〕赤い教科書を作りあげよう」という「日共勢力の教科書工作は、ようやく実を結んできた」とも述べている。[21]

広田照幸の研究は、保守政権によって盛んに喧伝された「日教組＝共産党支配」という像は、一九五〇年代の政治的対立のなかで「保守・右翼の側から作為的に作り出された虚像」であること、彼らにとって「共産主義」という表象は、社会的影響力をもつ日教組を抑え込む上で「格好の素材」であったことを明らかにしている。[22] 職場の構成員をすべて抱え込んで組織された日教組の実態は共産党支配からはほど遠く（ただし後の一九六一年に、日教組は社会党支持への一本化を決定している）[23]、また日高はもちろん共産党員ではなかったが、他方では共産党を含む左派勢力が教育運動をしばしば引き回したことも事実であり、保守政権からすれば、彼らは皆まとめて「アカ」なのであった。

こうした攻撃に対し、日高は朝日新聞紙上で「あまりに低級な中傷」であると反論し、その内容の基礎的な誤りや的外れな点をひとつずつ具体的に示した上で、「民主党がほんとうに心配していることは、日本の教育の問題ではなく、一政党の政治的利害の問題であることは、このパンフレットからはっきりよみとることができる」、「教育の問題を政治的かけひきの泥沼に引きずりこもうとするこのような意図に、私はおさえきれない憤りを感じる」と書いている。[24] これを受け、民主党教科書対策特別委員長・牧野良三はその五日後の朝日新聞紙上に反論を寄せ、日高の主張は「誤解もしくは曲解にもとづくもの」であり、「『一政党の政治的利害』などという根性は、与党であり第一党である日本民主党は持っていないことはもちろん、日高氏が「日教組と日教組講師団と日本共産党とが共同謀議で」などとパンフレットにない言葉で「憤りを感じ」られているが、われわれは、「政治的かけひき」など考えていないことを申上げておく」と書いて、「公正な世論に訴え」ている。(25)

パンフレットは波紋を呼び、日教組は「この問題は、単なる一執筆者の問題ではなく、民主的検定制度を守っていく上で根本的な意味をもつこと」、「教科書国定化への道を急ぐ政府の、検定をかさにきた教科書内容への不当な圧迫に注目せねばならないこと」を言明した。(26) 日高をはじめとする中教出版の教

---

(20) 日本民主党教科書問題特別委員会編『うれうべき教科書の問題　教科書問題報告第一集』日本民主党、一九五五年八月、『戦後日本教育史料集成　第五巻』三一書房、一九八三年、二四四-二四七頁。

(21) 前掲日本民主党教科書問題特別委員会編『うれうべき教科書の問題　教科書問題報告第一集』、『戦後日本教育史料集成　第五巻』二五〇-二五一頁。パンフレットは、「ソ連中共を礼賛するタイプ」「マルクス＝レーニン主義の平和教科書」のほか、「教員組合をほめたてるタイプ」、「急進的な労働運動をあおるタイプ」の教科書があるとしている。またパンフレット第二集(一〇月)と第三集(一一月)が相次いで発行され、多数の教科書が攻撃された。

(22) 前掲広田編『歴史としての日教組　上』三〇六頁。保守政権が日教組を敵視した歴史的・構造的文脈については、佐々木隆爾『世界史の中のアジアと日本――アメリカの世界戦略と日本戦後史の視座』御茶の水書房、一九八八年、第5部を参照。

(23) 日本教職員組合編『日教組四十年史』労働教育センター、一九八九年、一二頁。

(24) 日高六郎「〝偏向教科書〟について　民主党のパンフレット問題に思う」『朝日新聞』一九五五年九月一〇日、五面。

(25) 牧野良三「「うれうべき教科書問題」について　公正な世論に訴える」『朝日新聞』一九五五年九月一五日、三面。

科書執筆者は、「「うれうべき教科書の問題」にたいする抗議書」、および「パンフレットがどんなに事実と学問的良識に反したものであるかを明らかにした説明書」を作成した上で、民主党に対し、抗議と説明に出向いた。[27]さらに、日高ら「あかるい社会」編集委員会は、冊子『「あかるい社会」とはどんな教科書か——民主党の「うれうべき教科書の問題」に応えて』[28]を一般向けに作成し、教科書の叙述を紹介しつつ、パンフレットの攻撃に対して逐一平易な文体で応答を行った。翌一九五六年三月に、地方教育行政法（教育委員の公選制廃止）案と教科書検定の強化をはかる「教科書法案」[29]が国会に提出されると、東大総長・矢内原忠雄らがこれに対抗して、「教育にたいする国家統制の復活をうながす傾向」を批判する「文教政策の傾向に関する声明」（「十大学長声明」[30]）を発表し、しだいに教育をめぐる保革対立の構図は鮮明となる（その後教科書法案は廃案となった）。日高は、こうした情勢の渦中で次のように書いて、矢内原らの「十大学長声明」に呼応している。

教科書法や教育委員会法の改悪が「学問・思想の自由」をおびやかす危険があるということは、案外学者や研究者のあいだでさえ気づかれていないのではないだろうか。これらの文教二法は〔…〕主として小中学校の問題で、大学で研究に従事しているものにはあまり関係がないと考えるような空気が、ないでもないように思われる。〔…〕それは自分の足もとに掘られているおとし穴に気づかないでいるのと同じように危険なことであろう。〔…〕大学で研究に従っている私たちは、矢内原総長の声明にたいして、いちじるしく立ちおくれているのではないかとさえ思われてならない。[31]

これと同じ時期、複数の社会科教科書が教科書検定で相次いで不合格とされ、その事件はやがて、

「F項パージ」の名で呼ばれることになる。

(2)「F項パージ」

「F項パージ」は、日高と経済学者・長洲一二(一九一九 - 一九九九)の連名による声明「『日本の社会』執筆辞退について」が公表された一九五六年九月以降、ジャーナリズムによって、大きく取り沙汰されるに至った。この声明は、日高・長洲の両者が実質的に編集執筆の中心を担った先述の中三用『日

---

(26) 一九五五年九月一四日。前掲日教組編『日教組十年史』六六九頁。

(27) 日高六郎「愛国心について」勝田守一編『明治図書講座学校教育 第12巻 現代社会と学校教育』明治図書出版、一九五七年、一〇四 - 一〇五頁。「抗議書」および「説明書」(一九五五年九月二二日)は、前掲『戦後日本教育史料集成 第五巻』三一六 - 三一八頁。

(28)「あかるい社会」編集委員会『「あかるい社会」とはどんな教科書か――民主党の「うれうべき教科書の問題」に応えて』中教出版、一九五五年一〇月。この内容の抜粋は、前掲徳武『新しい歴史教科書への道』所収。

(29) その骨子は、「文部大臣が任命する検定審議会委員を八十人にふやし、新たに文部省内に常勤の検定調査官四十五人をおき、それにさらに約三百名の非常勤調査員を配して検定審査を三段構えで行い、また都道府県を実情に応じ、郡市単位のようないくつかの地区に分け、使う教科書の種類を統一する」というものであった(「教科書法案の骨子 地区毎に種類統一 検定強化がねらい」『毎日新聞』一九五六年五月二四日、一面)。

(30) 一九五六年三月一九日(翌日の新聞各紙に掲載)。前掲『戦後日本教育史料集成 第五巻』一〇〇頁。「十大学長」は、矢内原忠雄(東大総長)、南原繁(前東大総長)、木下一雄(東京学芸大学学長)、大内兵衛(法政大学総長)、大濱信泉(早稲田大学総長)、安倍能成(学習院大学院長)、内田俊一(東京工業大学学長)、蝋山政道(お茶の水女子大学学長)、上原専禄(元一橋大学学長)、務台理作(元東京文理大学学長)。

(31) 日高六郎「学問の墓を掘るもの 文教二法と学問思想の自由」『東京大学学生新聞』一九五六年四月九日、一面。

本の社会』[32]と、新たに作製した高校用『社会』（監修：岡田謙・真下信一・勝田守一。執筆：日高六郎・長洲一二ほか）が教科書検定によって不合格とされた後に、対応に苦慮した中教出版社によって、最終的に彼らを含む執筆者らが締め出されることになった経緯について説明している。そして問題の要点について、「（一）教育に対する政治の圧力の一つのあらわれとして、（二）現場教師の人たち、ひいては子どもたち、父母たち、ことにいままで私たちの編集した教科書を使ってくださった人々に対する社会的責任として、さらに、（三）とくに私たちとしては、学者、教育者の学問・思想の自由の問題として真剣に考えたいと思います」と声明している。[33]

日高・長洲による事態の説明を整理すると、以下のとおりである。[34] 小六用『あかるい社会』に関しては時系列に沿ってⓐ～ⓕと表記し、中三用『日本の社会』と高校用『社会』に関しては、時系列に沿って①～⑤と表記する。

ⓐ一九五五年九月：パンフレット『うれうべき教科書の問題』が発行される（先述）。

ⓑ一九五五年一一月：中教出版、『あかるい社会』改訂につき、編集委員に四名（豊田武・結城陸郎ら）を新たに追加。

①一九五六年二月中旬：『日本の社会』（改訂版）および『社会』（初版）が、検定不合格とされる。検定調査員ＡＢＣＤＥ（非公表）の五人が合格点を出すも、「文部省教科用図書検定調査審議会（Ｆ）で、「偏向」という理由で不合格に決定した」とのこと。「偏向」の根拠は、「憲法について基本的人権を強調しすぎる、日本の経済生活について叙述が暗すぎ、批判的すぎる、また、過去の日本の軍国主義の反省が強調されすぎる等々」。[35]

ⓒ一九五六年四月末：中教出版、『あかるい社会』編集作業の一時中止を突然要請。
ⓓ一九五六年五月九日：中教出版、政治的な事情により『あかるい社会』を絶版にすると通告。その後、日高・長洲らの説得により、絶版は白紙に。
②一九五六年五月：中教出版、日高・長洲に『日本の社会』『社会』編集執筆委員からの辞任を要求。ただし、今後も従来どおり編集執筆には協力してほしいと要請。
ⓔ一九五六年五月半ば：中教出版、『あかるい社会』編集委員全員の辞任を要求。小学校用教科書については、岡田謙・豊田武らの監修で、全く新構想・新メンバーで作成すると申し入れ。
ⓕ交渉の結果、『あかるい社会』編集委員の辞任を回避し、五・六年用のみ改訂作業を続けることに（結果的に中教出版から、日高らによるものと岡田らによるものの、二種類の小学校社会科教科書が発行さ

（32）日高によれば、『日本の社会』はこのとき各社の社会科教科書のなかで最多の発行部数をもち、三人に一人の中学生が使っているという（日高六郎「教科書を守る力」『歴史地理教育』一九五七年一月号、七頁）。
（33）日高六郎・長洲一二「声明・『日本の社会』執筆辞退について」一九五六年九月六日、『日高六郎教育論集』二三七頁。
（34）典拠は次のとおり。前掲日高・長洲「声明・『日本の社会』執筆辞退について」。日高六郎「教科書をゆがめるものはだれか」『中央公論』一九五六年一一月号、『日高六郎教育論集』所収。長洲一二「ゆがめられた教科書——教科書の「なしくずし国定化」に反対する」『中央公論』一九五六年一二月号。日高六郎「教科書を守る力」『歴史地理教育』一九五七年一月号。その他、『時事通信　内外教育版』一九五六年一〇月二日（「総合雑誌は教科書問題をどうとりあげたか」）、一〇月五日（「〝偏向〟教科書のゆくえ」）、一一月二〇日（「教科書執筆における「中立」とは何か」）、一二月一八日（「〝F項パージ〟の正体は何か」）も参照した。
（35）前掲日高・長洲「声明・『日本の社会』執筆辞退について」『日高六郎教育論集』二三三－二三四頁。

れる。その後、一九六〇年度の教科書検定で『あかるい社会』は絶版となる）。(36)

③一九五六年六月はじめ：中教出版から事態の収拾を一任された監修者の岡田謙が、木村剛輔・千種義人・森岡清美を『日本の社会』『社会』新執筆委員として推し、彼らの就任を認めるならば、日高・長洲の残留は可能とする。加えて、第一次原稿を新執筆委員が作成し、その原稿の検討会に日高・長洲が参加し、意見が分かれた場合は岡田が最終決定を下すことを提案。

④交渉の過程で、日高・長洲は「多くの良心的な教育学者、政治学者、歴史学者、あるいは出版労働組合懇話会の人々、さらに一部の現場の先生がたにも相談し」(37)、討議を重ねた結果、執筆辞退を決定。

⑤一九五六年九月六日：日高・長洲、「声明・『日本の社会』執筆辞退について」を公表。

この過程で、日高・長洲のみならず、ともに教科書作成に加わった真下信一・牧野純夫・福島要一・本橋渥も中教出版から締め出され、また勝田守一は監修辞退を、松島静雄・暉峻衆三は執筆辞退を表明した。(38)日高・長洲声明公表後、岡田謙（一九〇六－一九六九）が日高・長洲に対する反駁声明を公表し(39)、両者の主張が食い違って、事態はさらに複雑化する。中教出版から事態の収拾を一任されるまで、実際には編集執筆に参加していなかった岡田は、「「バランスをとるために」「多少極端に右の人」を新たに委員に加える」意図で木村剛輔・千種義人・森岡清美を加えることを提案し（ただし岡田本人はこの点を「デタラメだ」と反論している）(40)、「時勢が変われば、もとにもどして」日高・長洲と全面的に協力したいと言ったという。(41)その後の交渉のなかで日高と長洲は、現行の中三用『日本の社会』の叙述の「線（理想）を守ってほしい」と希望して新執筆委員との共同研究会開催を求めたが、その場に同席した千種は、現行の教科書に拘束されず自由に執筆してほしいと岡田に告げられたから自分は引き受けたのだと述べたという[42]。

日高と長洲が声明のなかで問題視したのは第一に、木村剛輔が、検定調査審議会（通称「一六人委員会」）の一員である哲学者・高山岩男（一九〇五－一九九三）に、内々に検定不合格の理由を尋ねたことであった。「検定対策のためにとくに審議会委員とつながりの深い人が選ばれたように見えることは、検定制度の明朗化を主張している私たちとして、反対せざるを得ない」。第二に、教科書の内容は「民主主義、平和主義の線を保証してほしい」という点である。問題の所在は民主主義の原則に反する検定制度そのものにあるというのが日高と長洲の主張であり、「企業体である会社の苦しい立場は十分に理解できるところ」であるとする一方で、岡田については、「学者が外部の大きな力にしたがった点には、問題を感じま

---

(36) 前掲須永『桑原正雄の郷土教育』二三二頁。絶版声明は、前掲徳武『新しい歴史教科書への道』所収。
(37) 前掲日高「教科書を守る力」七頁。
(38) 前掲日高「教科書をゆがめるものはだれか」『日高六郎教育論集』二一六頁。「教科書旋風をつく　検定におびえる業者　真下氏らもしめださる」『日教組教育新聞』一九五六年一〇月五日、三面。
(39) 岡田謙「日高・長洲両氏の声明について」『東京大学学生新聞』一九五六年九月一七日、一面。
(40) 「教科書問題に新たな論争か　『裏に政治の圧力』日高氏ら執筆断り声明」『朝日新聞』一九五六年九月一四日、七面。「波紋呼んだ教科書論争　〝中正な立場〟を曲解　岡田教授　日高氏らに反論」『朝日新聞』一九五六年九月一六日、一一面。
(41) 前掲日高・長洲「声明・『日本の社会』執筆辞退について」『日高六郎教育論集』二三四頁。
(42) 前掲日高「教科書を守る力」六頁。前掲日高・長洲「声明・『日本の社会』執筆辞退について」『日高六郎教育論集』二三五頁。

す」とも述べている。(43)

その後『中央公論』を舞台に、日高と長洲がそれぞれ検定制度の問題点を詳細に述べ、文部省側が「F項パージ」の事実そのものを否定する反論を寄せると、さらに日高が再反論した。その経緯は次のとおりである。

日高はまず、『中央公論』一九五六年一一月号に掲載の論考「教科書をゆがめるものはだれか」のなかで、「教科書検定制度を通じての教育の国家統制が、着々強化されている」と述べて、行政措置によって「準国定に近く」なっている現状の検定制度の問題点を是正するために、次の八点を文部省への要望として打ち出している。①調査員ABCDEの氏名の公表。②文部省が調査員に対して行う指導講習の廃止。③「偏向」を不合格とする絶対条件の廃止。④一六人委員会の権限の明確化。⑤一六人委員会の審査の公正化（高山は、「日教組のとりまき学者が書いたもの」がどの教科書にあたるかを事前に知っていた）。⑥正式な文書による執筆者への検定意見の伝達（不合格教科書について、文部省から各教科書会社に対し、内々で恩恵的に意見書の内容が伝えられる。また伝え方が教科書会社によって異なる）。⑦意見書に対して、各執筆者が説明・弁護する機会の設置。⑧「組版許可」の段階で文部省が修正要求を行う慣行の廃止（修正要求は特に「偏向」をめぐって多い）。

さらに日高はこの文章のなかで、文部省の「若い事務官のなかには、ほんとうに日本の教育の前途を心配している良心的な人たちがたくさんおられることを知っている。私のようなもののところにさえ、真剣に相談にこられたかたも一、二にとどまらない」と述べ、「どうしても納得できないのは、不合格の理由として「基本的人権を強調しすぎる」とか「過去の軍国主義の反省が強すぎる」などということがある点である。文部省あるいは審議会はいつから「基本的人権を強調しない」教育、「軍国主義を肯定する教育」へ転向されたのかおたずねしたい」と、文部省を批判する。他方で、懸念された教科書採択数の減少はわずかにとどまり、「逆に採択がふえた地域もあるという。これはまったく現場の先生たちの支持のたまものだった」とも述べる。[44]

翌一二月号の『中央公論』では長洲が、具体的に教科書のどのような記述にどのような検定意見がつけられたかを詳細に説明しており、またそうした紹介を行うのは、「わが国教育の大きな動きの中で問題をとらえたいため、私たちは多くの同様のケースの一例にすぎないため、そして教科書の問題が学問、思想の自由の問題をはじめ、民主的な教育全体に、さらには憲法はじめ、わが国民主主義の将来に深く関係すると考えるためである」と述べている。[45] また別の媒体で長洲は、「国民教育の所で思想統制をやられると、大学でいくらがんばっても駄目です。こうした問題は教育学者だけでなしに他の学者も関心をもっていいのではないかと思います」ともコメントしている。[46]

---

(43) 前掲日高・長洲「声明・『日本の社会』執筆辞退について」『日高六郎教育論集』二三四‐二三六頁。

(44) 前掲日高「教科書をゆがめるものはだれか」『日高六郎教育論集』二一六‐二二一頁。他方で、例年(一九五二～五六年)は一四〇万部の採択がある『あかるい社会』は、一九五七年度には一〇〇万部ほどに「激減した」と、『時事通信　内外教育版』は報じている(一九五六年一〇月五日、四頁)。

また詳しい時期は不明だが、日高はこのとき自由民主党文教委員長・池田正之輔と面会して、もし今後社会党が政権をとった場合、社会党の考えにもとづいて教科書検定を行うことは問題であろうことを述べて、教科書検定制度そのものを批判したという(日高六郎『私の平和論』岩波新書、一九九五年、一三六‐一三七頁)。

(45) 前掲長洲「ゆがめられた教科書」二六九頁。このなかでたとえば長洲は、中教出版とは別の教科書会社に申し渡された中学校日本史教科書の検定不合格理由として、「太平洋戦争については、日本の悪口はあまり書かず、事実であってもロマンチックに表現せよ」という一例を挙げている(二五八頁)。

その後『週刊朝日』が、一六人委員会を引き回した中心人物＝「「Ｆ項」氏」として、高山岩男へのインタビュー記事を掲載した。ここで高山は、調査員ＡＢＣＤＥの採点がバラバラになる以上、「委員の意見がＦとして入るのは当然」であり、現行の制度を改め、「責任をもって、教科書の内容を調査する」専門家をおくべきであるとする主張を展開している。また今の教科書は、「おどろくほど日本の過去を暗く書きすぎている教科書が多」く、社会科が扱う現代の問題は「主観的判断しかできない、という自覚の上に立ってほしい」と批判する。[47] 学問と教育の関係をめぐる思想において、日高と高山は対照的である。後の家永教科書裁判において国側証人となった高山は、「教育的価値と学問的価値は違う」という主張を一貫したが、[48] この問題は原告側と国側の主要な対立点のひとつとなった。日高・長洲に反論を寄せた文部省教科書課長・安達健二も、「検定と、思想・学問の自由とは別個の問題である」としている。[49] これに対し、その後の日高は安達を再批判して、安達が展開する主張は「自明の前提に立ちもどり、現にそれがふみにじられているからこそ問題となっているところの原則を、くりかえし強調した

（46）「〝国民教育に統制の恐れ〟教科書検定制度に物言い」『図書新聞』一九五六年一〇月六日、一面。長洲はこのインタビューのなかで岡田について、「私は岡田さんはリベラリストだと思っています。しかし意識的にそうでないにしろ客観的にはオカシな結果を作り出していく、否応なしに作り出されるんです」と述べ、また木村については、「木村さんが新聞で「私の父が木村元防衛長官だということで〝右〟というならナンセンスだ」といったが、これは木村さんのいう通りですよ。私たちはただ検定対策で人〔教科書執筆者〕がえらばれるという問題に反対なのです」と述べている。

（47）「「Ｆ項」氏の考え方――教科書旋風の〝眼〟」『週刊朝日』一九五六年一二月二日号、八‐九頁。

なお晩年の日高の自伝には、戦争末期に「ヘーゲル研究で知られている某大学の教員」によって、海軍技術研究所の報告会にて、「日本が、すなわち〈世界精神〉が、今次の戦争で勝利を収めることを、ヘーゲル

は一世紀以前にすでに予言している」という「近代の超克」論を一時間にわたって聞かされたことが書かれているが、これは高山を指すものと考えられる（日高六郎『戦争のなかで考えたこと――ある家族の物語』筑摩書房、二〇〇五年、一四四‐一四五頁）。

(48) たとえば、教科書検定訴訟を支援する全国連絡会編『家永・教科書裁判　第2部　証言篇6』総合図書、一九六九年、四一七頁。なお福嶋寛之の研究によれば、広義の「社会主義」者である高山は戦後、「左右の全体主義」を超克した「協同社会」を展望したが、国家の教育への介入を拒む進歩的知識人たちは高山にとってそうした「運命共同体」に亀裂をもたらす存在にほかならず、彼らの「左翼全体主義」を、日本主義＝〈回帰してはならない戦前〉とのアナロジーで捉えていたという（福嶋寛之「高山岩男の進歩的知識人批判」『福岡大学人文論叢』四四（四）、二〇一三年）。

(49) 安達健二「〝F項パージ〟の誤解をとく――教科書検定とその改善の方向について日高・長洲両氏に答える」『中央公論』一九五七年一月号、一一九頁。

なお一九五九年以降の歴史教科書検定強化の中心人物といわれる村尾次郎（一九一四‐二〇〇六）も、次のように述べて日教組講師団を批判していた。「日本近代史は、内に国民の自由を弾圧し、外に侵略をほしいままにして破れ去った悪い国として描かれる傾向が強い。教師のなかにも、そう信じて疑わない人がかなりあり、日教組幹部やお抱え講師団は、先生と生徒とをそういう風な考えにいざなってゆくよう、努力を続けているらしい〔…〕文部省は、物的条件のみならず、むしろそれ以上に真剣に、教育の内容について国民に対し責任を負い続けねばなるまい」（村尾次郎『教科書調査官の発言』原書房、一九六九年、初出一九六五年、七二‐七三頁）。村尾は、「皇国史観」で知られる平泉澄の門下生である。第1章で述べたとおり、平泉は戦争末期の一九四五年五～六月頃、日高が海軍技術研究所の報告会で日本軍撤退・植民地解放・国内民主化などを提言した場に同席し、それらを「皇国思想の否定」であると激しく叱責した。長谷川亮一の研究は、平泉の文部省への影響力は門下生の入省という形で一九五〇年代後半に強まったこと、彼の歴史観は戦前よりもむしろ戦後における支配層（とくに文部省）側のイデオロギーにとって好都合であったことを明らかにしている（長谷川亮一『「皇国史観」という問題――十五年戦争期における文部省の修史事業と思想統制政策』白澤社、二〇〇八年、三二〇‐三二一頁）。そうした文脈のなかで開始された家永教科書裁判についても、より長い歴史的射程で捉え直される必要があろう。

だけにすぎない」官僚答弁の典型であるが、「こうした泥沼へ引っぱりこむことのできるのは、やはり頭脳明断な人でしょう」とも述べている[50]。

ジャーナリズムによって問題が大きく取り上げられるなか、日高は次のようにも書いている。「一方では多くの学者や現場の教師の方々が私たちの行動を支持して下さ」ったが、他方、「私たちが「日本の社会」という教科書のなかにとどまって、もう少しがんばることはできなかったものか、学者としての良心とか潔癖とかにやや拘わりすぎたようなことはなかったのだろうか、等々という好意的な疑問や批判を寄せて下さった方もある」。また、「『辞退した』という結果だけを一方的に聞かされるというような事態を生んだこと」に対する批判も出されているが、それらの意見は「正しい点を指摘」しており、「私たちの行動にもじつに不十分なところが多かったことは、率直にみとめたい」。そして一連の過程のなかで、事態の真相を明らかにするための努力が未だに不十分であることが「改めて痛感させられ」た。今後は、各教科書の比較研究や現場教師との密接な交流などとともに、「父母に、現在の教科書を読んでもらう運動」をはじめたい。丸岡秀子、磯野誠一、鶴見和子ら教研集会講師が現在、「父母と教師が、一しょに教科書を勉強する会」を広げる計画を作っており、そうした活動によって教科書を通じて教育への理解が全国に広まっていけば、「その成果は決して小さなものではないと思う」[51]。

これら一連の事件が、家永教科書裁判の、いわば前史であった[52]（なお家永三郎もこのとき日本史教科書の検定不合格処分を受け、教科書裁判の提訴について、日高に最初に相談している[53]）。この過程で、国家権力による教育内容への介入を日高は一貫して批判しており、社会党の文教委員に対しても、仮に今後社会党内閣が成立したとしても、絶対に教科書検定をしてはならないとたびたび言っていたという[54]。日高は国家権力が標榜する「中立」について、「教育あるいは教科書の中立性は、もっと形式的な次元で考えるべき」であるとして、次のように「教育の中立性」のあり方を論じている。

教師にも、また教科書執筆者にも要求されることは次のとおりである。彼らは、市民としてはどのような政党を支持しようと、またどのような学説やイデオロギーの支持者であってもよい。基本的には、日本国憲法と教育基本法の原則を逸脱しないかぎり、彼らはその教育的信念にしたがって、教育活動

(50) 日高六郎「「F項パージ」の誤解はとけない」『中央公論』一九五七年三月号、二三四頁。
(51) 前掲日高「教科書を守る力」四－九頁。その後各地に母親と教師を中心とする「教科書を読みあう会」が生まれ(出版労働組合懇談会編『教科書はだれのものか』教科書問題協議会、一九五七年、九七頁)、日高も参加している。阿部知二・梅根悟・加藤周一・日高六郎「座談会　第六次教研全国集会にのぞむもの」『教育評論』一九五七年二月号、も参照。
(52) 後年の日高は、このときシェア三分の一を占めていた中教出版の教科書が教科書検定に「落ちたいちばん大きな理由」は、教科書叙述のなかの「「侵略」という字」であったと述べている(日高六郎「〈インタビュー〉戦争責任」西島健男編『この百年の課題』朝日新書、二〇〇一年、五六頁)。また一九六六年の講演では、日本軍が満州に入っていったことを「侵略」「侵入」と書くと検定を通らず、「進入」と直す指導が行われたことを語っている(前掲日高「私の教科書論」『日高六郎教育論集』二四五頁)。
(53) 家永三郎・日高六郎「国民の教育権と学校教育」『高校資料』一九七〇年一一月号、日高六郎『人間の復権と解放』一ツ橋書房、一九七三年所収。前掲日高「私の教科書論」『日高六郎教育論集』二四二頁。後に、日高は家永裁判において原告側証人を務めた。
(54) 前掲日高「私の教科書論」『日高六郎教育論集』二六一頁。しかし、日高が日教組出身の社会党代議士にこの問題について尋ねたときには、「社会党政権ができたとき、教科書検定問題をどうするか、はっきりした方針を聞くことができませんでした」といい、そのような革新政党について「やはり問題があります」と述べている(日高六郎・斎藤喜博「政治と教育」『教育』一九六七年二月号、『日高六郎教育論集』一八六頁)。

を行なうことができる。（教科書執筆も同様である）もちろん明白かつ直接な政治宣伝は行なってはならないが、このことはどのような政党にも公平に適用される。もちろんこのことは、教育的配慮でもある。とくに義務教育の段階は、将来有権者として独立して責任のある政治行動をとるための準備期間である。小学生に岸内閣打倒だの、岸内閣擁護などを口ばしらせようとする教師や両親がいたら、それは自民党支持者であれ、共産党支持者であれ、反中立的教師であり、非良識的両親であろう。つまり中立・非中立、良識・非良識の規準は、右と左とを切りすてたいわゆる中道（中正）地帯にあるのではなく、保守派から進歩派にいたるすべての立場を横断する共通の準則にある。このことが、教育の中立性について考えるときの原則である。[55]

このように、「右と左とを切りすてたいわゆる中道（中正）地帯」ではなく、「保守派から進歩派にいたるすべての立場を横断する共通の準則」の遵守を、単に「教育者自身の義務」であるだけでなく、「政府、政党、官僚などの教育の外がわの諸勢力の義務」でもあるとしてそれを要請するのが[56]、日高の教科書パージに対する抵抗の論理であった。

3　社会科教育をめぐる理論の提供――一九五〇年代後半〜一九六〇年代

(1) 道徳教育と「愛国心」の問題

教育界では一九五〇年代、経験の「理論化」の必要性が繰り返し主張された。日高はそれを自らの役割と考え、教科書のみならず、教育に関する著作を多数編集・執筆した。第2章で検討したとおり、当時の日高が社会学者として取り組んだ仕事は戦後日本における社会意識の分析やその一部をなすマス・コミュニケーション研究であり、道徳教育や「愛国心」の問題は、これらと密接であった。

敗戦直後に時期をさかのぼれば、社会の混乱のなか、占領下で「道義の頽廃」が盛んに問題視され、やがて学校教育における「修身」の復活や「道徳」の新設が主張されはじめた。保守政権による「逆コース」は、日高も十分認識していたとおり、占領改革に不満と反感をいだく一定の世論を支持基盤とするものであり、一九五八年には革新勢力が反対するなか、「道徳の時間」が特設されるに至った[57]。こうした過程のなかで日高は、道徳教育について、次のように論じている。

道徳とは、箸をフォークに取りかえるような便宜的な手段でもなければ、「人に好かれるため」のパーソナリティの一覧表でもない。自分自身の人間性を、そして自分の仲間たちの人間性を、この現在の日本の社会という状況のなかで、どうすれば守りぬいていくことができるか、どうすればより高く、より豊かに伸ばしていくことができるか、そのことを真剣に考えるところにこそ、新しい道徳へ

（55）日高六郎「日本の教育と知識人――ジャンセン教授の論文について」『世界』一九五七年一〇月号、一六七 - 一六八頁。
（56）前掲日高「日本の教育と知識人」一六七頁。
（57）修身科の廃止から「道徳の時間」特設に至る経緯および議論の内容については、佟占新『戦後日本の道徳教育の成立――修身科の廃止から「道徳」の特設まで』六花出版、二〇一九年、に詳しい。日教組が保守政権による道徳教育の推進にいかに対抗したかについては、前掲日教組編『日教組20年史』五五五 - 五六六頁を参照。

の第一歩がはじまる。そういう形で、道徳と社会とは、深いところで結ばれている。(58)

このように述べるのは、日高が編者を務めた『講座道徳教育』第8巻（一九五六年）である。本書は、社会調査のデータや人々の手記・生活綴方・生活記録作品等の文章を多数引用して、子どもを取り巻く現実を様々な角度から分析し、そうした現実から出発するよりほかないことを、現場教師たちに向けて発信している。農村や都市のみならず、「基地とか、特殊部落《ママ》などの、やや特殊な環境も大きく取り上げ」、そうした現実のなかにこそ「じつは一般的な問題が潜んでいる」と述べる。(59)

翌一九五七年刊行の『現代道徳教育講座Ｉ　道徳教育の原理』に掲載された日高の論考「現代社会と道徳教育」には、大衆社会論を踏まえた日高の、日本社会の現状把握とそのなかでの啓蒙のスタンスがよく表れている。まず日高は、日本は「充実した近代的な市民社会の時期を経過していないだけに」、かえって「「現代社会」病の症状」があらわれていると述べる。しかし文部省による道徳教育案はそのことを見逃しているために、「形式的には「進歩的」なタテマエで逆コース的効果をおさめる」ことができるという。農村の古い人間関係における「分裂」と都会人の現代的「孤独」は、ともに「非常に慎重に計算された上からの支配政策の結果」でもあり、そのなかで「自我の確立」をうたう文部省案が実現されれば、「「個人が確立されない」個人は、政治や経済の問題などに口をだすことが僭越であるような個人でしかないことを意味する結果」となり、また「学生運動だの平和運動だの」「ストライキだのデモ行進などに「指令されるまゝに」参加するものは、まだ「個人が確立されない」附和雷同の徒」であるという論理と結びつくとする。さらに、文部省案が強調する「「内面生活」の尊さ」とは、「それが地上の富や成功と何のかゝわりあいもないというところにこそ、「現代的」意義がある」のであり、「民衆のなかのエネルギイ」を「ますます「たゞ一人で生れ、たゞ一人で死んでゆく」孤独地獄のほうへ向ける」ことになる。「その孤独な大衆を、いわば個々ばらばらに「公共の福祉」に奉仕させること」こそが文部省案の目的であり、したがって「現代社会では、個人が彼の自我を確立させ、彼の基本的人権を守るためには、手段として集団的組織的な抵抗が必要となっている」と述べる。[60] このことが、第2章でも検討したとおり、日高がサークルに期待を寄せた理由のひとつであった。そして続く次の言明は、「ヨーロッパ的イデー」とも「アジア的イデー」とも異なる、「自前の第三の論理」[61] を日本社会が探し当てる必要があるという当該期の日高の姿勢を示している。

近代的自我の確立は、われわれのばあい、ヨーロッパ的なルネッサンスや宗教改革などの通路によってゞはなく、別の通路、すなわち平等の仲間たちの団結と友情という通路によって、はじめて可能となることを忘れてはならない。このことをはっきりと認めることこそ、現代社会のなかで新しいモラルを確立するための第一歩とならなければならない。[62]

---

(58) 日高六郎「はしがき」同編『講座道徳教育　第8巻　社会生活と道徳教育』牧書店、一九五六年、一頁。
(59) 前掲日高「はしがき」前掲日高編『講座道徳教育　第8巻』二頁。なお、「基地」については神崎清が、「部落」については井上清が執筆している。
(60) 日高六郎「現代社会と道徳教育」長田新監修『現代道徳教育講座Ⅰ　道徳教育の原理』岩崎書店、一九五七年、一二八‐一三五頁。文部省による道徳教育案は、前掲佟『戦後日本の道徳教育の成立』を参照。
(61) 日高六郎「大衆論の周辺――知識人と大衆の対立について」『民話』一九五九年三・四月号、同『現代イデオロギー』五二三頁。
(62) 前掲日高「現代社会と道徳教育」一三八頁。

こうして、現代人の「孤独地獄」を越えて、戦前とは異なる新たな公共性を打ち立てる構想を、「逆コース」に対抗すべく保守派とのシンボル争奪戦に参入していった一九五〇年代半ばの日高は、「愛国心」という言葉を用いて表現した。日高は端的に述べる。「われわれの祖国日本はこんなにもみじめで、政治も汚れている。だから自分達はそのみにくさを見つめ、その原因を取り除いて、そして立派な国を作り上げていこう。こう考えてはじめて愛国心は自主性に支えられたほんとうのものになる」(63)。一九五七年の論考「愛国心について」では、戦前の愛国心を戦後禁止されたがゆえに複雑化した人々の愛国心の内容を分析して、「漠然とした国民感情としての〈愛国心〉」は、「潜在的には、保守反動的な、とき《マ》は《マ》ショーヴィニズム的な超国家主義につながる可能性も持っているが、同時に独立と民主主義とを求める前進的な愛国心ともつながりうる面を持っている」と述べる。さらに、戦後新たに芽ばえた「平和主義の愛国心」や「民衆の生活要求と結びついた愛国心」は、「日本における〈愛国心〉の系譜のなかでは、まったく画期的なもの」であり、「第二次世界大戦後アジア・アフリカを立ちあか《ママ》らせたナショナリズムと親縁関係にある」(64)それは、「ナショナリズムとインターナショナリズムとの高次の統一」をも可能ならしめると展望する。

じっさいには、対外的な従属体制〔日米安保体制〕のもとでの〈愛国心〉と、平和と民衆の生活要求にもとづく愛国心とのあいだに妥協の余地はない。しかし、平和と生活要求とにもとづく愛国心のなかへ、民衆の意識を幅広く導きいれていくために、古い伝統的価値感情を敵にまわすのではなしに、そこに根ざしている素朴な国民感情を大切に守りそだて、理解するということは、決して単純な妥協ではない。この分別を身につけることが、現在日本の教師たちに求められている知恵の一つであるであると私は信じている。(65)

このように、「古い伝統的価値感情」＝「旧意識」それ自体を反動的なものとして丸ごと否定するのではなく、そのなかの「素朴な国民感情」を平和主義と人権尊重の意識へと水路づけていこうとする姿勢こそが、まさに日高の啓蒙の特質であった。それを「近代主義」の立場とみなすか否かは、繰り返しになるが、「近代主義」の語の定義如何によるだろう。

同年の座談会では日高は、「日本のいまの教科書に古い形の愛国心、結局軍事的な力というものと必ず結びついていくような形の愛国心がほとんどないということは、むしろ諸外国より進んでいるということじゃないか」と述べている。また家庭内における親子関係の秩序に関して、「いままでの徳目主義でいう正直とか忍耐とかいう形のものは、知的認識と切り離されて」いるものであったが、そもそも「親に同情するとか、親を尊敬するとかいうことは、ある意味では子供の知的な認識と結びついている」ものだとする。(66) したがって、「お説教をするのではなく、現実に伸びている新しいモラルに目をつけて、それをおしすすめてゆく、そういうところへ道徳教育は持っていかなければ」ならず、また「教師のほ

(63) 竹内郁郎・日高六郎「愛国心と道徳教育」前掲日高編『講座道徳教育　第8巻』一五三－一五四頁。
(64) 前掲日高「愛国心について」前掲勝田編『現代社会と学校教育』一一四－一一五頁。
(65) 前掲日高「愛国心について」一一六頁。
(66) 伊藤昇・石田雄・日高六郎・武田清子・勝田守一「道徳教育――何が問題か」『世界』一九五七年一一月号、六一頁。

うでも、〔子どもに〕なまのイデオロギーのおしつけをするのはまちがい」であると主張して、革新派教師によるインドクトリネーションを否定している。[67] 戦後教育を受け、戦後の価値観を生きる子どもたちと、戦前の絶対主義的教育を受けて育った親世代のあいだに存在する（社会意識の）溝は、しばしば家庭内や地域のコンフリクトを生んだ。当時の日高は、そうした世代間の溝を埋める努力をしなければ「外側の圧力に屈服してしまうよりほかなくなる」[68] という危惧を抱いており、そうした「逆コース」に対する危機意識が、日高を教育問題へと向かわせた。

（2）社会科教育論

一九六一年、『岩波講座現代教育学』の「社会科学と教育」Ⅰ・Ⅱ巻を編集した日高は、そのなかで自身が執筆した論考「社会科教育の役割と目標」において、社会科教育の役割について、それは次のことにあるとする。現在、日本国憲法を「欽定憲法的に受けとろうとする国民の受動性が存在する」なかで、「主権在民を実質的に実現していくような新しい質の国民」を形成すること、つまり、「かつて全体的な規模ではただの一度も根づかなかった民主主義を、この日本の国土のなかで実質的に根づかせ、過去の軍国主義的侵略政策を二度とくりかえさないことで世界の平和を支えるひとつの力となることができるような国民をつくること」。またこうした課題を、「自らの手で自主的に遂行できるような国民をつくること」。次に、社会科教育の目標を考える際に「教師のがわで自覚していなければならない重要な前提」として、①「現代というひとつの歴史的時代がおわされている課題はなにかということについての認識」、②子どもの「望ましい社会的態度を形成していくためには、社会科学的にうらづけされた社会認識が必要」だという自覚、③「教師にとって最も必要なことは、政治的圧力にたいして政治的方法でこたえるのではなく、むしろ教育的方法で、いわば子どもの社会認識を正しくそだてていくその実績によってこたえること」の三つを挙げる。[69]①について、現代を「人類史のなかで最も重要な一時期」であるとする認識は、上原専禄（一八九九－一九七五）が教師に世界史認識を要請した発想とも親和的であろう。

また②について、ここで日高が述べる「社会科学」の意味するところは、単に「特殊科学を個々に指すものではなく、またそれらを雑然とあわせて総称するものでもな」く、「社会についての可能なかぎりでの全体的統一的な認識をめざす科学」であるという。そして、「マルクス主義社会科学の立場に立とうと、他の立場に立とうと、社会科学者はじつに多くの共通共同の社会認識を持って」おり、「社会科教育は、こうした基礎的な一致点に立つ社会科学なしには成立しない」。このことを日高は、政治主義的な左派の少なくない革新教育運動のなかで、「社会科学的認識それ自体が変化し発展していくという前提のもとで、われわれは社会科学に相対的な信頼を寄せるほかない」という留保と併せて、繰り返し発信した。加えて、「社会科学的認識は、社会を動かし、民衆の生活を発展させ、人間をあらゆる政

（67）日高六郎「教育をささえる基盤をきずく——むすびつきをどう深めるか」『教育技術』一一（四）、一九五六年七月、二四頁。なお当時の知識人による道徳教育論議に関しては、大森直樹『道徳教育と愛国心——「道徳」の教科化にどう向き合うか』岩波書店、二〇一八年、第4章も参照。

（68）前掲日高「教育をささえる基盤をきずく」二〇頁。民衆のなかに戦後あらわれた広範な「世代の断層」に関しては、日高六郎「世代」『岩波講座現代思想　第11巻　現代日本の思想』岩波書店、一九五七年、同『現代イデオロギー』所収、も参照。

（69）日高六郎「社会科教育の役割と目標」『岩波講座現代教育学12　社会科学と教育Ⅰ』岩波書店、一九六一年、一三二－一三九頁。

治的・経済的・社会的束縛や不合理から解放しようとする実践的意欲と切りはなして考えることはできない」として、「社会科教育の認識の対象としての社会そのものが、歴史的特殊的存在としてしかありようがない」ゆえに、社会科は「時代の要求を正しく、合理的に、しかも自覚的にとらえ、いわばその特殊性と格闘することで、はじめてほんものの普遍的な教育理論と教育実践が生まれてくる」と述べる。占領下で盛んに展開された、「問題解決学習か系統学習か」といった類の議論については、それが「教育方法論にとどまるかぎり、そのどちらもが必要だと言ってすませても不都合ではない程度の問題でしかない。重要なことは、その内容としてなにが考えられているかということであろう」と述べて、さほど重要な問題ではないとみなした上で、その「内容」について教師が考えることを要請する。(70)

『岩波講座現代教育学』の「社会科学と教育」Ⅱ巻の序論「社会科教育における系統性」では、日高は戦後社会科教育が直面した大きな困難として、「それが対象としている「社会」を全体関連的、構造的にとらえることのむずかしさ」、「子どもたちの社会認識の発達段階をおさえることのむずかしさ」、「学習指導要領の基準化が強化されたために、社会科再編成の新しい大胆な試みがほとんど不可能になっていること」、「社会科教育に加えられてきたさまざまな形での政治的規制」の四点を挙げる。そして義務教育が六・三制でなければならない「教育学的な根拠は明確ではない」ために、この本では、「小学校五・六年以後の社会科教育と、中・高におけるそれをひとまとめにし、歴史、地理、産業・経済、民主主義と政治、平和の問題等の諸分野にわけて構成」することで、諸分野の「本質的な目標・内容・方法がどこにあるか」を明らかにすることを目指したと述べる。(71)

また同書所収の論考「民主主義と政治」では、日高は政治教育について体系的に論じている。そのなかで、次のように述べる。「教師は、おそれずに政治教育をすすめなければならない。それは、教師としての義務である」。しかし、「そこでは決して性急なイデオロギー教育が求められているのではなく、政治についての基礎的な知識や原理の理解が求められている。どのように進歩的な立場に立とうと、子どもたちに労働者階級が当然に持つべき階級意識をいますぐに持たせることを政治教育の目標と考えるものはいまい」。こうした叙述は、左派によるインドクトリネーションに対する牽制である。そして（日高が教科書執筆から退いて二年ほどが経った）現在、現行の小学校社会科教科書の「政治」の項は、「ほとんどが無味乾燥な制度的機構的説明におわっていて、子どもたちの生き生きした関心をとらえているものは皆無と言ってよい」状態にあるとして、「そうした結果になるのは、二つのことが忘れられているからだ。第一には、日本で民主主義政治がやっと成立できるようになった歴史的背景がなおざりにされていること。第二には、現実の政治の動きを、つつみかくすことなく生き生きととらえることが忘れら

(70) 前掲日高「社会科教育の役割と目標」一二五–一三八頁。この巻の「戦前における社会科」は梅根悟、「戦後における社会科の出発」は勝田守一、「社会科の展開」は馬場四郎、「社会科学と社会科教育」は清水幾太郎、「社会科教育の役割と目標」は日高、「社会認識の構造」は大槻健、「社会科教育の方法」は川合章、「社会科教育と政治的中立」は家永三郎、「アメリカにおける社会科の歴史と発展」は岡津守彦、「世界認識の更新の問題をめぐって」は海後勝雄・駒林邦男・藤沢法暎、「同和教育」は奈良本辰也・東上高志が、それぞれ執筆している。

(71) 日高六郎「社会科教育における系統性――序論にかえて」『岩波講座現代教育学13　社会科学と教育Ⅱ』岩波書店、一九六一年、二–六頁。この巻の「社会科教育の領域と内容」について、「歴史」は遠山茂樹、「地理」は飯塚浩二・木本力、「産業・経済」は長洲一二、「民主主義と政治」は日高、「平和の問題」は清水幾太郎がそれぞれ執筆し、ほかに「幼・少年期の社会認識」は波多野完治・滝沢武久、小学校「低・中学年社会科教育実践の分析」は大槻健、小学校「低・中学年の社会科をめぐる論争」は川合章、「教科書の問題」は大槻健・徳武敏夫が、それぞれ執筆している。

れていること」だと述べる。[72] 無味乾燥な現行教科書に対する批判的言及からは、かつて自らが手がけた教科書を支えた理念と自負が見てとれる。

一九六三年には、「社会科教育に社会科学的な基礎づけをあたえたいというねらい」から、『社会科教育大系』第五巻の編者代表を務めている。この巻末で日高は、「社会的教育が、子どもたちの社会認識をそだてるということに役立つためには、それは革新陣営内部の現実の政治的諸潮流の対立矛盾という場所からむしろ一歩退くことが必要だと考える」と、かなり直接的に書いている。[73] そう書かなければならない革新教育運動の分裂状態が、この頃には顕在化していた（次章で後述）。

この一九六三年度には、高校教育のカリキュラムに「倫理・社会」科目が新設された。これについても、日高は議論を提供している。[74] 一九六六年、『講座・社会と倫理』第五巻を監修し、その「はしがき」では、各執筆者に自由に各々の見解を展開してもらったことを述べ、「現在「倫・社」教育の問題について、体系的な意見や、あるいは統一的な教材論や方法論を提供することは、かえって危険だと私は考えている。むしろいま必要なことは、ひとりびとりの教師の、最大限の教壇の自由であると思う」とする。そして序章では、道徳教育の原理的困難は「自由主義を看板とする社会で、だれが個人の「道徳」あるいは個人の「人生観・世界観」の裁判官となることができるか、という問題」であるとして、一九五八年の「道徳」特設が、「自由主義の原理それ自体の否定につながる危険があるということを、自由主義的立場を支持しているはずの教育行政当局者の中で自覚する者が存在していたであろうか。もしそうした自覚が存在しなかったとすれば、そこに実は自由主義の最大の退廃をみることができる」と述べている。「倫理・社会」学習指導要領の「解説」書で示される見解に必ずしも賛成しない教師が、「教室においてだけは賛成しているかのように、「解説」のような見解を生徒に「教育」することを求める」

ならば、「それは「良心」の放棄を要求することであり、自由主義原理とは根本的に対立する」(75)。政府・文部省による教育の国家統制を、彼らが標榜する自由主義そのものに原理的に反するものであると批判するこうした論理は、教科書パージに抵抗した時期から、日高に一貫したものであった(76)。

(72) 日高六郎「民主主義と政治」前掲『岩波講座現代教育学13』二〇八-二二三頁。

(73) 日高六郎「むすびにかえて」日高六郎編集代表『社会科教育大系　第五巻　現代の世界と日本（下）』三一書房、一九六三年、二四九-二五二頁。

(74) のみならず、日高は自ら高校用倫理・社会の検定教科書を編集している（福武直・日高六郎編『倫理・社会』学生社、一九六四年）。その倫理・社会教科書の「はしがき」には、編集の動機について、次のように述べられている。「政治経済とならぶ社会の分野」は、「民主的な人間と社会を形成してゆくためには、不可欠の学習分野であり、そこにこそ、考える社会科の本質が最も顕著に現われなければならないものであった。しかし、社会科教育の実際は、むしろ、この分野を敬遠する傾向をもってきた」。倫理・社会は「教師の側からみて、教えにくい教科であるとともに、生徒にとっても、覚えさえすればよい教科ではない」だけに、「よい参考書〔教科書〕も必要である」。

なおこの教科書は、第2編「人生観・世界観」を、日高の長兄である日高昂が執筆している。

(75) 日高六郎「序章「倫理・社会」教育と「道徳」教育」立正大学哲学研究室編、日高六郎監修『講座・社会と倫理　第五巻　現代の倫理と倫理教育』日本評論社、一九六六年、二-九頁。

(76) なお日高が次のように述べるのは、自由主義原理を標榜しながら教育を統制しようとする支配層をその対象に含むであろう。「ブルジョア民主主義革命は社会主義革命の前段階であるという理由から、すなわちマルクス主義者と同様にそうした発展段階説の影響をうけて、民主主義革命それ自体にたいして、つまり自由主義の原理の徹底それ自体にたいして恐怖を感じる自由主義者たち、すなわち自由主義から逃亡する自称自由主義者たちがあらわれ〔た。〕〔…〕民主主義の徹底を恐怖する自称自由主義者、日本国憲法の日を祝うことすらすぐにやめてしまう自称民主主義者〔…〕」（日高六郎「戦後思想の出発」同編『戦後日本思想大系1　戦後思想の出発』筑摩書房、一九六八年、同『戦後思想と歴史の体験』勁草書房、一九七四年、六六頁）。

また一九六五年に編者を務めた『講座マス・コミュニケーションと教育』1巻では、「現場の教師たち、あるいは家庭の父母たちが日常考えあぐねている問題について、そのすべてに答えることができるほどには、教育学は理論的に準備されているとは思えません」と述べて、教育現場の困難に理解を示しつつ、マス・コミュニケーション時代の教育現場で行われるパーソナル・コミュニケーションの役割は、依然として「決して小さくなってはいないということを銘記する必要」があるとする。マス・コミュニケーションとはあくまでコミュニケーションの総過程の一部を占めるに過ぎず、カッツとラザースフェルドの「コミュニケーションの二段の流れ」の説からも示されるように、「教師や父母の役割、あるいは子どもたちをとりまく面接コミュニケーションの状況が、教育学的に最も重要な要素」となるのであって、「コミュニケーション総過程を考えるということは、一切の功罪をマス・メディアに転嫁させるということではなく、そのなかに介在するはずの〈個人的影響者〉の責任を考えぬくということにもなる」として、教師の主体化を要請する。また現在に固有の困難として、「文字文化の場に、文字教育以前の段階で、人為的に構成されたマス・コミュニケーション〔テレビ映像など〕が侵入してきている」ことを指摘し、そこで「いま、明治以来の古い教育構造に一指もふれないですむものであろうかどうか」を問う。「私の知るかぎりでは、この問題に正面からとりくんだ仕事はまだ出ていないように思われ」るという。(77)

ここまで詳細に引用・検討してきたように、日高の社会科教育論は、教師ひいては子どもが民主主義を担う主体として社会認識を深めることを企図するものであり、とくに社会科教師には、職業倫理と日々の絶えざる学びを要請した。これらは、現在で言うところのいわゆる「主権者教育」とか「シティズンシップ教育」とかに通じるものであろうが、とりたててそのような看板を掲げずとも、民主主義を内実化していくための社会科教育は、かつて日本社会のなかで、すでにこれほどまでに追究されていた。

民主主義の根本的な基盤を形成する、公教育における社会科教育に対して、社会科学を専攻する中央の知識人が努力を惜しまない姿勢が示されていよう。また同時に、国家の教育統制に抗することそれ自体がしだいに自己目的化していく革新教育運動に対しては、日高は「政治的支配層が教育をつねにかれの意図的な統制のもとにおきたがっているということは、じつは教育がつねに現状変革的な機能を潜在的に、また、顕在的にはたしてきているからだという客観的事実」が忘れられがちであると述べて(78)、教師たちに、日々の持ち場で基礎的な責任をきちんと着実に果たすことを要請した。

加えて、日高の社会科をめぐる議論のひとつの特徴は、社会科学における見解の相違点・対立点や限界点を、教師に向けてはっきりと明示するスタンスにあったと言える。現場教師の切実なあらゆるニーズに答え得るほどには社会科学や教育学の学術成果は提出されていないことを述べ、しかしそれらの研究のあいだには、基本的な見解の一致点も多く存在することを強調している。そもそも日高にとって、教育とは思想的・創造的営為にほかならず、「文部省の統制主義・画一主義はそうした創造力の敵であるからこそ、なによりもゆるしがたいというのが私の持論」なのであった(79)。そして教師が多様な創造を行う前提として、民主主義についての社会科学的認識を深めることを要請し、そのための素材と便宜を

---

(77) 日高六郎「序にかえて――マス・コミュニケーションと教育」依田新・日高六郎・木原健太郎編『講座マス・コミュニケーション 1巻 マス・コミュニケーション時代の教育』明治図書出版、一九六五年、二-九頁。

(78) 日高六郎「政治・社会・教育」『岩波講座現代教育学 第Ⅰ巻 現代の教育哲学』岩波書店、一九六〇年、=同「政治の責任と教育の責任」『日高六郎教育論集』二九七頁。

(79) 日高六郎「教育における創造の問題」『教育評論』一九六七年四月号、『日高六郎教育論集』一四八頁。

提供することこそ、社会科学者である自己の使命と考えていた。

つまり日高は、独自の教育理論を構築したのではない。そうではなく、マルクス主義を万能視する者も少なくない当時の教育界において、マルクス主義理論からあらゆる実践がたちどころに演繹されるわけではないこと、「科学」は現実社会のさまざまの問題を丸ごと解決はしないことを示し、しかしそれでも社会科学の認識に立脚して現実を捉え、正解のない日々の問題に取りくむ教師の創造性を触発しようと努めたのであった。そしてそのためには、最新の学術成果を幅広く理解していなければならず、また幅広い分野の書き手の協力を得られなければならない。そうした意味で、日高はすぐれたオルガナイザーでもあった。このことは同時に、高度経済成長が本格化するまでの流動期においては、教育という問題をめぐって、社会科学者間の分野横断と協働が一定程度成立していたことをも意味している。

おわりに

今日、戦後日本において教育をめぐって焦点化した保革対立に歴史的評価を与えるに際しては、諸主体の言説を政治的な位相で捉えるのみならず、彼らが教育の具体的内容をどのように構想し、どのように実践(しようと)していたのかも射程に入れなければ、表層的な議論にとどまらざるを得ないように思われる。近年の教育史研究の一部は、一九五〇年代半ば以降の保革対立について、「なぜここまで対立が先鋭化したのか」[80]を問う必要性を提起しているが、その問いからこぼれ落ちるものもまた多い。保革対立が戦後教育を枠づけてきたことは確かだが、しかし単に政治的対立に還元することのできない豊穣な議論もそこでは同時に展開されていたのであり、それらの多くは今日、全く埋もれてしまっている。

また他方では、保革対立という社会的文脈を捨象して、教育実践の内容のみが抽出される向きもあるが、両者を統一的・有機的に捉える視点こそ必要であろう。

　駒込武は一九五〇年代の教育史について、次のように述べている。「植民地支配と侵略戦争にか〔か〕わる責任を棚上げしたところで語られる「道徳」とはなにか。その独善性を相対化する論が誰により、どこで、どのように語られていたかを検証する作業の中で、知識人の論それ自体を「相対化」する作業が必要」である。(81)本章は、こうした教育史上の課題に対する、ひとつの解答である。

　一九五五年以降、日高とともに政府・文部省の教科書パージに対峙した長洲一二は、日高について、「ちょっと見は女性的とも言える彼が、その時々の大問題に、憑かれたようにぶつかっていくすさまじい気迫の正体」が容易にはわからないとしながら、次のように述べている。

> 彼を「円満な統一論者」とか「体系的でない」とか評する人がいるという。読みが浅いか、思想の手持品主義にアグラをかいている怠け者であるかの証拠だろう。そんな人には「思想の純血性よりは混血性」に期待する彼の姿は見えない。「異質なものとの衝突」にどん欲に立ち向っていく、冒険家日高が見えない。(82)

（80）米田俊彦「戦後日本教育史」教育史学会・教育史学会60周年記念出版編集委員会編『教育史研究の最前線Ⅱ――創立60周年記念』六花出版、二〇一八年、八三頁。
（81）駒込武「日本におけるナショナリズムと教育」前掲教育史学会・教育史学会60周年記念出版編集委員会編『教育史研究の最前線Ⅱ』二七六頁。
（82）長洲一二「人物スケッチ　日高六郎　どん慾な冒険家〝手持品主義〟にアグラをかかぬ」『日本読書新聞』

異質なものと衝突するのは、一般的に、しんどいことである。一見「体系的」な学術成果をものさず、次々と生起する社会的課題に正面から向き合った「冒険家」をいかに評価するか、そこで問われるのは、長洲が示唆する通り、読み手の側でもある。

一九六一年一月一日、一面。

第4章　教育運動への関わりとその思想

はじめに

第3章で検討したとおり、一九四八年の教科書執筆を皮切りに学校教育の領域に足を踏み入れた日高は、一九五〇年代半ば以降、保守政権による教科書パージの標的とされて執筆辞退声明を公表し、問題の理解を広げる活動を行うとともに、社会科教育や道徳教育に関する理論の提供に尽力した。そうした取り組みと並行して、日高は一九五五年一月に開催された第四次日教組教育研究全国集会（以下、教研集会と表記）において講師を務め、以後一九七〇年まで、毎年講師を継続した。[1]この経験は、教科書執

（1）日教組教育研究全国集会は毎年いちど、全国の教師が各学校で行った教育実践を「積み上げ方式」で持ちより、四日間にわたり各分科会で発表・討論する取り組みである（一九六〇年より日本高等学校教職員組合と合同開催）。本書が対象とする時期には、多い年には一万人を超える教師や父母が参加し、主に大学教員が講師を務めた。講師団を構成する知識人の役割についてはさしあたり、太田拓紀「戦後初期教育運動における教育知識人の変容過程――1950年代前半における日教組教育研究集会の中央講師団に着目して」『滋

筆に次いで、彼が現実社会の諸問題にコミットする「行動する知識人」へと脱皮していく大きな契機となった。教育運動に伴走すると同時に、一九五〇～六〇年代の日高は雑誌『思想』、『教育評論』（日教組の機関誌）等への寄稿や座談・講演等において、教育について積極的に発言した。もとより社会科教育と教育運動へのコミットは不可分のものとして展開されたが、本章は後者に焦点をあて、併せて他の知識人が日高の議論をどう受け止めたかについても言及したい。まず、日高の教育をめぐる発言の開始と生活綴方運動への評価を述べ（第1節）、次に一九五五年以降の教研集会への参加をあとづけ（第2節）、保革対立の激化のなかでしだいに教研活動に対して踏み込んだ批判を展開していく一九五〇年代末の議論を検討し（第3節）、最後に、教研活動が形骸化していく一九六〇年代の様相と、そのなかで展開された日高の教育論・教育運動論を抽出する（第4節）。

序章でも述べたとおり、日高は日教組に継続的に関与した教育学プロパーでない知識人の代表的人物であった。のみならず、全国の膨大な教育実践や教育運動に関する文献に目を通し、その思想的・歴史的意義を論じる役割をも果たしてきた(2)。そうした「日高教育論」の影響力について、教育学者の持田栄一（一九二五－一九七八）は一九七一年、「戦後の民主・国民教育論の有力な考え方の一つであり、幅ひろい支持のあるもの」であることを述べている(3)。日高が日教組の教育研究活動（以下、教研活動と表記）の意味をどのようなものと考えていたかは、次の言及によく表れている。

ひとりびとりの子どもたちに重くのしかかっている、それぞれの出身階層や貧富の差や家庭・地域環境などの問題がある。被差別部落や在日朝鮮人の子どもたちの苦しみもある。基地の子たち、とくに沖縄の子どもたちの問題もある。それらの問題を、ほんとうに生きた子どもたちの姿を通して、語り

あう場所が教研活動であり、教研集会なのだ。(4)

本書がこれまで述べてきたとおり、一九五〇年代の保守政権は学校教育を「戦後改革の行き過ぎ是正」の標的に定め、日教組をはじめとする革新勢力はこれに激しく反発して、保革対立は教育をめぐって焦点化した。やがて一九六〇年代に入ると教育政策は経済政策へと従属させられていき、能力主義による競争的支配秩序が構築されていく。木村元の研究によれば、高度経済成長期には「学校による人間形成の方式が人びとに本格的に受け入れられた社会」が到来するが、そこには「過渡的でさまざまな葛

賀大学教育学部紀要　教育科学』六七、二〇一七年、および同「戦後初期日教組教育運動における知識人の指導的役割——1950年代後半の教研における教科研究志向と講師団」『滋賀大学教育学部紀要　教育科学』六八、二〇一八年、を参照。また講師の日常の取り組みや教師らとの交流を描いた作品としては、丸岡秀子『ある戦後精神』一ツ橋書房、一九六九年、が示唆に富む。

(2) たとえば、日本教職員組合編『歴史と教育の創造——日教組教育研究集会記念講演集』(一ツ橋書房、一九七二年)の巻頭で、二〇年間にわたって続けられた教研集会の記念講演について網羅的に論じた「解説　戦後思想史における教研と記念講演」の執筆を、社会学者である日高が担っていることは、教育学者が果たしてきたプレゼンスや役割を考える上で象徴的である。

(3) 持田栄一「自主性と創造性を強調——『日高六郎教育論集』」『朝日ジャーナル』一九七一年三月二六日号、八五頁。持田はその「日高教育論」を、総じて「教育の自律性論、教育と政治の機能的区別論、教師＝知識人論」に代表されるとして、それは持田自身を含む「教育運動関係者の間でも、一部には異論のあるところ」であると述べている。しかし日高の議論がそのような分類に収まりきるものでないことは、本書が以下に明らかにするとおりである。

(4) 日高六郎「解説　戦後思想史における教研と記念講演」前掲日教組編『歴史と教育の創造』一五頁。

藤を含んだ動向が存在したと考えられる」[5]。この巨大な社会変動と熾烈な政治的対立のなかで、知識人が学校教育をめぐって何を考え何を発言したかは、教育学に限定されない戦後史・戦後思想史上のひとつの問題である。とくに一九五〇年代には多くの知識人が教育について積極的に発言し、また日教組の教育運動に参加したが、そのことは教育史研究のなかで十分に論じられておらず、多くの知識人研究においても部分的に言及されるにとどまっている[6]。

戦後教育改革とその後の政治的反動のなかで、全国の教師たちは、戸惑いつつもさまざまな試行錯誤を行っていた。教師とは、当時とくに農村部においては数少ない知識階級に属する職業であり、なおかつ戦時下の教育勅語体制のもとでは、国策の上意下達のエージェントとして、草の根で総力戦を担った社会集団でもあった[7](「「下からの」旧意識」の吸い上げをはかる「「上からの」旧意識」の担い手、「臣民的性格」の持ち主)。したがって、民主主義の血肉化が希求されたポスト占領期から高度経済成長へと向かう変動期にかけて、教師が日高の啓蒙の対象となったことには、それなりの必然性があったように考えられる。教科書執筆についても教研集会への参加についても、その直接の契機は外部からもたらされたものであり、また一九七三年になって日高はそれまでの歩みについて、「教育の問題だけに集中できずに、いろんなことにかかわって、それだけに非常に浅いところでごちゃごちゃやってきた感じがする」と振り返っているが[8]、しかし戦後知識人としては例外的といってよいほど並々ならぬエネルギーを教育に注いだ日高を突き動かしたものは何であったのか、以下に描いていきたい。

1　教育への関心の高まり――一九五〇年代初頭

(1) 教育をめぐる発言の開始

敗戦後の社会的混乱のなかで、青少年の「道義の頽廃」が問題視され[9]、占領末期には「修身」の復活や「道徳」の新設が議論されはじめるが、そこで日高が問うたのは、次のことであった。

戦後の子どもたちの、あるいは無軌道と思われるような行動のなかにさえ、新しい未来へつながる豊

(5) 木村元「戦後教育と地域社会――学校と地域の関係構造の転換に注目して」安田常雄編『シリーズ戦後日本社会の歴史2　社会を消費する人びと――大衆消費社会の編成と変容』岩波書店、二〇一三年、九七―九八頁。

(6) 上原専禄は、そのわずかな例外であろう。上原の教育観を論じた研究としてはさしあたり、村井淳志「上原専禄の教育観と国民観」『教育科学研究』五、一九八六年、を参照。またその歴史的文脈に関しては、富山仁貴「戦後日本における上原専禄の教育論(2)――国民教育論と地域論の展開」『日本近代學研究』五九、二〇一八年、を参照。

(7) たとえば、寺崎昌男「歴史がもとめ歴史に参加した教師たち」辻本雅史監修・船寄俊雄編著『論集現代日本の教育史2　教員養成・教師論』日本図書センター、二〇一四年、初出一九九三年、を参照。

(8) 遠山啓・日高六郎「教育における全体性の回復」『望星』一九七三年五・六月合併号、日高六郎『人間の復権と解放』一ツ橋書房、一九七三年、三一一六頁。

(9) 当時の子どもが受けた社会的処遇についてはさしあたり、大串潤児「戦後子ども論」安田常雄編『シリーズ戦後日本社会の歴史4　社会の境界を生きる人びと――戦後日本の縁』岩波書店、二〇一三年、を参照。

かな芽はふくまれていないのか。〔…〕戦後未熟なわれわれが獲得したこの自由は、それがどんなにチャチで、どんなに無軌道で、どんなに滑稽なおしきせであったとしても、恐らくわれわれを再び破滅させるような「ふみなれた道」〔修身〕よりもずっと貴重であるように思われる。(10)

いまだ実現されていない戦後の新たな道徳の萌芽を、現実社会のなかに探しあてようとするこうした日高のスタンスは、教育について発言を開始した当初から一貫したものであった。

朝鮮戦争勃発の翌一九五一年、日教組はスローガン「教え子を再び戦場に送るな」を採択し、一九五二年には「教師の倫理綱領」を作成して、日米の国家権力に対抗する旗幟《きし》を鮮明にしていく。(11)第3章で論じたとおり、この時期の日高は検定制に移行した教科書の執筆を手がけ、また学習指導要領の改訂にも携わるが、未だ日教組には関わっていない。ただし、一九五二年に出版された『岩波講座　教育』に、論考「新しい人間像――その現実的地盤」を寄せている。この執筆依頼を受けた際には、「正直のところ、とまどった」と後に振り返っているが、(12)この論考で日高は、子どもたちの生活綴方や勤労青年の手記を多数引用しながら、次のように論じている。戦後の「なめらかな外国語でつづりあわされた新教育が、日本の、このみじめな、どろくさい社会と、十分にかみあっていない」。経済的貧困、「精神的圧迫の雰囲気と道徳的な混乱」、それに戦争の危機の三つが、現在すべての教師と子どもたちの上に重くのしかかっているが、それらに対して日本国憲法や教育基本法で語られる理想は、「あまりに明るすぎ、あまりに見事であり、あまりに安楽椅子的でありすぎる」。わが国は、「異質的な、矛盾した道徳の原理がおそろしく複雑に錯綜している社会」であり、われわれの大部分がそれらに背かないよう懸命の努力をはらっているなかで、新設された社会科教育は、「社会生活に十分適応できるような能力」を強調している。「落後するものは馬鹿で、適応する者は正しい、ということは、適応を要求する社会が正しいということが前提されてのはなしであろうか」。このように問いながら日高は、子ども・青年たち自身の社会認識や批判精神を彼らの手記から抽出し、「もし「新しい人間像」を求めようとするならば、それは現在すでに育ちつつあるもののなかに求めるほかはない」と述べる。戦後の民主主義教育には、教育基本法にうたわれるような「「美辞麗句」と「暗い現実」とを結びつけることを、だれが、どのように実践するか」という視点が欠けており、「この暗い現実からの解放――教師の、子どもたちの、日本人全体の――という努力の過程のなかで、はじめて人格は完成し、個人の価値は守られ、自主的精神は養われる」と主張する。(13)

「「美辞麗句」と「暗い現実」とを結びつけることを、だれが、どのように実践するか」を、この後の日高は、自らの課題として引き受けていくことになる。また日高の適応主義批判は、戦後の学術研究に

(10) 日高六郎「道徳教育論議について　悪たれ小僧の説」『日本読書新聞』一九五一年一月三一日、一面。

(11) 広田照幸・冨士原雅弘・香川七海「「教師の倫理綱領」の作成過程」広田照幸編『歴史としての日教組　上』名古屋大学出版会、二〇二〇年、を参照。当該期における日教組の政治的姿勢に関しては、日本教職員組合編『日教組20年史』労働旬報社、一九六七年、二九二－二九九頁を参照（なお日高は『日教組20年史』の「編纂協力者」に名を連ねている）。

(12) 日高六郎「あとがき」『日高六郎教育論集』一ツ橋書房、一九七〇年、四二一頁。

(13) 日高六郎「新しい人間像――その現実的地盤」『岩波講座　教育Ⅲ』岩波書店、一九五二年、『日高六郎教育論集』一三－四〇頁。ただし日高は前提として教育基本法を重視する立場であり、「教育基本法の最も良き内在批判者」であったと山内亮史は論じている（山内亮史「「戦後思想」と「戦後教育」の普遍性――「日高六郎教育論集」の意味するもの」その2、『旭川大学紀要』六、一九七八年、八四頁）。

大量に流入したアメリカ行動主義への批判を伴うものであり、第2章で論じたとおり、「心理学主義」の問題性に留意しつつイデオロギーをパーソナリティの視角から捉えようとする一九五〇年代の日高による社会心理学は、「精神的圧迫の雰囲気」の内実を詳細に腑分けして認識することで、変革の手がかりを摑もうと志すものであった。

また第3章で述べたとおり、日高はこの時期、「新教育」のアメリカからの直輸入的性格を批判して、アメリカの問題単元学習は現状維持のための問題解決であるのに対し、日本では「現状変革のための問題単元になって行かなくてはならない」と述べて、子どもが生活のなかで社会認識を深めていくことと、それを社会変革へと結びつける教師の主導性とを、ともに重視する見解を示している(14)。

同じ時期、竹内好もまた学校教育を社会変革のための重要な課題と捉え、知識人がそれに十分に向き合えていないことについて、次のように自問している。これと同様の問題意識を、ある程度日高も共有していたように思われる。

私たちは幸か不幸か、のっぴきならない解決を迫られていない。いや、迫られていないわけではないが、教員ほど実践の場に密着していないために、実感にこたえる割合が少い。〔…〕このような私たちの問題回避の態度が、困難をすべて、あなたがた教員の教育実践の上にシワよせすることを助けているのではないか、と私は考えるのです。〔…〕一切の願望と矛盾の結節点であり、解決の実験場であるのが、教育の現場ではないでしょうか。〔…〕すべての学問と芸術とが、この場所から問題を引き出し再びその場所で自分をためさなければならない(15)。

(2) 生活綴方への評価

一九五一年に国分一太郎(一九一一‐一九八五)の『新しい綴方教室』[16]が刊行されて話題を呼ぶと、日高は、次のような書評を寄せた。これは「「生活から」「生活による」「生活のため」の綴方」であり、「私は深く深く感動した」。「この本ができるだけたくさんの人々に、なかでも小中学校の先生方にはひとり残らず、熟読していただきたいと心から願わずにはおれない」[17]。さらに、同時期に刊行された無着成恭(一九二七‐二〇二三)の『山びこ学校』[18]は大ベストセラーとなり、以後各地で生活綴方運動がひろく展開されていくことになるが、一九五四年の日高はそれらの仕事について、「私たちの驚きは、〔綴方に〕自分らの仕事の足場をとられた、というような驚き」であったと率直な感慨を述べている。そして、知識人は庶民の「封建的意識」の中にある「転化の契機を理解すべき」であり、「その点を生活綴方は教えてくれる」とも述べている[19]。

日高は生活綴方を、「コトバと事実とのつながりをしっかりとつけようとする一つの運動」として捉

(14) 日高六郎・遠山茂樹・大田尭「社会科学者の社会科批判」『教育』一九五二年一月号、四五頁。
(15) 竹内好「平和と教師の役割」『教育』一九五二年七月号、『竹内好全集 第六巻』筑摩書房、一九八〇年、五一‐五三頁。
(16) 国分一太郎『新しい綴方教室』日本評論社、一九五一年。
(17) 日高六郎「綴方・このよいもの 国分一太郎氏の「新しい綴方教室」を読む」『日本読書新聞』一九五一年四月一一日、五面。
(18) 無着成恭『山びこ学校――山形県山元村中学校生徒の生活記録』青銅社、一九五一年。
(19) 上原専禄・国分一太郎・日高六郎ほか「生活綴方運動の問題点」『思想の科学』一九五四年八月号、三三一‐三三四頁。

えた。「学者の使う学者コトバ」も、「一種の借りもののコトバではなかったか。その借りもののコトバと日本の現実とのあいだに、どの程度に血の通った生きた対応関係」があったのか、といった知識人自身の反省もまた、綴方に刺激されて生じてきたものだとする。[20] そして国分と無着の「二つの仕事は、生まれなければならない必然的なときに生まれたものだった。個人のすぐれた才能と、歴史が求めていた必然性とが、このようにしっくりと結びついた例として、戦後の教育史のなかで、これ以上のものはない」と両者を高く評価し、彼らの仕事は、戦後「新教育」の「根本的な矛盾」――「内容的には民主主義、形式的には絶対主義」が拭い去れなかったこと、民主主義教育がアメリカ的教育と等置されたこと――に、「もっとも有効適切な衝撃をあたえた」とする。綴方の「「概念くだき」という卓抜な発想」は、「従来の、本質的に官僚的、おしつけ的、解説的、演繹的、一方交通的な教育方法を打ちくだいた」。[21]

こうした日高の評価の背景には、これまで論じてきたとおり、「民主主義」「基本的人権」等の概念がタテマエ化されていく一九五〇年代の政治・社会状況があった。[22] 日高は生活綴方が、社会構造にはたらきかける主体と新たな共同性を形成していく潜在的可能性に、強い期待をかけた。同時に、日高自身が膨大な綴方作品群に目を通すことで、庶民の「封建的意識」の「転化の契機」に関する、幾多の示唆を得た。

ただし日高は、生活綴方を手放しで称賛したわけではない。[23] たとえば農村教師にとっては、農村的な生活環境が「やりきれない重苦しい環境」になっていることにも注意を促し、「『山びこ学校』のあの生々しい具体性」は、「二十四時間、いつでも教師として身がまえざるをえないような環境におかれて」いる「農村の教師の支払った重荷の代償」であるとも言及して、無着らのすぐれた実践を生んだ苛酷な現実にも留意している。[24]

(20)日高六郎「生活綴方とコトバ」岡部政裕編『講座日本語　第五巻　ことばと文学』大月書店、一九五六年、一三九－一四三頁。
(21)日高六郎「生活記録運動——その二、三の問題点」日本作文の会編『講座・生活綴方　第5巻　生活綴方と現代教育・文化』百合出版、一九六三年、二八五－二八七頁。
(22)ただし日高は、京都市の一中学校が保守派と革新派によって二分された旭丘中学事件(一九五三～五四年)に関しては、懲戒免職とされた担任のクラスの学級新聞「入道雲」の書評のなかで、生徒たちの相互批判が活発であることに「感動しないわけにはいかなかった」としつつ、次のようにも書いている。「先生のほうが二三歩さきに進みすぎて、生徒のほうが、ちょっと息切れしているような感じのところがある。たとえば寺島先生の「われらの内灘」という詩。「内灘を売ったのはだれだ」「ポリ公、お前らだれのため働いてるんけ」というような言葉は、組合の壁新聞むきで、中学生むきではないのではないか。もし中学生がそのような言葉を歓迎するとしても、その歓迎の心理に、ちょっと問題があるのではないか。〔…〕批判的ということは、決して吉田内閣打倒とか、政治が悪いとかということとは、全く同じではないという、そこのところにいくらか問題が残っているような気がしたのである。〔…〕「骨抜きにしようという力」という発想法を、大人のがわからあたえることは、やや時期尚早という気もする。教育はもっと忍耐強く、生徒たちの自発的な発想の成長を待つべきものではないだろうか」(日高六郎「書評　入道雲〈旭丘教育の一年〉」『教育』四二、一九五五年一月、八四－八五頁)。
(23)中谷いずみは、生活綴方は「「受動的」で「無力」な「私」という表象」を生み出し、同時に「その無力さを補う誰か」＝「「綴方」を称揚した論壇の担い手たち」の役割を要請したと論じている(中谷いずみ『その「民衆」とは誰なのか——ジェンダー・階級・アイデンティティ』青弓社、二〇一三年、第5章)。「論壇の担い手たち」による綴方「称揚」の基盤には「自律的に語る主体への素朴な信頼」があったとみなす中谷の理解は表層的だが、それは実態を問題にせず言説のみを俎上にのせる方法と、「論壇の担い手たち」の思想そのものへの無関心に起因しているように考えられる。
(24)日高六郎「都市のこころ」国分一太郎・丸岡秀子編『教師生活　増補版』新評論、一九五八年(初出一九五五年)、二一九頁。日高はまた、生活綴方運動の「ウェットな側面」にも着目して、「生活綴方を嫌う人の

2　教研活動への参加開始――一九五〇年代半ば

（1）教研集会の衝撃

一九七〇年に日高は、それまでに公表してきた教育論・教育運動論のうち主要なものをまとめて、『日高六郎教育論集』として刊行した。そのあとがきには、日教組の教研活動にコミットした動機とその経験が自身にもたらした意味について、次のように書かれている。

こうした私の選択は、私にとってかならずしも全面的にプラスだけであったとは思わない。私の時間とエネルギーを、もっと別の仕事に向けるべきだと忠告されたこともある。しかし、私が教研活動のなかで考えたこと、学んだことが大きかったことは否定できない。〔…〕思いがけないほどに早く戦後の反動ははじまり、戦中派の私は、それをそのままに見すごすことはできないと真剣に考えた。私の教育研究活動への参加のいちばん決定的な動機は、単純ではあるけれども、その点にあったと思う。〔…〕私としては、教育研究活動への参加は、ほとんど日本の思想史の幾コマかに参加するのと同じ意味をもった。(25)

日高にとって、「ほとんど日本の思想史の幾コマかに参加するのと同じ意味をもった」教研活動への参加とは、具体的にどのようなものであり、その「意味」とは何であったのか。以下、時系列に沿って見ていきたい。

一九五四年の春、日教組委員長・小林武が日高に教研集会講師への就任を依頼し、日高は一九五五年一月開催の第四次教研集会より、毎年講師を務めることとなる。その年の秋以降、日高が手がけたものを含む多数の社会科教科書が教科書パージの標的とされることは、第3章で詳しく検討したとおりである。一連の「偏向」排撃キャンペーンのなかで、日高は問題提起と議論の拡大に努め、母親運動とも結びつきながら、教育の国家統制に抵抗した。

はじめて参加した第四次教研集会（於長野）[26]の四日間に、日高は強い衝撃を受けた。後日、次のように書いている。

なかには、生活綴方運動の、肌と肌をすりあわせるような、べったりした感じはやりきれないという意見」があることも述べている（日高六郎「サークル的姿勢をささえるものは何か」『作文と教育』一九五九年九月、『日高六郎教育論集』三二九頁）。そして生活綴方を実践する上では、「書かれた作品それ自体よりも、それが書かれていく過程、およびそれについて話しあわれる過程」こそが重要であるとして、書かれた事実そのものの問題性を考えあうこと、「概念くずし」にとどまらず「概念まとめ」へと再び向かうことが必要だと主張している（前掲日高「生活綴方とコトバ」一四〇－一四二頁）。さらに、鶴見俊輔が生活綴方運動を「日本のプラグマティズム」と捉えようとした（久野収・鶴見俊輔『現代日本の思想』岩波新書、一九五六年、Ⅲ章）のは、「鶴見俊輔のすぐれた、しかし必ずしも全面的には正しいとは思われない意見だった」とも述べている（前掲日高「生活記録運動――その二、三の問題点」二八九頁）。

なお生活記録運動を含むサークル運動に対しても日高は、そのなかに「情緒性過剰」や「ベッタリ密着主義の傾向が強かったということは否定できない」ものの、「しかし当時のサークル運動をかえりみて、それ以外にどのような出発の方法があったのだろうか」と一九五九年に語っている（日高六郎「大衆論の周辺――知識人と大衆の対立について」『民話』一九五九年三・四月号、同『現代イデオロギー』五一八－五一九頁）。

（25）前掲日高「あとがき」『日高六郎教育論集』四二二－四二三頁。

現場の先生たちは、学校のなか、家庭のなか、村のなかで起こるあらゆる困った問題の責任を、単純に日本資本主義やＭＳＡや文部省や封建性や貧困になすりつけて、自分だけは潔白であるような顔をすることが、どんなにまちがったことであるかを、はっきりと議論してくれた〔…〕現場と、それをつつむ、より広い環境や歴史的な流れとの、いわば弁証法的な関係を、ほとんど直感的に見ぬいているように感じとれた。[27]

このような感激を多くの教研集会初参加者が抱くことは、当時随所で指摘されることであった。[28] ただし日高の反応は、そうした手放しの感動というだけではなく、たとえば教師たちが誤ったフロイト理解にもとづいて議論を行っている場面に遭遇し、そのことに責任の一端を感じる点に特色があった。

大学で行われている「研究」が、ばあいによっては有害なことさえあるということを知って、私はじっさいガク然としてしまった〔…〕グループ・ダイナミックスやフロイド《ママ》理論を小中学校の先生たちに売りこんだのはだれだったのだろうか。その責任の一半はわれわれ大学の教師たちにあると考えないわけにいかない。意地悪く想像すると、現場の先生たちが大学の教師たちに助言を求めてきたとき、大学の教師たちが舶来の新学説で学のあるところを示そうとした場面さえ考えられてくる。〔…〕それ〔社会調査やグループ・ダイナミックス〕がほんとうに生産的であるためには、大学の教師自身が現場でそれを実際に役立てた経験をもたなければならない。じっさいのところそのような経験を持つものは数えるほどしかいない。[29]

(26) 一九五一年に開催された初の教研大会（日教組第一回全国教育研究大会、一九五一年一一月、於日光）は、「活動家層が多く参加していたため、分科会の討論は「組合大会」の様相を少なからずおびて」おり、第二回教研大会（一九五三年一月）においても、「政治主義的傾向がつよく、一部から「子どものいない教育研究」という批判もだされた」（前掲日教組編『日教組20年史』二六七－二七二頁）。しかし一九五五年の第四次教研集会では、はじめて「父母大衆」や青年代表が参加し、積極的に発言したという（日本教職員組合編『日教組十年史』日本教職員組合、一九五八年、三〇五・七一七頁）。

(27) 日高六郎「長野教研集会に参加して」『新しい教室』一九五五年五月号、＝同「清水を集めて水脈へ――第四次長野集会に参加して」『日高六郎教育論集』四四－四五頁。

(28) たとえば『世界』誌上には、初参加者が共通して、「参会者の膨大な量」、「余り組合的でない沢山の教師が広く日教組の行事に参加していること」、「教師が地域の父母と結び、父母の願望の線に沿って息苦しい現場で賢明に活動していること」などを知って「深く心を動かされる」ことが述べられており（「日本の潮4 第五次教研集会批判」『世界』一九五六年四月号、一九九頁）、その感動は当時、「教研病」などと称された。

(29) 日高六郎「地道な現場の報告――反省すべき「客観主義的」調査」『東京大学学生新聞』一九五五年二月七日、二面。第四次教研で日高は、分科会「特別教育活動、校外活動を通じての情操教育はどのようにすすめるか」の講師を務めた。当時の日高は教育現場におけるフロイト理論の利用について、「情操教育というと、とかく自発性を尊重するというタテマエで、指導性をぬきにした自由放任主義が正しいものと誤解されやす」く、それらはしばしば「フロイド《ママ》的な「抑圧からの解放」主義を理論的うらづけに利用しようとする」ことを問題視している（日高六郎「はっきりとしたねらいと実践」『教育評論』四（七）、一九五五年九月、六五－六六頁）。
なお、戦後初期の日本に導入された「民主的な方法で社会を改善又は変更しようとする技術」（四二頁）、「民主的な社会科学」（1頁）としてのグループ・ダイナミックスとその学校教育への応用に関する入門書としては、日本グループ・ダイナミックス学会編『グループ・ダイナミックスの研究――民主教育と集団力学 第一集』理想社、一九五一年、を参照。

こうした責任意識が、後の日高による、社会科教育や道徳教育に関する理論の提供という仕事（第3章）につながっていくことになる。

加えて、日高の感動には、国分一太郎の存在も大きく作用していたと思われる。後年、日高は次のように述懐している。「講師団のあつまりで、私は、だれの発言よりも国分さんの発言に耳を傾けた。具体的な問題をあげ、具体的な解決の方法を提供する国分さんの話は、私には圧倒的な迫力があった。〔…〕たいへんな人がいる、と私は感服した」[30]。また第四次教研集会は、「強烈な刺激だった。私は、こちらから提供できるものはほとんどなく、ただ学ぶことだけが多いような気がした。夜の宿舎では、勝田〔守一〕氏や国分氏のまわりをかこみ、コタツの周辺に十数人がすしづめになって、甲論乙駁していた。自前ではらう酒も持ちこまれて、酒豪たちの気炎はますます高かった」[31]。全国各地の、地域固有の生《なま》の問題が持ち込まれる教研集会の熱気と、国分や勝田などすぐれた教育プロパーから受けた衝撃が、やや後に保守政権による露骨なパージの標的とされた衝撃と相まって、日高をさらに能動的に教育の問題へと向かわせた。

一方ではこの時期、知識人が大衆をむしろ「学ぶべき対象」と考える「大衆路線方式」が全国的に滲透しつつあったことを、後の一九五九年になって、日高は振り返っている。そのなかで、第四次教研集会にもその問題性が現れていたことを、次のように述べている。

講師は発言をひかえて、現場の声に耳を傾けるようになり、現場の教師は生活綴方をさかんに読んで、子どもたちの声に新しい日本の可能性があると呼びかけた。また母親は特別待遇で、母親が発言すると、みなしんとして聞いた。つまり講師よりは現場の教師、現場の教師よりは母親と子どもが権威あるものとなったのです。指導すべき位置にあるものが指導性を手ばなすことが大衆路線方式の謙虚さと見まちがえるような空気があったと思う。(32)

「大衆路線方式」のなかで、指導すべき位置にある者が指導性を手放すことを「謙虚さ」とみなす履き違えを、日高は各所で繰り返し、誤りであると指摘している。

翌一九五六年一月の第五次教研集会（於松山）に参加した後には、日高は次のように書いている。「いわゆる「社会学」の勉強などがあまり役に立たないということが、ますます歴然としてきたようで、ひどくしょげている」。教研活動には「一般化し、理論化していく力が弱いといわれるけれども、その弱さはじつは日本の学問全体にみられる弱さではないか(33)」。当時教研では、経験や実践を「理論化」する

(30) 日高六郎「この巻を読んで」『国分一太郎文集2　政治と教育のあいだ』新評論、一九八三年、二九六頁。

(31) 前掲日高「あとがき」『日高六郎教育論集』四二二頁。

(32) 前掲日高「大衆論の周辺」同『現代イデオロギー』五〇二－五〇三頁。

(33) 日高六郎「教研大会の問題点」『思想の科学会報』一三、一九五六年三月、八頁。この年の日高は、分科会「教育と文化を進めるために教師は父母や青年と提携してどのような実践活動をしてきたか」の講師を務め、討論の内容の取りまとめを、日本教職員組合編『日本の教育　第五集』（国土社、一九五六年）に執筆した。翌一九五七年は分科会「職場の問題」の講師を務め、五十嵐顕と共同で同編『日本の教育　第六集』（国土社、一九五七年）に、さらに翌一九五八年は分科会「社会科教育」の講師を務め、遠山茂樹・今井誉次郎と共同で同編『日本の教育　第七集』（国土社、一九五八年）に、それぞれ取りまとめを執筆した。一九五九年は分科会「職場・教師の生活」の講師を、翌一九六〇年は分科会「父母との提携」の講師を務めた（以後『日本の教育』への執筆は行っていない）。

必要性が講師陣によって繰り返し主張されたが、日高はそれを、社会学者である自身が引き受けるべき課題として、かつ「日本の学問全体」の問題として捉えた。

この第五次教研には加藤周一（一九一九-二〇〇八）がルポライターとして参加し、帰りの船上をともにした日高と加藤は、教研について、長いあいだ話しあったという。加藤はそこで、「教育の問題、あるいは文化の問題は、政治的カテゴリーとしての〈民主主義〉の概念と結びつく面と、それを越えている面とがあることを主張した。たとえば、民主主義的算数とか、進歩的絵画といった発想を、かれは問題にした」[34]。後に加藤は、参加記「松山の印象——民主教育の問題」を執筆して、次のように論じた。第五次教研は、「自主的な人間の養成と教育の機会均等」が教育のすべての問題を蔽う原理であるかのように考える傾きがあったが、しかし民主主義は人間活動の全部を規定する原理ではなく、民主主義が規定しない部分の人間活動は、「常識、習慣、倫理、美学、その他の総じて歴史的な文化といわれるものからひき出される他はない」ものである。「昔の修身科が民主主義と対立するものであったということは、直ちに修身科がたとえば社会科による民主主義的訓練によって置き換えられるということではない。修身科をほんとうに置き換えることができるものは、民主主義的な枠のなかにあって内側からそれに応じるもの、今の日本の社会には全くの混乱としてしかないもの」である。「本来教育研究集会の手に余る問題までもちださざるをえないような事情が今の日本にはある」ものの、「困難はそこにあり実に大きなものである。その困難をあたかも困難でないかのようにみなすことは危険であり、民主主義の概念をやたらに拡張して万能薬とみなすことも危険である」[35]。

日高は、加藤がこのように民主主義を形式的な枠として論じる議論に対し、「普通先生たちが考えている民主主義というのは、もう少し中味がある」[36]と留保を示しつつもその問題提起を積極的に引き受け、新たな道徳や、「近代的な人間関係のなかでの親孝行の問題」[37]を、革新派が正面から取り上げることの必要性を繰り返し主張した。

（2）教研活動への問題提起

一九五〇年代の後半にかけて、日高はしだいに教研活動や教師のあり方に対して、踏み込んだ問題提起を行うようになる。

一九五七年二月の第六次教研集会（於金沢）の後に日高は、日教組の教研活動と組合運動との関係性について考えるべきことを主張し、それは日教組内部の「官僚主義や動脈硬化をふせぐためにも必要」であると警鐘を鳴らした[38]。「平和と民主主義を守るような教育の内容でなければいけない」という「原則的な点では、組合員は全部一致して結びつき得る」としながらも、教研活動と組合運動の関係については、「いわゆる進歩的な側の学者にしても教育学者にしても、全部が国民に対して十分説得力のある論議を展開できていないのではないか」と問題提起している[39]。

（34）前掲日高「あとがき」『日高六郎教育論集』四二三‐四二四頁。
（35）加藤周一「松山の印象——民主教育の問題」『知性』一九五六年四月号、同『雑種文化——日本の小さな希望』講談社、一九七四年、一六五‐一八七頁。
（36）阿部知二・梅根悟・加藤周一・日高六郎「座談会　第六次教研全国集会にのぞむもの」『教育評論』一九五七年二月号、一三頁。
（37）安達生恒「プラグマティズムと「つもりちがい」」『思想の科学会報』一三、一九五六年三月（「特集　松山の教研大会に出席して」）。この特集のなかの、鶴見和子「松山サークル座談会　親孝行の問題」も参照）。
（38）日高六郎「第六次教育研究全国集会を終えて」『教育評論』一九五七年三月号、一頁。

こうした発信の背景にあったのは、左派組合員や同伴知識人たちの、階級闘争の論理に教研活動を従属させようとする政治主義だった。先にも述べたとおり、当時保守政権が盛んに喧伝していた「日教組＝共産党支配」というレッテルは実態とは大きく異なるものであったが、日教組は労働組合と職能団体のふたつの機能を実質的に併存させる任意団体であり、そのことがさまざまな矛盾を生んでいた。[40] 教研と組合の関係性についての日高の問題提起は問題提起にとどまらざるを得ないジレンマを孕んでおり、そのなかで階級闘争の論理によって戦闘的に体制側に対峙する労働組合としての日教組に加えられた保守政権の場当たり的な攻撃は、その粗雑さにもかかわらず、功を奏していく。

この第六次教研では竹内好がはじめて講師を務め、その後、参加記「信仰の告白」を執筆した。竹内は初参加の感動を隠さず、次のように述べる。

教研大会とは何と疲れるものであるか、ということと、それにもかかわらず、あるいは、それゆえにこそ、また行きたくなるほどの何と魅力あるものかということと——多くの人が感じるであろうこの二つの印象を、私もまた感じました。〔…〕あれだけ疲れ果てていながら、こりごりしたという気がしないのです。どんなに疲れてもいいから、また行きたい。講師をやめたら傍聴者として出席したい。どうやら私も教研マニヤになったらしい。〔…〕最後の全体会議の席上で、私は自分が変ったことを感じさせられた〔…〕発言する人拍手する人のひとりひとりが、きのうまでのように他人に見えなくなりました。私はうまれてはじめて、自分が大きな組織の一員であるという実感をもちました。[41]

一方で、安田武（一九二二－一九八六）も第六次教研に初参加し、後に「教研集会傍聴記」を記している。安田自身は教育関係者としてでなく、あくまで「非人情な傍聴者」として参加したに過ぎないことを前置きしたうえで、教研の問題点について、次のように指摘する。

前言者の提起した問題が、次の発言者に受けつがれ、受けとめられて、その問題に関して、新しい発言者の体験と智恵がつけ加えられる、というふうに討論のつみ上げが行われている場合が、きわめて少ない〔…〕子どもをたいせつにする、子どもたちの幸福を守る、という崇高な使命感が、おのれひとりのひとり合点になりかねない。概念的で、形式的なコトバが、その思考の内容を空疎なものにするに従って、末梢的な教育技術の問題と、大きな教育の理想とが、教師自身の意識の不思議なカラクリのなかで、無造作に結びつけられてしまう〔…〕教師の視野は、近視眼的にならざるをえず、しかも、その近視眼に気づかぬばかりか、〝誠実な〟教師としての〝誠実さ〟に、自己満足してしまう。そういう危険があるようだ。(42)

(39) 国分一太郎・日高六郎「教研活動と組合活動」『教育評論』一九五七年六月号、九八－一〇三頁。
(40) 徳久恭子「法的地位の変化とその影響」前掲広田編『歴史としての日教組　上』。この特性から、日教組は状況依存的にならざるを得ず、勤評問題などで労働組合の論理が職能行為である教研活動を引きずったことを、徳久は法的地位の側面から明らかにしている。
(41) 竹内好「信仰の告白」『教育評論』一九五七年三月号、『竹内好全集　第八巻』筑摩書房、一九八〇年、三五九－三六二頁。
(42) 安田武「教研集会傍聴記」『教育』一九五七年五月号、三九－四三頁。

安田がこう指摘するように、個々の教師による各々の発言が討論に発展しづらい教研集会の現状は、当時各所で問題視されていたことであった(43)。

この時期には、前年の一九五六年に愛媛県で生じた教員の勤務評定問題が全国化しており、その後一九五七年一二月に日教組は勤評反対「非常事態宣言」を出して、戦闘態勢に入る。一九五八～五九年にかけて勤評反対闘争は各地で激化し、保守政権によって切り崩されていくが、勤評問題をめぐる教育界内部の対立は日教組幹部人事をめぐる社共対立を含む派閥抗争とも連動し(44)、ジャーナリズムに盛んに取り沙汰された。日高はこの情勢のなかで、幹部レベルの対立そのものには一切言及しておらず、あくまで現場教師に向けた問題提起を継続している。

一九五八年一月の第七次教研集会（於別府）の後には、日高は次のように述べている。「ここ数年来の文部省の露骨な教育干渉に抗して、戦後の民主主義的・平和主義的教育を守るものは現場教師以外にはありえないという自覚」が「大半の教師にひろがりつつあり」、彼らの「自発性を全国的な大衆運動の形で組織しえたのが、日教組の教育研究集会」であった。しかしその半面、「感激と義務感だけでささえられる「道徳的」集会になり、内容そのものの弱点は目をつぶって見のがされやすくなる危険」も存在する。「平和とか国際理解の問題なども、子どもに「情緒的」に理解させる工夫は出ても、子どもなりに論理的・理性的に問題を理解させせようとする努力や工夫については、あまり語られなかった。〔…〕「感動」を求める教育は、じつにしばしば、うす手なセンチメンタリズム、演技過剰、マンネリズムなどにおちいる」。そして「情緒主義が理論化に対する拒否的態度と結びつくとき、危険はさらに大きくなる。それは理論における自信喪失のカクレミノとして利用されやすいからである」。このように日高は、「情緒主義」的な「実感派」の姿勢を問題視して経験を理論化する必要性を主張しつつも、しかし自身の立場は次のものであるとも言明する。「私は「実感派」、あるいは「実感崇拝派」の役割を人一倍尊重したい」。こうした立場の表明は、「経験や実感の理論化・一般化を声高く叫び、要求した理論家や学者が、はたして現場の実感派を〔…〕説得するにたるだけの、「理論化」や「一般化」の仕事を十分に引きうけることができたのであろうか」という批判と責任意識にもとづくものであった(45)。単に現場教師の至らない点を批判するだけで、それを補うための仕事を自身は決して引き受けようとしない

(43) たとえば、「経験と教養の相違を条件として行う話し合いの技術、思考の方法が、教師集団に欠けていることを率直に認めなければならない。善意の独断と押しつけがあるかと思えば、理解のない賛同がある」(「日本の潮3　教研集会も七歳になった」『世界』一九五八年四月号、一五五頁)。「自慢話を一席ぶって帰るという会員の方が多いのではないかと心配する」(「共同デスクからみた教研」『日教組教育新聞』一九五九年二月六日、一〇面)。

(44) 日教組における、社会党内部の「総評主流派」と共産党との統一行動を主張する「反主流派」の対立については、前掲日教組編『日教組20年史』三六一 - 三六二頁を参照。その後も激しい内部対立が続いたが、一九六一年に日教組は社会党支持への一本化を決定する(前掲日教組編『日教組四十年史』一二一頁)。

(45) 日高六郎「「教育研究活動」の現状と問題点」『思想』一九五八年三月号、＝同「具体的経験と理論的抽象——第七次別府集会に参加して」『日高六郎教育論集』四八 - 六〇頁。また日高はこの論考において、「理論」とは何をさすかという問題を掘り下げるなかで、教師を主に次の三つのグループに分類している。①「素朴に現場の経験以外に何も語るものをもたず、実践の「理論的」意味とか目標などは実際に考えたこともないというグループ」。②「ひととおりの「理論」には通じており、しかもその不毛性に腹を立てた人々」(「アカデミズム不信の気分が最も強い」)。③「かくれた理論派」。その「理論」は「マルクス主義であることが多」く、経験をマルクス主義の体系のなかに理論化・一般化することを拒否する立場に対しては、「「はいまわる経験主義」として批判する」人々(同五八 - 五九頁)。

「理論家や学者」に対する批判を日高は従来から抱き続けており、「実感派」の実感を納得させ得るような理論を「理論家や学者」が提出しなければならないという主張を、この時期の日高は、サークル・生活記録運動を論じるなかでも、たびたび繰り返している。

3　保革対立の激化のなかで——一九五〇年代末

（1）勤評闘争と教研活動

そもそも教師に対する勤務評定は、校長を職場における教師たちの管理者として、地方自治体の教育委員会（一九五六年に公選制が廃止され任命制に移行した）を通じて、中央＝文部省のコントロールを末端まで貫徹しようとする保守政権の企図によって構築された制度であった。それは日教組の社会的影響力が自民党の支持基盤を掘り崩すことに対する支配層の危惧に発するものであり、マクロには、自民党による地域支配構造の再編に伴う政策でもあった(46)。

勤評反対闘争が各地でしだいに抜き差しならない問題になっていく過程で、日高は現場教師に対して、闘争が世論の支持を得られない理由をきちんと考えるよう要請して、次のような批判を投げかけている。

日本の教師が、もし真剣に勤務評定について「全労働者とともに」団結して闘争をすすめていくほどの覚悟があるのならば、いま日本の「全労働者」がどのような労務管理、どのような「勤務評定」の実態のなかにおかれているか、まじめに考え研究する必要があるのではないか〔…〕自分の問題のときだけ「全労働者」の支持をたのむというのでは、少し虫がよすぎるでしょう(47)。

また日高は次のようにも言う。「法律をタテにとる権力のおかげで世間では外見的には日教組をおしまくっているように見え日教組は年がら年じゅう反対反対と言いくらしているように見られているよう」だが、そうしたなかで危険なのは、「「何とか反対全国大会」をひらくことで、ともかく反対の意思表示や決議だけはしたのだということで自分をなぐさめるような、一種のカンパニア闘争のくりかえしに陥る」ことである。「統一行動の広さだけではなく、深さをつねに問題とすること、組織の動員力だけではなく、個々人の自発性の強度をつねに考えることが必要」である。(48) 一九五〇年代末にかけて、日高はこのように、運動の表面上の先鋭化とその水面下で進行していく日教組の「官僚主義的画一主義」(49)に対して、踏み込んだ批判を展開するようになる。

勤務評定の実施と一九五八年学習指導要領改訂は、ともに保守政権による地域支配構造の再編に関わる問題であったが、(50)日教組中央はそのことを適確に見通すことができず、勤評をもっぱら、組合運動に対する分裂策動とのみ把握した。そして反対闘争に賛同しない父母・地域住民を、単に「遅れた民衆」

(46) 佐々木隆爾『世界史の中のアジアと日本――アメリカの世界戦略と日本戦後史の視座』御茶の水書房、一九八八年、第5部。
(47) 日高六郎「闘争力・その今日的課題」『教育評論』一九五八年一〇月号、四五‐四六頁。
(48) 前掲日高「闘争力・その今日的課題」五一頁。
(49) 日高六郎「「第八次教育研究集会」をめぐる問題点」『思想』一九五九年三月号、=同「多様のなかの自発性――第八次大阪集会をめぐる問題点」『日高六郎教育論集』七五頁。
(50) 前掲佐々木『世界史の中のアジアと日本』第5部。

とみなした。[51] 勤評実施・学習指導要領改訂に続いて、一九六一年には全国一斉学力テストが実施されるようになり、これらの施策によってしだいに学校は、「国家が正統とみなした教育内容および道徳の「伝達」機関」としての側面を強めていくことになる。[52] 勤評闘争が実力行使を伴って各地で激化するなかで、神奈川県では一九五八年一二月、県教委と県教組が交渉を重ねて保守政権の企図する勤務評定を事実上骨抜きにする内容の勤評「神奈川方式」を成立させて、交渉内容を公表した。[53] これに対する賛否は、日教組内部で割れた。このような情勢下で一九五九年一月に開催された第八次教研集会（於大阪）は、対立を露骨に浮き彫りにする集会となった。[54] 竹内好の講師辞任（後述）は、その結果のひとつである。

集会初日の記念講演をこのとき担ったのは桑原武夫（一九〇四－一九八八）であり、その内容が、多くの参加者の批判の的となった。桑原講演「日本の教育者」は、当時人気を博していた石川達三による朝日新聞連載小説「人間の壁」[55]――勤評闘争をたたかう教師たちの日常を肯定的に描いた作品――の登場人物を引き合いに出し、彼らを論じることで、桑原自身の教育論・教育運動論を語ったものである。[56] 論点は多岐にわたるが、勤評闘争にあまり熱心でない都会的でスマートなタイプの「一条先生」（登場人物）を「組合の中にちゃんとかかえこめるかどうか」が鍵であるとする桑原流の統一戦線論であり、そこには教師の「技術主義」や「科学主義」――左派教師や知識人たちはこれを体制の論理であると批判していた――をむしろ重視するプラグマティズムが示されていた。

その日から四日間にわたる活動を経て、集会最終日の全体会議では、この年講師団代表を務めた日高が、「講師団代表の意見」を述べた。日高は壇上で一万八千人の聴衆に向けて、「四日間正身《ママ》二十時間近く子どもたちの小さな椅子に腰かけてはげしく精神を集中し続けるということの疲労は大変なものだろうと思います。私は個人として云えば日教組にどうか労働基準法を守って頂きたいということを云いたいのであります」とユーモアを交えつつ、次のように語りかける。教師が教育の国家統制に対峙していく過程で、「意見の対立は組織の分裂を招かないだろうか、という疑問が当然生れる。私はむしろ逆に考えます。意見の対立が出なくなるとき、意見の対立を一方的になくそうとするとき、組織の分裂が起

---

(51) 佐藤隆「高度成長期における国民教育運動と恵那の教育」大門正克ほか編『高度成長の時代1　復興と離陸』大月書店、二〇一〇年。佐藤によれば、このなかで恵那の勤評闘争は例外的に勤評と学習指導要領改訂を一連の問題として認識し、教師と校長が一致するとともに、父母・地域住民を運動の共同主体と把握し得た。日高は当時、こうした恵那の実践について、「教育実践と組合運動とのあいだにけじめをつけることで、より高いほんものの統一が実現されていく過程」をたどったとして、高く評価している（日高六郎「合同教研全国集会に参加して」『思想』一九六〇年四月号、＝同「国民教育運動への展望——第九次千葉集会に参加して」『日高六郎教育論集』一〇三頁）。

(52) 佐藤隆「〈平和と民主主義のシンボル〉から〈学歴正統化装置〉としての学校へ」前掲大門ほか編『高度成長の時代1』一八七頁。

(53)「神奈川方式」についてはさしあたり、小出禎子「1950年代における勤務評定に関する議論の再検討——勤評「神奈川方式」の意義と限界」『名古屋大学大学院教育発達科学研究科紀要（教育科学）』五七（一）、二〇一〇年、を参照。また日教組の「神奈川方式」をめぐる分裂については、前掲日教組編『日教組20年史』四〇五‐四一一頁、を参照。

(54) 前掲日教組編『日教組20年史』には、「いたるところの分科会で、「〔勤評闘争を〕たたかったところと、たたかわなかったところでは、職場教研のつみあげがちがう」という形でのきめつけが行われるという傾向がみられ、組合運動上の意見の対立が、教研の場にもち込まれた」ことが述べられている（四一一頁）。

(55) 石川達三『人間の壁』上・中・下、岩波現代文庫、二〇〇一年（初出一九五七〜五九年）。下巻末尾の佐藤忠男による解説も参照。

(56) 前掲日教組編『歴史と教育の創造』所収。

るのであります」[57]。日高がこう述べたとき、会場には「圧倒的」な拍手が起こったという[58]。

ところが日高が降壇した後、山形県の青年教師・鈴木輝男が、全体会議の壇上で、桑原講演を次のように批判した。

農民の意識は不当にゆがめられています。このゆがみは、わが国の独占資本の構造を解明しなければ、その本質をつかむことができないし、それを正すこともできません。開会の日に、桑原武夫教授が「日本の教育者」と題して講演されたなかで、富国強兵をとり去って富国には努めねばならぬとか、忠君愛国の忠君はとり去って、愛国はとりあげるべきだとかの発言がありましたが、このような甘さは克服しなければならないと思います。勤評闘争の中で、教師はからだをはって闘っています。教師は労働者としての自覚にたって生きなければなりません。桑原氏の甘さは近代主義の弊害の中から生れているものだと思います。[59]

竹内好によれば、この発言の後、会場では「部分的拍手」が起こったという[60]。

後日、この青年教師の発言とそれを含む日教組の内部対立をめぐって、日高は論考「「第八次教育研究集会」をめぐる問題点」を、『思想』誌上に執筆した。このなかで日高は、次のように述べる。「教育研究活動には本質的な意味で思想運動としての側面がある」。それは教研活動が、「日本の教師の思想を内面から変革し、確立していく要求をふくんでいる」という意味においてであり、またその運動が日本および日本人に背負わされている「思想史的課題の解決と切りはなすことができない」という意味においてであり、さらにはその変遷のなかに、「民主主義的な大衆運動とそれを嚮導する思想的・理論的方向との関係を、じつにあざやかに、また、微妙に読みとることができる」という意味においてである。[61]

そして続ける。

私は、現場の教師がこの一年間の勤評反対闘争で感じたことがらが、かならずしも現在明確に表現されているとは考えない。〔…〕その実感が内包している巨大なエネルギーにくらべるとき、「勤評は戦争への一里塚」などというスローガンは、なんとやせほそった説得力のうすい言葉だろう。現場の教師は、そのことを感じながら、しかし、自分自身の実感を整理する余裕もなく、できあいの論理で父母を説得しようとした。そのとき身内のなかにたぎりあがる勤評反対の実感と、自分自身の口からでる説得の論理の貧しさとのギャップを感じない教師は、おそらくいなかったのではないか。〔…〕ところが、こうして現場の教師の内側にかけがえのない体験と実感とが蓄積されようとしているまさにそのときに、その逆の傾向、すなわち一種の画一的な「理論」で問題を簡単に処理しようという動きが、ごく一部に、しかもおそらくは善意の動機からであろうが、あらわれはじめた。[62]

(57) 日高六郎「講師団代表の意見　第八次教育研究の成果」『教育評論』一九五九年三月号、四九－五〇頁。
(58) 竹内好「危機の教研と日教組」『日本読書新聞』一九五九年三月二三日、『竹内好全集　第八巻』三六五頁。
(59) 鈴木輝男「もうだまされない教師が育っている」『日教組教育新聞』一九五九年二月六日、一一面。
(60) 前掲竹内「危機の教研と日教組」『竹内好全集　第八巻』三六五頁。
(61) 日高六郎「「第八次教育研究集会」をめぐる問題点」『思想』一九五九年三月号、＝同「多様のなかの自発性――第八次大阪集会をめぐる問題点」『日高六郎教育論集』六四頁。
(62) 前掲日高「「第八次教育研究集会」をめぐる問題点」『日高六郎教育論集』七〇－七一頁。

先述の青年教師による桑原批判もまた、「一種の画一的な「理論」で問題を簡単に処理しようと」するものであったと、日高はおそらく判断している。青年教師の桑原批判は、「からだをはって闘」わない勤評「神奈川方式」とそれを支持する勢力に対する非難を、暗黙のうちに含み込むものでもあった。その発言を日高は、次のように批判している。

多様な意見がその教師の所属する県教組のなかにも、また、全国教師のなかにも存在し、そのことを討議することが、現在最も必要と感じられ、そのことによってのみ日教組内部の派閥うんぬんといわれるごときものも克服されていかなければならないと期待されているそのときに、ある一方の意見を全組合員の意見であるかのように述べること、しかもそれが質問も批判も討議も不可能な最終日の全体集会のなかで行われたところに、無意識的ではあれ、政治的・戦術的配慮が優先したのではないかという疑問を感じないわけにはいかない。(63)

そして日高は、勤務評定の実施や学習指導要領改訂や「道徳の時間」特設など、あらゆる文教政策を統一的な問題として理解すべきことを主張して、勤評闘争を単に「独占資本に対する階級闘争」とのみ考える見解は単純すぎると批判する。さらに現在、教研の「一つの欠陥」は、教師のなかの「最も意識的かつ最も自発的なエネルギー」が民間教育研究団体やサークル活動に吸収されて、日教組の教研活動に「十分な魅力を感じていない」点にあるという判断を示しながらも、それでもやはり、日教組の教研活動は必要であると主張する。それは教研活動が、「かならずしもまだ十分に自主的な教育思想と教育実践の能力とを身につけていない、民間教育団体にもサークルにも所属していない多数の現場教員をそのなかにふくむ大衆運動」であり、かつ、「いまはまだ十分に組織されてはいないが、やがて教育運動の原点となるよりほかはない学校を土台とする職場教研という設計図をもっている」からであった。[64]そしてこの文章の最後で、次のように述べる。

〔教研集会で〕四日間くたくたにつかれながら、正会員としてほとんど欠席するものもいない。これも道徳主義、働き主義、まじめ主義の一つの表現である。かなわないという気もする。しかし、考えてみれば、戦後の民主主義的教育をともかくも今日の線でささえてきた力として、それらの人々の働き主義、まじめ主義のほかに何が期待できたのか。桑原氏の講演に対する参加者の態度から、私は日本の教師のなかに、漠然としたいい方ではあるが、アンチ近代主義のムードがいかに強いかということを痛感した。それは一部農本主義的伝統に属する。〔…〕しかし、注目すべきことは、日本の進歩主義勢力が、明治維新以来いまはじめて、農本主義的働き主義、まじめ主義を、その最も有力な支持者として獲得することができたという事実だ。〔…〕ここで実現されたことは、思想史的にみてやはり画期的なことである。私は、農本主義的働き主義、まじめ主義が中心勢力あるいは同盟者となった統一戦線の強さを想像して、やはり感動しないわけにはいかなかった。[65]

(63) 前掲日高「「第八次教育研究集会」をめぐる問題点」『日高六郎教育論集』七四頁。
(64) 前掲日高「「第八次教育研究集会」をめぐる問題点」『日高六郎教育論集』七八–八三頁。

図１　第八次教研集会（『日教組教育新聞』1959年２月６日より）

左派教師たちによる桑原批判を、日高はその論理よりもむしろ、それを支えるアンチ近代主義の「ムード」に焦点化して理解している。そして大局的な見地からは、教師たちに根強く存在する「道徳主義」「働き主義」「まじめ主義」すなわち「農本主義的伝統[66]」を、進歩主義勢力が明治維新以来はじめて味方につけたと把握して、その「思想史的」な意味に画期性を見出して感動している。後に安田武は、日高のこうした理解を批判する（後述）。

一方で竹内好は、先述の青年教師の発言をめぐる講師団の対応を批判し、論考「危機の教研と日教組」を公表して、就任三年で講師を辞任した。この論考のなかで竹内は、上述の日高の議論について、「委曲をつくした日高の説明に私はほとんど全面的に賛成なのである。〔…〕まことに情理かねそなえた名判決であって、感嘆のほかない。ここに述べられていることに私は全面的に賛成である。問題はこの意見が日教組、あるいは教研講師団の間でかならずしも多数ではないこと、また、組織にとって決定的に重要なこの原則問題が組織上で十分に処理されていないことにある」という見解を示している。竹内は述べる。「日高は、意見の多様性の尊重をくり返し説いている。「青年教師」の発言を、その内容よりもむしろ形式を問題にして、それが意見の多様性の否定、一方的な意見の押しつけである点を批判しているのだが、これに私はまったく同感である」。そして竹内もまた、教研活動と組合運動の混同を問題視して、「これは教研ばかりでなく、一般の文化運動、大衆運動の組織問題としても、重要なケースではないか」と問題提起している。(67)

（2）教師の政治主義をめぐって

教師たちによる「近代主義」批判は、大まかに二種類に分類できると日高はみる。ひとつは、「民族主義的立場」からの批判、すなわち後進国や植民地で近代を確立しようとする場合に、ヨーロッパ的近代を輸入する方式（竹内好による定義）への批判である。もうひとつは、「社会主義的立場」、すなわち近代を歴史の終着点と考えてその先に実現されるべき高次の発展段階の社会を展望しない立場に対し

(65) 前掲日高「「第八次教育研究集会」をめぐる問題点」『日高六郎教育論集』八五頁。なお山形県の青年教師鈴木輝男に関しては、高木重治「山形県における国民教育運動の展開——山形県児童文化研究会と山形民研グループ」北河賢三・黒川みどり編著『戦中・戦後の経験と戦後思想　一九三〇－一九六〇年代』現代史料出版、二〇二〇年、を参照。

(66) 日高がここで「農本主義的働き主義」「まじめ主義」等と表現する、教師文化に戦前から強く内在した「価値としてのenthusiasm（熱心さ）」については、久冨善之「戦後史の中の教師文化——それが支え、つなぐもの」辻本雅史監修・船寄俊雄編著『論集現代日本の教育史2　教員養成・教師論』日本図書センター、二〇一四年、初出一九九四年、を参照。

(67) 前掲竹内「危機の教研と日教組」『竹内好全集　第八巻』三六三－三六七頁。竹内の講師辞任の理由と経緯については、黒川みどり・山田智『評伝　竹内好——その思想と生涯』有志舎、二〇二〇年、一八九－一九〇頁、を参照。このなかでも述べられるとおり、教研活動を階級闘争に直結させようとする歴史学者・井上清との対立が、竹内の講師辞任に影響した。

て、社会主義者から発せられる批判である。ただしこの両者は「非常にこんがらがっていて」、日本では、「ブルジョア民主主義の確立」ということと西欧化とが「くっついて」おり、「西欧化ということに対して、農村的なタイプの人間というのは相当みんな反発を持っている」。こう分析しつつ、日高自身は桑原武夫による第二芸術論以降の近代主義については、「西欧化が日本の現在進むべき道かというと、必ずしもそうでもないのじゃないか」とやや否定的な見解を示し、なおかつブルジョア民主主義をすっ飛ばして社会主義を実現しようとする「中共的な方式」が「今の日本でうまく実現できるか」についても、懐疑を表明する。日高の立場は、「社会主義にいたる道は多様だということをもっと考えたい」というものであった(68)。これはつまり、日本に固有の「自前の第三の論理」(69)の追究である。さらに教研集会での桑原講演について、桑原はマルキシズムや生活綴方教師だけではいまの教育の問題は解決できないと説いたが、「私はこれを聞いて、桑原さんよりは、ほんとうのマルクス主義者のほうが幅が広いなと感じた。ほんとうの統一戦線論者なら、マルキシズムでも解決できないかもしれないが、自分の支持するプラグマティズムだけでも解決できないということも、はっきりおっしゃるべきだったと思う」と述べている。この発言は、左派教師たちの反発を呼んだ要因が桑原講演のなかにも存在したこと、桑原の統一戦線論もまたプラグマティズムの立場から提唱された不徹底なものであったことの指摘である。そして続けて、桑原講演を批判する教師の側の「農本主義的ムード」すらも進歩的陣営が味方につけたことは「大きな転換」であるものの、ただしそこから「政治的ラジカリズムというものが生まれてくるとすれば、それは警戒しなければならない。つまり農本主義が一途になった場合に、現状分析で、たとえば勤評闘争はすなわち階級闘争だというようなおきかたが出てくる。これはある意味では、向う〔保守政権〕のねらう分裂政策にはまりやすい発想だと思う」と述べる(70)。

現実のなかに胚胎している可能性に着眼し、それを伸ばすことを知識人の役割とする啓蒙観――日高は知識人のあるべき姿を「民衆の貴重な実感の支持と組織者」[71]と述べている――が、「農本主義的ムード」、つまり論理以前のところで論理を支える心理それ自体を決して否定しようとしない、このような日高の姿勢の基盤にある。ただし、そのなかに潜在する「政治的ラジカリズム」が保守政権による切り崩しに利用されやすい点には、警鐘を鳴らし続けた。「五十万の教師が不十分ながらでも、実際に国民教育をやって来ているんだ、という発想」に立たないと、「だんだん道徳主義的過激主義になっちゃって、もっとも過激なものだけがもっとも純粋なものだ、ということになってしまう〔…〕孤立的少数者だけしか正しいものはいなくて、他は全部権力に屈服した連中だという発想になりかねない」[72]。その「道徳主義的過激主義」が行き着く先としての内部分裂・抗争に歯止めをかけようと、日高は戦後教育が果たしてきた基礎的な成果について、教師に向けて、パフォーマティブに発信する。

---

(68) 海後勝雄・園部三郎・遠山啓・日高六郎「座談会 「近代主義」をめぐって」『教育評論』一九五九年四月号、三四 - 四二頁。
(69) 前掲日高「大衆論の周辺」同『現代イデオロギー』五二三頁。
(70) 前掲海後・園部・遠山・日高「座談会 「近代主義」をめぐって」三四 - 四二頁。ただし日高は、総じて桑原講演の説得性を高く評価しており、桑原の問題提起は「日本近・現代思想史にとっての、最も重要な問題の一つ」であると述べている(前掲日高「解説 戦後思想史における教研と記念講演」二六頁)。
(71) 日高六郎「日本の教育と知識人――ジャンセン教授の論文について」『世界』一九五七年一〇月号、一七〇頁。本書第2章を参照。
(72) 森田俊男・日高六郎「今日の教組運動に要請されるもの」『教育評論』一九五九年八月号、三三頁。

いくら文部省がじたばたさわいでも、現場の教師で、戦争をセンドウするような教育、民主主義の悪口をいうような教育、迷信を信じさせようとするような教育をやっているものは、ほとんどいないでしょう。私はそういう点で九〇パーセントの教師は、勤評闘争から脱落しそうになっている教師もふくめて、やはり、日本の民主教育の前進に、いくらかの役に立っているはずだと考える。(73)

こうした日高の統一戦線論を、一九四三年からの「友人」である谷川雁は、次のように批判している。「あなたが多元的なものを抱擁しようとするとき、その寛容さは彼の微視的な厳密さをもややと溶かし、戦闘性を失わせてしまうのではないか」(74)。これは谷川と日高の立脚点の違いをよく表していると同時に、当時数少ない、日高の思想への内在的理解に根ざした批判でもあったように思われる(75)。

統一戦線を提唱する日高は、同時に、教師によるサークルの役割をきわめて重視した。「闘争の質よりも、いちおう闘争の形がととのえば面目がたつという官僚意識」をもつ左派の「「組合」型教師」や、集団的思考の場をもたない「「教壇」王国主義的な教師」に対して、「つねに、たたかいのなかみ、それに参加していく自分の動機のあり方、自分の言葉と行動の一つ一つをたしかめていく慎重さ、スローガン的組合行動に対する不満を感じながら、しかもそれに参加せざるをえない〔…〕ことからおこる自己分裂を掘りさげて考える」ような姿勢をもつ「「サークル」型教師」に、日高は期待をかけた。現在「萌芽のようにそだとうとしている」教師たちの「サークル的姿勢」(76)は、教育運動のみならず、「日本の民主的運動のなかでも、決定的に重要」なものであると述べている。

日高は、教師を理想主義的なニュアンスで「知識人」として論じながらも、現実の教研活動については、全国各地のあらゆる学校の「教師大衆」を巻き込んで「サークル的姿勢」を広げていくための、

「大衆運動」であると捉えていた。[77] 日高が次のように述べるとき、それは現実の教師に対する事実認識を示しているというよりは、むしろあるべき当為の表明として捉えるべきであろう。

日本の教師は、国民のなかでも、最も深刻に、敗戦の意味をくりかえし自分の脳に問いただした階層のひとつだったと思う。なぜなら、教師は価値の伝達者である以上、価値そのものの根底がゆるがされたとき、彼の生活と職業のすべてをかけて、その意味を問いつめるほか生きようのない階層だからだ。[78]

(73) 日高六郎「サークル的姿勢をささえるものは何か」『作文と教育』一九五九年九月号、『日高六郎教育論集』三四一頁。
(74) 谷川雁「伝達の可能性と統一戦線――日高六郎への手紙」『中央公論』一九五九年四月号、『谷川雁の仕事Ⅰ』河出書房新社、一九九六年、三三一頁。この批判の詳細については、羅皓名「日高六郎と谷川雁の思想的繋がりと「アンガージュマン」における差異」(『教養デザイン研究論集』一九、二〇二一年二月)が考察している。
(75) 他方で作田啓一は日高の統一戦線論について、「異なった出発点からスタートする思想や運動が、それぞれみずからに誠実であるかぎり、ある到達点においてあい交わる」という日高のオプティミズムを、高く評価している(作田啓一「日高六郎論」同『恥の文化再考』筑摩書房、一九六七年、初出一九六五年、二五一頁)。第5章で後述。
(76) 前掲日高「サークル的姿勢をささえるものは何か」『日高六郎教育論集』三三八‐三三九頁。
(77) 前掲日高「「第八次教育研究集会」をめぐる問題点」『日高六郎教育論集』七八頁。日高が教師によるサークルの役割のひとつに、「サークルは、同志的連帯感をそだて、教師臭から一歩ぬき出た、生き生きとした人間性をとりもどさせ、民主的人間関係についての感覚をするどくさせた」ことを数えている点は重要である(前掲日高「サークル的姿勢をささえるものは何か」『日高六郎教育論集』三三七頁)。
(78) 前掲日高「生活記録運動――その二、三の問題点」二八五頁。

実際には、こうした深刻な自問を経ずに、比較的スムーズに戦後教育に「適応」していった教師たちも多く存在すると認識しているからこそ、「「組合」型教師」（つまり左派の政治主義的タイプ）や、「「教壇」王国主義的な教師」（つまり権威を振りかざす独りよがりのタイプ）といった分類に依拠するわけである。そして日高にとって、そうした（非「知識人」的）教師たちに、小集団のなかのパーソナル・コミュニケーションを通じて自己省察と主体化を促す「大衆運動」こそが日教組の教研活動なのであり、それゆえ、そうした職能行為が階級闘争の論理に乗っ取られることは、何としても避けなければならないことだった。

4　教研活動形骸化への批判と教育論・教育運動論

(1) 安保闘争後の分裂──一九六〇年代

六〇年安保闘争を経て、さまざまな革新運動が深刻な分裂状態に陥っていったが、すでに一九五〇年代末に勤評闘争を切り崩された日教組もその例外ではなかった。(79) この分裂の季節のなかで日高は、日教組内部に存在する、勤評闘争の脱落者を「「階級敵」であるかのようにまじめに考える立場」を批判して、むしろ「「弱い」教師は弱いながらの主体的な責任の取り方がありうるという立場からかれらを批判すべき」だと述べている。そしていま教師たちは、勤評闘争からの退却のなかで、「敗北感のなかにおちこんでいくか、あるいは〔保守政権の〕力の無理おしが強まれば強まるほど、自己の思想的・教育的信条の正しさをますます強く実感し、〔…〕そのことを相互に、また、父母・国民に伝達できるよう

な立場に立つか、その二つの姿勢の、微妙できわどいわかれ道」に立たされているとする。(80)

安保闘争前夜、一九六〇年一月に開催された第九次教研集会（於千葉）の後には、日高は「国民教育論」(81)の提唱は、それが理論的に深められない限り「空虚な風袋論になる危険」があるという問題提起を行い、「スキあらば「階級意識」をインドクトリネイト（注入）することを目標とする教育実践」を行うような「一部の政治主義的、あるいは冒険主義的、あるいは利用主義的な姿勢」からは、国民教育論など「とうてい生まれない」と述べている。(82)一九六三年になると、「安保反対闘争後にあらわれている革新諸勢力内部の政治的分裂が、思いもかけないところで、社会的教育の本質、目的、方法についてさ

（79）前掲日教組編『日教組20年史』には、闘争が教研活動に持ち込まれる傾向が問題であることは述べられるものの、全体としては教研活動の「前進」が確認される叙述となっており（九三二‐九五〇頁）、分裂の実態は描かれていない。

（80）日高六郎「第九次教研全国集会を前にして考えてもらいたいこと」『教育評論』一九六〇年一月号、＝同「強さということ、弱さということ――第九次千葉集会に望みたいこと」『日高六郎教育論集』九〇‐九三頁。

（81）革新教育運動のなかで提唱された、教育の国家統制に抗する「国民教育論」に統一的な定義があるわけではないが、その生成過程については、佐藤隆「日本教職員組合の教育研究活動論の「転換」と国民教育論の生成」『日本教育政策学会年報』四、一九九七年、を参照。国民教育論の理論上の多面性や揺れ、および、それらによって教育運動が抱え込んだ問題点については、中西新太郎「教育運動」前掲渡辺編『現代日本社会論』、を参照。当該期における日教組の認識については、前掲日教組編『日教組十年史』第二篇第三章「国民教育運動の展開」、および前掲日教組編『日教組20年史』第十四章「Ⅱ　国民教育創造の運動」を参照。

　なお日高は一九六一年から一九七〇年まで、教研集会で、国民教育運動をテーマとする分科会の講師を務めている。

（82）前掲日高「合同教研全国集会に参加して」『日高六郎教育論集』九九‐一〇九頁。

え小党分立する結果を生みだしかねないでいる」と述べ、[83]さらに一九六四年の第一三次教研集会（於岡山）に際しては批判のトーンを強め、「多くの教師の内部にいま巣くっているよどんだ気分」を指摘する。教研活動に対する「根本的姿勢を論ずることが、教組内部の勢力あらそいとか、政治的諸関係のなかでのあらそいにしかならないから無益だというような理由で、この問題を避けるというような状態」であるならば、「前途はおそろしく暗い」として、教師の教研活動に対する積極的姿勢を引き出すことができない以上、「組合運動それ自体の、教育研究活動それ自体の存在理由そのものが問われていると考えるべき」と述べる。そして、「すしづめ教室に抗議する教師は、同時にすしづめ教室のなかでも自主的・能動的でありうるという弁証法がある」、「〈制約のなかの自由〉について確信をもたない教師は、制約を打ちたおすこともできないし、同時に自由であることもできない」として、政治活動ではなく、日々の持ち場における教師の能動性を要求する。[84]この年には、日高にも影響を与えた歴史学者・上原専禄が教育運動に絶望し、日教組が設立した国民教育研究所の所長を辞任している。こうした運動の分裂・停滞という文脈のなかで、翌一九六五年に入ると家永教科書裁判が提訴され、日高は原告側証人として、裁判に加わっていくことになる。

一九六六年の第一五次教研集会（於福島）に際しては、日高は次のように述べている。かつて、一九五七年当時、

私は、竹内〔好〕さんをこれほど感動させた教育研究集会の大きな力に感動した。私自身もほんとうに心の底からゆさぶられるような思いをした。〔…〕そうした魅力をつくりだすことは、たとえば、文部省の教育研究集会〔いわゆる「官製教研」[85]〕など思いもよらないことにちがいない。〔…〕〔しかし

そうした教研の〕魅力はだれの目にもごまかせないと書いたけれども、それは、私たちの教育研究活動が、ほんとうに自主的・創造的・連帯的であるかぎりにおいてである。もし、そのことがいくらかでもぐらついてきたならば、それこそ優劣の立場は逆に歴然としてくる。私たち自身が私たちの活動に自信を失い、マンネリズムを感じ、仲間同士のあいだに猜疑心が生じるというような状態になったとき、私たちの手もとにのこるものはじつに少ない。ゼロといってもよい。権力をもつものは、それだけで力をもつ。その力に、ゼロがどのようにして対抗できるだろうか。(86)

そして前年に国会で強行採決された日韓基本条約に関しては、次のように述べる。

教師が、たんに日韓条約反対のデモに参加するだけではなく、授業のなかで、日本人の朝鮮観・朝鮮人観を一八〇度逆転させるために、どのような努力をはらってきたか、ということを徹底的に検討すべきだと思う。〔…〕日本の全民衆と朝鮮の全民衆とのほんとうの友好は、日本人の意識の内部の朝鮮人蔑視観を根底からぬぐいさらなければ、成立するはずがない。そしてそのためには、どんなに巨

(83)日高六郎ほか編『社会科教育大系　第五巻　現代の世界と日本(下)』三一書房、一九六三年、二五二頁。
(84)日高六郎「全国教研集会への提案」『教育』一九六四年一月号、＝同「わが内なるものへの目——第一三次岡山集会への提案」『日高六郎教育論集』一一一－一一七頁。
(85)一九六二年以降、文部省によって毎年主催されるようになった「官製教研」(教育課程全国発表大会)については、前掲日教組編『日教組20年史』九五〇－九五三頁、を参照。
(86)日高六郎「教育研究活動の自主性・創造性・連帯性」『教育評論』一九六六年一月号、『日高六郎教育論集』一一九－一二〇頁。

大な教育的エネルギーが必要であることだろう。全国の日教組組合員が、この機会に、こぞってかれの授業のなかでの〈朝鮮〉を検討しなおすこと、そのことが教師の立場からの日韓条約反対の自主的運動だったにちがいない。しかし、そうした活動はごく一部に限られている(87)。

さらに、全国一斉学力テストの「本質」を独占資本や帝国主義の問題と結びつける「高度」な議論が盛んなようだが、そうした類の議論は、「教育創造活動」を考えるときには「むしろ「低度」な議論でしかない」と述べて左派を批判し、「進歩的諸勢力の内部での対立が優先して、教育研究活動の内部での政治的立場のちがった教師間の相互不信感はかなり深刻であるようにみえる」と述べている(88)。

一九五七年の第六次教研以来、ふたたびこの第一五次教研を傍聴した安田武は、その後「揺らぐ教師像――第十五次教育研究全国集会傍聴記」を執筆した。そのなかで安田は、次のように述べている。かつて、竹内好が講師を辞任する際に投げかけた日教組批判に対して、教師からの反批判は、「いっさい皆無であったという」。

「教師集団」からは「素人」の発言者が、教師集団内部にむかって、そのあり方の根源、本質を問うような疑問、質問、批判をなげかけた時、どうして教師たちはこれに応えようとしないのか。私は、日高六郎の辛抱づよさに敬意と驚嘆をおぼえるものだが、日高の三回にわたる教研批判についても、いったいどれ程の「内部」からの応答があったのだろう。〔…〕しかも、口を開けば、「国民教育」を喋々しながら……(89)。

このように教師たちを批判しつつ、安田は、日高の認識に対しても苦言を呈している。「日高が、日本の教師のなかの根づよい「アンチ近代主義のムード」を、「一部」と断ったにせよ、農本主義的伝統と結びつけ」て捉え、彼らを進歩派が味方につけたことに「「感動」してしまうのは、日高六郎らしからぬ――あるいは、らしい「感動」過剰ではないだろうか」。そして安田は、教師たちの「働き主義、まじめ主義」それ自体が、「裏がえされた場合の自己充足感や無気力」や「権威主義、事大主義、道徳主義」と「ウラハラに手を携え」ているとして、「今日の教育運動の発想のほとんどすべてが、アンチ文部省であって、アンチである限りにおいて、絶えず文部省ベースの上に躍らされているという「いたちごっこ」は、やめにしなければならない。とくに教研の場ではそうである」と、教研を辛辣に批判している。(90)

(87) 前掲日高「教育研究活動の自主性・創造性・連帯性」『日高六郎教育論集』一二二‐一二三頁。なおこの十年前に日高は、「教員の組合意識」に関する『知性』地方駐在部員による社会調査にコメントを寄せ、次のように述べている。調査結果のなかで「一番気になったのは、朝鮮人の教育問題だ。朝鮮人にたいする(日本人教師および調査者の)偏見がはっきりあらわれている。これは日本人としてとくに反省しなければならないことで、こんなところに「戦前意識」がひょっこり顔を出している感じがする。日教組としてももっと啓発運動を進めなければならない」(本誌地方駐在部員特別調査、日高六郎・佐々木三男「教員の組合意識」『知性』一九五五年三月号、四二頁)。
(88) 前掲日高「教育研究活動の自主性・創造性・連帯性」『日高六郎教育論集』一三一‐一三二頁。
(89) 安田武「揺らぐ教師像――第十五次教育研究全国集会傍聴記」『展望』一九六六年五月号、同『人間の再建――戦中派・その罪責と矜持』筑摩書房、一九六九年、一九一‐一九二頁。
(90) 前掲安田「揺らぐ教師像」同『人間の再建』二〇四‐二〇九頁。安田のこの論考は魅力的なものだが、さまざまな論点が錯綜しており、読解に際してはその腑分けが必要である。

安田と日高の姿勢の違いは、教研への関与や理解の深度の違いに由来するところが大きい。日高もまた、多忙に働き続けることで仕事の質や根本的意味を問わなくなる教師の自己充足感や事大主義、また「アンチである限りにおいて、絶えず文部省ベースの上に躍らされている」彼らの政治主義を、繰り返し批判している。その上で日高は、具体的な問いを投げかけることで教師の主体化をはかり、初歩的な戦後教育の到達点をパフォーマティブに発信することで教師の努力を肯定し、運動の急進化と分裂に歯止めをかけようとしている。安田の文章には、日高とむしろ親しい間柄ゆえの、じれったさのようなものが滲み出ている(91)。日教組に対して安田が展開したような批判は、当時「リベラル派」とされた知識人の少なからずが潜在的に抱いていたものだったのではないかと推測される。

日教組の教研活動に伴走し、そのなかで内在的批判を継続した日高が、最後に教研集会の講師を務めたのは、一九七〇年であった。そしてその前年には、「東大紛争」が収束していった東大新聞研究所を辞職している。

(2) 教育論・教育運動論

ここまで検討してきたように、日高は戦後の教育運動に批判的介入を試みてきた。そしてそれと同時に、戦後教育を戦後思想史として捉える、学術的な論考も手がけてきた。以下、それらのなかから日高の教育論・教育運動論のエッセンスを抽出したい。

勤評闘争を経た日高は、保革対立を、「教育に無限責任を負わせることに無限責任を感じている政府」と「教育・政治・社会の改革のすべてに無限責任を負おうと決心した良心的な教師」のあいだの対立であると捉え、それで問題が解決するかを問う。戦前、多くの教師は国家の圧力に「マゾヒズム的といってよいほどの従順さ」で従ったが、その「教師独特の農本主義的働き主義」と結びついた無限責任意識は、戦後、「教師のなかの最も良心的な部分にもちこされた」。日高はここに、「日本の教師の伝統」をみる。さらに、講和前後の時期から教師は、上からの保守主義的支配勢力による圧力と、下からの大半の父母の私的利益追求の圧力に挟まれ、精神的不安定を抱え込んだとする。「教師の政治と社会に対する深い絶望感や敵対感をぬきにして、いまの日本の教育実態は考えられない〔…〕教師という職業がそれほどに尊敬されてはいないこと、「ユートピア」の住人は現実主義的人間からはむしろ軽蔑されていることを、教師たちは身にしみてよく知っている」。このように、日高は教師が置かれてきた社会的位置の困難に内在的理解を示しつつ、同時に、「忘れられやすいのは、政治的支配層が教育をつねにかれの意図的な統制のもとにおきたがっているということは、じつは教育がつねに現状変革的な機能を潜在的に、また、顕在的にはたしてきているからだという客観的事実」であると指摘する[92]。日高がこう述べるのは、現状変革に対する教師たちの「無限責任」を解除することで、むしろ日々の持ち場において、「有限責任」をきちんと果たすことを要請する意図によるものである。

このような発信を行ってきた日高が一九六一年時点で描いた戦後教育史は、大枠としては、次のようなものであった。朝鮮戦争の時期に、「民族をどのようにして国民とするかが歴史的課題として自覚」

(91) 安田は勁草書房編集部に勤務した時期、日高の従来の論考を単行本にまとめるよう三年間にわたって説得を続け、当初興味を示さなかった日高を、『現代イデオロギー』刊行（一九六〇年）にまで至らしめた経緯をもつ（安田武『ある時代』日本エディタースクール出版部、一九七七年、八五-八九頁）。

(92) 日高六郎「政治・社会・教育」『岩波講座現代教育学Ⅰ』岩波書店、一九六〇年、＝同「政治の責任と教育の責任」『日高六郎教育論集』二九一-二九七頁。

された、教師たちは、「不在の「国民」を存在化するための教育」を、「国民教育」として設定していった。この時期にちょうど、日教組教研集会がスタートする。一九五〇年代半ばに教育の国家統制が強化されると、日教組は「父母の教育要求」「国民の教育要求」という概念を設定してこれに対置させたが、そこには、「民主主義教育が、父母あるいは国民の理解のなかに土着するためにはなにが必要か」という問題意識、すなわち「民主主義と真の意味でのナショナリズムの結合」という思想史的課題が存在した。教研集会は、理念ではなく現実的な要求から出発しようとする運動であり、それゆえ父母の要求の分裂への対応という問題にも取り組むこととなった。やがて一九五〇年代末にかけて、「急速に復活してきた日本の独占資本主義」による教育への「深刻な影響」のなかで、勤評闘争・安保闘争・三池闘争を経験し、「国民教育運動」を「全国民運動のなかに正しく位置づけ」、「国民諸階層の統一戦線的な共闘組織」をつくろうとする問題意識が芽ばえた（これは、朝鮮戦争期の「国民」創出の問題意識ともつながっている）。日教組が掲げる「平和を守り、真実をつらぬく民主主義教育」という理念は、日本国民の歴史的な課題と不可分の「普遍的価値」と結びついているものであり、「平和と民主主義の確保」という課題をおしすすめれば、そのことによって、独占資本の恣意を制限する可能性も皆無ではない[93]。

このように日高は、一九五〇年代末の教育運動の意義を高く評価しているのであるが、ただし教師自身のあり方の問題としては、政治主義にはきわめて否定的である[94]。「教育中心的な関心」から出発してやがて政治的関心に目ざめる教師と、政治的・社会的関心から出発してやがて教育の役割を重視するに至る教師との間には対立意識があると述べ、国分一太郎が前者であることを指摘して、彼の基礎学力重視と現実主義の思想は「逆説的にいえば、きわめて理想主義的であるという意味でも貴重だった」と、高く評価する[95]。日高のこの立場はかなり明瞭なものであり、たとえば木下順二がイプセンの創作の精神を論じながら教育の創造性を説いた教研記念講演（一九六七年）[96]に対する高い評価も、また斎藤喜博の島小学校における教育実践への高い評価も、その基盤には、次の姿勢を理想とする認識がある。「まず、自分の仕事を真に創造的なものにしていくことに全力を投入することから出発する」道筋がある。その仕事を外的に規制するものがあったとしても、「かれにとっての第一義的目標、第一義的生きがいは、依然として創造的仕事にある以上、外的圧力のいささかのすきまをぬって〔…〕かならず日常的な、しかし同時に、創造的な仕事に立ちかえるという姿勢を持続」する。[97]

先述のとおり、日高は一九五一年の論考「新しい人間像──その現実的地盤」においてすでに、現実のなかに芽ばえつつある子ども・青年たちの社会認識や批判精神を伸ばしていく以外に変革の道はない

(93) 日高六郎「国民教育論をめぐって」『思想』一九六一年四月号、『日高六郎教育論集』三〇五－三〇九頁。父母のなかの学歴要求と出世願望の拡大は、教育要求の分裂をもたらした。詳細は以下の文献を参照。汐見稔幸「企業社会と教育」坂野潤治ほか編『シリーズ日本近現代史4　戦後改革と現代社会の形成』岩波書店、一九九四年。前掲中西「教育運動」。木戸口正宏「教育の「能力主義」的再編をめぐる「受容」と「抵抗」」岡田知弘・進藤兵ほか編『高度成長の時代2　過熱と揺らぎ』大月書店、二〇一〇年。

(94) 山内亮史はいみじくも、日高が、「政治主義（党派性）がまじめに教育にとり組んで勉強してきた教師達を保守の側にやったという見方をしている」ことを指摘している（山内亮史「「戦後思想」と「戦後教育」の普遍性──「日高六郎教育論集」の意味するもの」その3、『旭川大学紀要』八、一九七九年、七四頁）。

(95) 前掲日高「国民教育論をめぐって」『日高六郎教育論集』三一一頁。国分一太郎の基礎学力重視が教研に与えた影響や、国分と教師たちとの認識の齟齬については、前掲佐藤「日本教職員組合の教育研究活動論の「転換」と国民教育論の生成」を参照。

(96) 前掲日教組編『歴史と教育の創造』所収。

(97) 日高六郎「教育における創造の問題」『教育評論』一九六七年四月号、『日高六郎教育論集』一四二頁。

ことを説いていたが、まさにそのことを、日教組の教研活動が一九五〇年代半ばに模索しはじめ、ちょうどそのタイミングで日高は教研活動に関わりはじめたのだった。したがって、日高がそこに戦後思想の課題の核心を見出してエネルギーを注いでいったことは、いわば必至の流れであった。

そして、一九六〇年代に入って本格化していく能力主義の徹底に対抗し得る論理としても、日高はやはり、「平和と民主主義を守る」教育を重視する立場を堅持する。明治百年祭が挙行された一九六八年には、日高はいまの文部省の「産業化的近代化」論を足場にした教育熱心は「受験学力競争と相呼応して、日本の教育の真の発展にとって最も大きな障害」であると論じ、教育の国家統制は支配層にとっても決して平坦な道ではないことを述べて、抵抗の拠点の確保に努める。(98)

高度経済成長期における能力主義支配の問題性に日高がいち早く着眼し得た所以は、大衆社会論の素養をベースに、戦後日本社会の「現代」性やそのなかの管理社会化を問題とする視座を有していたことが大きいだろう。その問題意識は大学批判とも不可分であり、東大を辞職した後には、日高は「人間の全体性の回復」を主張して、次のように述べる。「人間の部品化と差別化」に「照応して、各教科の分断と無関連とがある。また、各教科のなかでも、部分的知識、部分的技能、部分的判断力、部分的感受性、部分的行動力が、ばらばらに教えられる。それをやや高級にしたものが、いわゆる専門閉塞にほかならない……」。そして当時各地で深刻な被害を生み出していた公害問題を念頭において、「価値意識と結びつけられていない科学や技術こそが、人間にとって恐るべき凶器となるのである。(99)そうした関連について、大学教師はどのような「科学的認識」をもっているのであろうか」と問う。

このような日高の峻烈な大学批判を問題にしたのは、教育学者・持田栄一であった。持田は『日高六郎教育論集』の書評のなかで、次のように述べている。

教育の仕事を自主的創造的なものとしてたかく評価し、知識人としての教師のあり方を理念的肯定的に語る著者〔日高〕が、こと大学教育と大学教師論となると、その「特権」性と「権力性」を現実的にしかも否定的にとらえる。著者にとって、大学ないし大学闘争論はその民主・国民教育論の例外なのか、それとも著者は今後、大学闘争への総括を基軸として、本書で述べられている「民主・国民教育論」を止揚していこうとするのか。(100)

---

(98) 日高六郎「教育・思想支配の日本的構造」日本教職員組合・国民文化会議編『教育反動――その歴史と思想』一ッ橋書房、一九六八年、『日高六郎教育論集』二七六‐二七八頁。日高はまた別の論考において、アメリカの世界政策上の必要と結びついた「産業化的近代化論」に対し、敗戦直後の近代化論（近代主義）は「民主化的近代化論」であったとした上で、次のことを指摘している。「近代化論を民主化的近代化論ではなく産業化的近代化論に切りかえることができると見てとったとき、はじめて保守的支配層は「近代化」を説きはじめる」。またこの記述に続き、桑原武夫による近代化の複数指標説を紹介している（日高六郎「戦後の「近代主義」」『現代日本思想大系34　近代主義』筑摩書房、一九六四年、同『戦後思想と歴史の体験』勁草書房、一九七四年、一七‐一九頁）。

(99) 日高六郎「人間の全体性の回復――日本の教育はどうあるべきか」『教育』一九七二年五月号、同『人間の復権と解放』三一八‐三二五頁。

(100) 前掲持田「自主性と創造性を強調」八五‐八六頁。もっとも持田のこの議論も、東大教育学部教授として東大に残る選択をした彼自身の立場性と不可分である。持田の（日高批判を含む）戦後教育学批判の前提となっていた時代状況や教研の内部事情に対する理解を後継の教育学研究が欠落させていったことを、佐藤隆「国民教育論と日本教職員組合の教育研究活動」（『人文学報．教育学』三一、一九九六年）は問題視している。

持田はこの問題こそが、「一九七〇年代の教育理論の焦点」であると述べている。

一方で、持田の議論とは位相の異なる次の素朴な問題提起を、教研活動にも大きな影響を与えた数学者・遠山啓（一九〇九 - 一九七九）は、日高との対談のなかで行っている。

日本の学校の先生は少しまじめ過ぎるんじゃないか。官僚統制はいろんなことを言ってきますよ。それをまともに受け過ぎると思いますね。〔…〕いろんな命令を適当に受け流すという、一種のずるさみたいなものがなさ過ぎます。まじめ先生というのはよくないんだ（笑い）。日本という国は電気の良導体みたいに命令の伝達のいい社会でしょう。ヨーロッパなんかあんなに言うこと聞かないと思いますよ。電流がそう通らないいんじゃないか。〔…〕文部省が意図している以上に現場は統制されちゃってる。文部省そのものがびっくりしてるんじゃないかと思いますよ（笑い）。[101]

教師のまじめさに日高は「農本主義的働き主義」という表現を与え、それを「日本の教師の伝統」と捉えたが、その脆弱性を「一種のずるさ」の欠如に見る遠山のような気負いのない発信は、日高にはなし得なかったものである。もっとも、桑原武夫による一九五九年の教研記念講演に対する教師たちの反発の強さに鑑みれば、知識人が「一種のずるさ」によって国家統制を「適当に受け流す」という知恵を説くことは、全く現実的ではなかっただろう。そうしたことも含めて、遠山の視点は、戦後教育史を考える上で重要である。そしてそのような「いろんな命令を適当に受け流す」現場の知恵が、戦後教育運動の主流には決してなり得なかったにしても、個々の教育現場のなかに存在しなかったと言い切ることもまたできないであろう。

教研集会の講師を引退し、教育運動に対してパフォーマティブな介入を行う必要から解放されたその後の日高は、率直な感想を、たとえば次のように述べている。

たとえば教科「研究」の分科会で、政党の綱領的次元の問題が解決されなければ、国語教育も音楽教育も一歩も進められないような議論がたびたび出て、私もうんざりしたことが何度かある〔。…〕教育は煽動ではない。(102)

おそらく敗戦後、新しい教育内容と古い教育方法とを結びつけるほかなかった多くの教師たちは、教育内容の改悪化にそれほど敏感でなく、改悪されていく教育内容と、古い、あるいは上からおしきせられていく教育方法とを結びつけて、日々「大過なく」体制の教育方針のなかに吸収されていったのではないかと思われる。(103)

一方では、左派のなかの理論闘争・政治闘争が露骨に教研活動のなかに持ち込まれ、他方では国家統制の問題性に鈍感な多くの教師たちが「大過なく」体制に順応していき、結果として戦前とは質の変化を遂げた保守政権の能力主義支配を下支えしていった戦後教育の歩みの周辺に身をおいて、日高は時折

(101) 前掲遠山・日高「教育における全体性の回復」前掲日高『人間の復権と解放』三四五―三四七頁。
(102) 前掲日高「この巻を読んで」『国分一太郎文集2　政治と教育のあいだ』三〇〇頁。
(103) 前掲日高「人間の全体性の回復」同『人間の復権と解放』三一五頁。

「うんざり」しながらも、教研から離れていったほかの知識人たちとは異なり、倦《う》まずに教育運動に関わり続けた。一九七二年には、「子どもたちのことを語ることがたのしく、そのことで時間を忘れる教師が教研活動の中心であったし、またいまでも中心であると思う」とも述べている。(104) 国家による統制・画一化と革新教育運動内部の党派性・教条性・排他性の双方と対峙しつつ、教育とは何よりも創造的な営為であるとして、学校教育における自由と多元性の確保を目指した日高の抵抗は、能力主義に下支えされた「産業化的近代化」のなかで、しだいに忘却されていった。

おわりに

一九五〇〜六〇年代、日高は革新教育運動が内部に孕む幾多の欠陥を知悉して内心「うんざり」することがありながらも、倦むことなく状況に学び、教師に対する問題提起を続けた。教師たちの認識能力には幅があることを踏まえ、平易な文体で陰影に富む現実を丁寧に解きほぐして的確に発信する力量と忍耐力を有しており、その関わりの継続性と相互性は、論壇知識人としては、特異なものであった。それを可能にしたのは、偶然関わりはじめたものに誠実に関わり続ける彼の真摯さや「辛抱づよさ」（安田武）であったと同時に、「教師大衆」の心理を洞察する視点と方法を有していたことが大きい。未分化で生《なま》の現実に全人格的に向きあう教育という相互行為に惹かれた、ベルクソニアンとしての日高をそこに見てとることもできるだろう。学校教育という対象に関わらなければ、日高六郎という知識人は、おそらく相当違う姿になっていたのではないか。

当初の日高を教研活動に駆りたてたのは、学校教育が民主主義を血肉化・実質化する上でのひとつの要であるという認識であり、また現場の実践知に寄与できないような学知では駄目だという問題意識であった。そのなかで日高が試みた啓蒙は、かつて「「上からの」旧意識」と「「下からの」旧意識」を媒介するエージェントとして機能した、教師という社会集団の主体化に主眼があった。問題を問題と認識する知性と感受性とを有する教師ほど、それゆえ懐疑や無力感や絶望に陥りがちな現実に対しては、教育とは気の長い営みであること、日々の地道な努力には意味があることを発信・エンパワーし、左派の政治主義に対しては、その先鋭化が革新運動の自殺を招くこと、教育は政治に従属するものではないことを繰り返し問うた。ものを考えない多くの教師に対しては、考えることを要請した。日高にとって、教研活動とはそのための大規模な「大衆運動」であり、同業者や父母・地域住民との相互のコミュニケーションを通じた、教師の主体化および主体変革の可能性を孕む場であった。教育の「創造」性をあくまで追究した日高の思想と実践は、たとえば西洋近代の価値といったような「外部の参照点」からの偏差で日本社会の「後進性」を問題とするような認識枠組みには、[105]とうてい収まりきらないものである。

それはより根本的には、日本社会における知のあり方や人間関係のあり方の変革をめざす思想運動であったと捉えることができよう。思想の科学研究会が試みたことと発想において親和的な取り組みを、日高は、あらゆる子どもとその親があまねく巻き込まれる公教育を対象に行った。戦後日本において反体制の側も払拭することができなかった、上から降りてきたある「正しさ」を丸呑みして他者に押しつけるという思考様式を、[106]日高は学校という装置のなかから内破しようと志した。

(104) 前掲日高「解説　戦後思想史における教研と記念講演」一五頁。
(105) 苅谷剛彦『追いついた近代　消えた近代——戦後日本の自己像と教育』岩波書店、二〇一九年。

東大文学部時代に日高の指導を受けた見田宗介は、日高の死去後、次のように振り返っている。

「日高空間」で、僕もそうだけれども、いろんな人が育っていった〔…〕自分自身の問題意識にしたがって、何をしても許される創造的な空間を作ってもらえたということが、わたしにとって大きな恩恵だったと思います。とても素敵な、フレッシュな経験でした。そのころは五〇年代でしたから余計にそう感じましたが、たぶん、今の時点で見ても、そうあるものではないと思います。(107)

こうした「創造」を、日高自身もまた、教師として実践していたのであった。一九六九年に東大を辞した後の日高は、次のように述べている。

アカデミックな研究会の空気には、日本の小・中・高の教師のなまな実践の記録は、なじみにくい感じがある。それは宙に浮いてみえる。しかし、ほんとうに宙に浮いているのはだれなのか。私は、研究と教育とを結びつけようとし、またそのための組織づくりをしようとして悪戦苦闘している日本の小・中・高の教師の報告書を、研究所の所員会のテーブルの上に散乱させた。それは同じ教師の一つの義務であるとさえ考えたのだった。(108)

この言明は、教育に無関心な多くの大学教員への批判であると同時に、自らはアカデミズムの担い手として社会的責任を果たすべく、地に足つけて尽力してきたという自負心の表明でもあっただろう。

その後二〇世紀末に至り、日高は次の問いを発している。それを最後において、本章を閉じたい。

日本の民衆は明治維新以後、「〈国家さがし〉の時代」を経験し、そして敗戦後には、「〈社会さがし〉の時代」がはじまった。やがて高度経済成長が人々に実感される頃、「〈私さがし〉の時代」を迎えた。〈社会さがし〉の時代、一部の教師や親たちや生徒・学生は、ひそかに未来社会のユートピアを期待し(109)ます。その〈社会さがし〉は徒労感に終わったように見えます。しかし、ほんとうに終わったのか？

(106) そうした思考様式は教師固有のものというよりもむしろ、戦後歴史学も含む「学校秀才型マルクス主義」の体質（戸邉秀明「マルクス主義と戦後日本史学」『岩波講座日本歴史　第22巻　歴史学の現在』岩波書店、二〇一六年）の一端を、教師もまた、抜きがたく共有していたと捉えるべきであるのかもしれない。私見では、こうした思考様式は、マルクス主義の社会的影響力が消滅した今日もなお健在である。酒井隆史は、現代日本における「普遍的権利への攻撃や「戦後的なもの」への否定と、その気分としてのシニシズムは、長い時間をかけて、制度内外の知識人たちによって耕されてきたもの」であるとする、重要な議論を展開している（酒井隆史「現代日本の「反・反知性主義」？」『現代思想』二〇一五年二月号）。

(107) 見田宗介「追悼・日高六郎　「含羞の知識人」を見送る」『世界』二〇一八年八月号、一二三頁。

(108) 日高六郎「あとがき」『日高六郎教育論集』四二三頁。日高は新聞研究所で毎週開催される所員研究会において、たとえば一九五六年二月七日に「第五回日教組教研大会に臨んで」というテーマで、また一九五七年二月一二日に「日教組教研大会に臨んで」というテーマで研究発表を行っている（『東京大学新聞研究所年次要覧』四、一九五七年、一六－一七頁）。

(109) 日高六郎「「戦後教育」を語る」『季刊 forum　教育と文化』一一、一九九八年、一三〇－一三一頁。

第5章　社会心理学のその後と「戦後民主主義」への問い

はじめに

本章では、第2章で論じた一九五〇年代における日高の社会心理学がその後どのように手放されていったかを明らかにするとともに、第3章で論じた社会科教育への取り組みや第4章で論じた教育運動への介入の経験が、「東大紛争」をめぐる日高の思想に、いかなる影響を与えたかについて考察したい。そして「東大紛争」が収束していく一九六九年に東大を辞職した後、後半生にかけてどのような思想を展開したかについて、「戦後民主主義」との関係から大まかな見通しを示したい。

まず、社会心理学の展開と密接であったマルクス主義および共産主義勢力に対する評価の変遷を、その批判の論理を検討することであとづける（第1節）。次に、六〇年安保闘争以降、「市民」と呼ばれる存在が台頭して各所で「市民運動」を展開し、また他方では「現実主義者」と呼ばれる勢力が論壇で発言力を拡大していくなかで、一九五〇年代にすでに「市民」という主体を追究していた日高が、これらの動きをどう捉えたかを検討する。そしてそのなかで、社会心理学を含むアカデミズムへの姿勢がいかなる変容を遂げたかについて考察する（第2節）。最後に、「東大紛争」をめぐる日高の思想と一九六九年の東大新聞研究所辞職について論じるとともに、その後一九七〇年代以降、「戦後民主主義」の価値を擁護するという「戦後知識人」の立場から展開された言論活動のエッセンスを示したい（第3部）。

1　マルクス主義批判

（1）「正統派」マルクス主義との提携の模索

一九五〇年代後半の日高が、マルクス主義と非マルクス主義のあいだの学問的／実践的「協力」の可能性を追求してきたことはここまでに検討してきたとおりだが、その可能性をアカデミックに突き詰める作業は、一九五八年の論考が最後となる。[1] その翌年における、マルクス主義理論の刷新をめざすいわゆる「構造改革派」の旗揚げに日高は期待をかけたものの、日本共産党は彼ら「構造改革派」に対して、ただちに処分を加えた。そのとき日高は、日本共産党に対して、強い抗議と批判を展開する文章を書いている（後述）。こうした経緯は日高に、理論としてのマルクス主義からの、さらなる離脱を促したように考えられる。

「構造改革派」によって雑誌『現代の理論』が創刊されたとき、日高は創刊号に、「マルクス主義者への二、三の提案」という文章を寄せた。このなかで日高は、現在「マルクス主義陣営のなかでマルクス・レーニン主義的科学の統一をほこるものがあるとすれば、私はそこには学問の政治にたいする追随主義という危険な徴候を感じないわけにはいかない」として、ソ連におけるスターリン時代の人文・社会科学の不毛性を、現在の日本におけるマルクス主義陣営が陥ってはならない歴史として論じている。

「一九三〇年代のソ連における人文科学、社会科学が極端な教条主義におちいって、みじめな荒廃状態を招いたという事実」は、科学的真理というものが共産党の政治的要求に応じることと同一視されたために生じたものであるとして、それと対比させる形でニコライ・ブハーリン（彼がソ連共産党によって名誉回復されたのは一九八八年であり、当時はスターリンらによって右派とされたままであった）を論じ、彼の著作『史的唯物論――マルクス主義社会学の通俗教科書』（原著一九二一年）は、彼以外の著者による史的唯物論の代表的な教科書よりも「はるかに面白いという事実は、否定できないように思う」と述べる。そしてブハーリンが「いわゆるブルジョア学者たちを、縦横に、あるいは肯定的に、あるいは否定的に、しかもほぼ正確妥当な理解の上に立って引用した精神」について論じている。[2] 青年期の日高が強く惹かれたマルクス主義者は、「いわゆるブルジョア学者たち」を、「肯定的に」「ほぼ正確妥当な理解の上に立って」引用した末に、ソ連共産党によって、一九三八年に四九歳で粛清された異彩の人であった。[3]

それでも日高は、戦後日本における「正統派」マルクス主義をしばしば辛辣に批判しながらも、彼らとの「協力」を模索し続けた。それは戦時下における彼らの抵抗の意義を重要視するからでもあり、ま

（1）日高六郎「イデオロギー・社会心理・社会的性格」『思想』一九五八年一月号、同『現代イデオロギー』勁草書房、一九六〇年所収。
（2）日高六郎「マルクス主義者への二、三の提案」『現代の理論』一、一九五九年五月号、同『現代イデオロギー』二一〇 - 二一八頁。
（3）後年の日高は、ブハーリンの魅力と粛清のときの衝撃を語り、「彼の名誉回復を希望しつづけ、そのことで、戦後、日本共産党の志賀義雄さんと論争し、軽蔑と罵倒の言葉をもらいました」と述べている（日高六郎「「戦後教育」を語る」『季刊 forum　教育と文化』一一、一九九八年、一二八頁）。

たそれゆえ敗戦後に放たれた彼らの強烈な威光に対する複雑に屈折した心理の反映でもあり（それは徳田球一以下政治犯の解放運動を自発的に起こすことができなかった自己に対する痛覚と不可分である）、そのリアリティは現在からはなかなか想像しにくいものだが、次の言及は、日高がマルクス主義を重く見る理由のひとつの端的な説明である。

マルクス主義が提供しているような首尾一貫的な社会理論は、他の何人によっても、他のどのような学派によっても提供されず、また大衆をつかんでいないというのが現実であることも忘れてはならない。それだけにマルクス主義理論の責任はじつに大きいと思う。もしそれが頽廃し、硬直し、現実をまちがって把握して、教条主義にしがみついているような事態がつづいたら、それはマルクス主義者にとっての損害であるだけでなく、民主主義を支持し守ろうと決意している非マルクス主義学者の損害であり、また統一戦線によってのみ自己の未来をきりひらくことのできる日本の民衆にとって致命的損害である。新しい雑誌「現代の理論」がそれらのすべての人々にたいする責任を果すことを、私はきびしく要求したいのである。(4)

マルクス主義が「首尾一貫的な社会理論」を提供しているという事実、およびそれに匹敵する理論が「他の何人によっても、他のどのような学派によっても提供され」ていないという事実は、おそらく現在でも変わらない。そしてその理論が現実政治においては、往々にして「頽廃し、硬直し、現実をまちがって把握して、教条主義にしがみついているような事態」に陥ったことも否定できない。そうであった以上、「統一戦線」を諦めて、非マルクス主義者および彼らと協力する意思をもつマルクス主義者による民主的運動に期待をかける可能性もまたあり得たように考えられるが、日高が現実にその道を選択することはなかった。「私は、マルクス・レーニン主義の、優越した首尾一貫性、党派性は、逆転すれば、最も危険な教条主義、動脈硬化症となるような、紙一重のところで成立していると思う」という認識をもちながらも[5]、その紙一重のところで踏みとどまる可能性に、日高が完全に見切りをつけることはなかった。

日高は、マルクス主義者内部の意見の多様性を一貫してむしろ可能性として捉え、その多様性のなかにこそ、「マルクス主義の弱さではなく、豊富な未来と同時にことなった立場との協力の可能性がかくれている」とみなしている。[6]教育運動の内部において、教師の意見の多様性が民主主義教育にとってむしろ強みであることを繰り返し発信したことは第4章で検討したが、民主主義にとって意見の多様性は望ましいものであっても、「正統派」マルクス主義の立場からは、こうした認識は到底容認できないものであった。「正統派」マルクス主義者は一九五九年の世界の現実を、日高が捉えたように、「第二次世界大戦後、世界の状況が全く急激に変化しつつあり、その状況を統一的に把握することよりも、まずその状況を把握するためのありとあらゆる視座を実験的に提出する必要が強まっているという現実」としては捉えなかった。日高は第二次世界大戦後のそうした情勢について、とくに「平和の観点と革命の観点をどのように位置づけるかという、かつてのマルクス主義が想像もしなかった状況が重要」であり、

（4）前掲日高「マルクス主義者への二、三の提案」同『現代イデオロギー』二一八‐二一九頁。

（5）日高六郎「「現代の理論」処分によせて」『日本読書新聞』一九五九年九月三日、同『現代イデオロギー』二二四頁。

（6）前掲日高「マルクス主義者への二、三の提案」同『現代イデオロギー』二一五頁。

「この問題だけでも意見が多様化するのは必然でもあり、また自然でもある」と論じている。(7)「平和」と「革命」の関係についての認識は、その後の日本の左翼運動におけるソ連・中国の核保有をめぐる対立・抗争の根幹に関わる問題でもあり、一九五〇年代末の日高による問題提起はまさに、その後の彼らの混迷を論理的に予見する内容となっている。

作田啓一は、「異なった出発点からスタートする思想や運動が、それぞれみずからに誠実であるかぎり、ある到達点においてあい交わる」という日高のオプティミズムは単なる幻想に過ぎないかもしれないことを、日高自身が「他の誰よりも慎重に」自問した結果、「彼は、検証されねばならぬ多くの領域を未来に残しているこの思想を選択した」と理解している。(8)この理解は、的を射たものである。たしかに、「異なった出発点からスタートする思想や運動が、それぞれみずからに誠実であるかぎり、ある到達点においてあい交わる」可能性を、完全に否定することは難しい。しかしその実現可能性を信じることはやはりオプティミズムであろう。日高は、その可能性は幻想かもしれないと考えながら、それでも完全に否定しきることはできないその可能性にコミットするという選択を行っている。もとより日高は敗戦後の時点で、「われわれには徐々にでもわれわれ自身を解放して行くよりほかに方法は与えられていない筈である」と述べていた。(9)知識人としての彼の責任の引き受け方のひとつが「統一戦線」の模索であり、一九五〇年代後半の日高は作田が述べるとおり、体験・実感・個別性と理念・理論・普遍的原理とを媒介する「組織と運動の組み方」(10)の追究に、「社会学者としての全力を傾け」るようになっていく。作田は日高を「媒介者」と呼んだが、それは運動を担う各々の主体に対して具体的批判を投げかけて知的認識を触発する「媒介」であり、また彼らの体験・実感・個別性を理念・理論・普遍的原理に結びつけようと試みる「媒介」であった。

しかし、当人の主観において「みずからに誠実」であればあるほど、異なった立場に対して非寛容になる類の「誠実」さもまた、社会運動のなかに根強く存在したものであっただろう。日高という、マルクス主義に深い理解をもち、マルクス主義のアカデミックな枠組みに立脚もしてきた「リベラル派」の戦後知識人は、ヨーロッパのレジスタンスの経験も踏まえて、左翼との提携を踏み外さざるべき基本原則と考えてきた。常に保守派が政権与党を形成し、アメリカという西側陣営の盟主によってそれが構造的に支持されている形勢のなかで、また「リベラル」よりも左翼のほうが層い厚に支えられ求心力を発揮してきた革新勢力のなかで、日高の模索は、ヒューマニズムに立脚する西欧の知識人を日高が次のように捉えたのと、結果的に同じ軌跡を辿った。すなわち、「ともかく西欧的ヒューマニズムとコミュニズムとのあいだに統一的な原理を求めようとして、じつに数多くの良心的な知識人が苦闘した。そして数多くの知識人たちが、コミュニズムに接近し、あるいは入党さえしながら、ふたたびコミュニズムからはなれていった」[11]。

（7）前掲日高「マルクス主義者への二、三の提案」同『現代イデオロギー』二一七頁。
（8）作田啓一「日高六郎論」同『恥の文化再考』筑摩書房、一九六七年（初出一九六五年）、二五一頁。
（9）日高六郎「個人と社会について」『展望』一九四九年四月号、同『現代イデオロギー』九五頁。
（10）前掲作田「日高六郎論」二四〇－二四一頁。その作田自身は晩年になって、「社会学専攻の学生であった私は日高六郎の「ベルグソンとデモクラシーの心理学」などの初期の論考を読み、この線なら私も社会学を続けてゆけると思った。その意味で彼は私の導きの星であった」と述べている（「二〇一一年読書アンケート」『みすず』二〇一二年一・二月合併号、九八頁）。
（11）日高六郎「ヨーロッパにおける対立と混乱」『岩波講座現代思想I』岩波書店、一九五六年、＝同「二つの大戦の間――ヨーロッパにおけるイデオロギーの対立」同『現代イデオロギー』五六頁。

もし日高が左翼との提携を断念するという選択をしていたら、あるいは別の可能性が展開していたのか、もしくは保守派がさらに巻き返していたのか、それとも特段影響はなかったのか、今となっては分からない。ともかく日高は次のような情勢判断にもとづき、「正統派」マルクス主義と「近代主義」との提携を模索し続けた。

〔戦後、〕近代主義とマルクス主義とが敵対関係にある場合には〔平和や民主主義や独立を求める〕運動の困難があり、協力関係にある時期にはその前進があったともいえる。〔…〕非マルクス主義とマルクス主義とが協同したときに運動の有効性が強まっていったという経験は重要である。そしてそれは、日本の社会的構造の特質そのものがそのことを要求していると考えられるので〔…〕いっそう重要なのである。(12)

私の考えでは、日本の民主主義的自由をかろうじて防衛しているのは、進歩的諸組織に深い不満や絶望をもつ自立的急進主義者をふくめて、正統派マルクス主義者や戦闘的近代主義者の存在あるいは活動であると思う。竹内〔好〕が解放運動そのもののなかにドレイ根性をみるとき、その目はたしかである。〔…〕その〔解放運動の〕スタート・ラインに、ドレイ根性から完全に解放されていない進歩的諸組織が立つことを拒否してはなるまい。むしろそのスタート・ラインにつくことを強要しなければなるまい。(13)

(2)『現代の理論』処分問題に関する日本共産党批判

現代社会におけるマルクス主義理論の発展を目ざして、長洲一二ら「構造改革派」によって先述のとおり雑誌『現代の理論』が創刊されたとき、[14]日高は彼らを含む現在の「マルクス主義者の内部における意見の多様性」について、「「予見せんがために見る」学問的立場の、健康でオリジナルな復活を感じる」と期待を寄せた。[15]しかし日本共産党はこれを「修正主義」であると非難して、党員を処分して第五号で刊行中止に至らしめた。[16]この騒動を受けて日高は、『日本読書新聞』に、抗議文「「現代の理論」処分によせて」を公表している。ここでの日高は、従来にない舌鋒鋭い日本共産党批判を展開しており、それはほとんど激怒と言ってよいものである。文章の末尾には、「この問題について、日本の知識人が口をとざしてしまうようであれば、前途は全く絶望的というほかない」と記している。[17]

(12) 日高六郎「戦後の「近代主義」」同編『現代日本思想大系34　近代主義』筑摩書房、一九六四年、同『戦後思想と歴史の体験』勁草書房、一九七四年、四七‐四八頁。
(13) 前掲日高「戦後の「近代主義」」同『戦後思想と歴史の体験』五三頁。
(14) 創刊の言葉には次のことが書かれており、この文章が日本共産党によって、問題であるとされた。「かつてマルクス主義は人類の英知の遺産を貪欲なまでに吸収して、ことごとくみずからの血肉と化した。こんにちまたマルクス主義は、自己完結的体系性の殻をうちやぶる広い討論と交流のなかでのみ、その生命力を燃焼させるであろう。この雑誌は、同じく進歩と平和を愛しながらマルクス主義とは異なる立場にたつ人々とのあいだに、真剣な批判と刺激をあたえあう場所でありたいと思う」（大月書店編集部「創刊にあたって」『現代の理論』一、一九五九年五月号、八〇頁）。
(15) 前掲日高「マルクス主義者への二、三の提案」同『現代イデオロギー』二一七頁。
(16) 詳細は、高岡裕之「「構造改革」論の成立に関する覚書――一九六〇年前後のマルクス主義」北河賢三・黒川みどり編著『戦中・戦後の経験と戦後思想　一九三〇‐一九六〇年代』現代史料出版、二〇二〇年、を参照。
(17) 前掲日高「「現代の理論」処分によせて」同『現代イデオロギー』二二五頁。

図1 日高六郎(『日本読書新聞』1959年9月21日より)

もっとも、激怒とはいっても、次のような重い憂鬱を基調とする怒りであった。

「アカハタ」八月七日に掲載された日本共産党六中総の決議のなかで、雑誌「現代の理論」が批判されているのをみたとき、私は驚きの気持にうたれた。もっともその驚きは、まさかというよりは、またしてもという感じに近かったが。つづいて八月十七日の「アカハタ」の主張をよみ、私は一種の怒りを感じた。やがて「前衛」十月号の志賀義雄氏の論文「日本の現代修正主義」をよんで、私はすっかり幻滅した。こうした文章を書くことは、じつに気が重い。しかし「純粋」な意味ではマルクス主義者といえないかもわからない私も、日本共産党にたいして、驚きや怒りや幻滅を感じたくないからこそ、やはり書かないわけにいかない。(18)

そして『現代の理論』に対して「刊行中止の行政処分」が下されたことについて、日高は日本共産党が示す理由のどれにも納得できないとして、「学問の自律性を党はどのように考えているか、深刻な疑問が残る」こと、一般知識人はマルクス主義者たちによる祖師の言葉の引用合戦には「あきあきして」おり「その権威主義にほとほとあきれはてている」こと、「せめてほんもののマルクス主義者ならば、彼の主張を正当化するものは、事実以外にはないという、唯物論的原則に立ちもどってほしい」こと、「短い文章〔『現代の理論』創刊の言葉〕から、「日本における現代修正主義」を発見したと信じる虫メガネ的な詮索の眼そのものが、じつに精神の衰弱以外のなにものでもない」こと等を論じる。加えて、「ここでは統一戦線の論理と倫理は、まったく忘れられて」おり、そうした共産党指導者の「心理」の問題としては「強烈な内集団意識」があるとして、さらにその底流には「党員学者、党外の民主的学者、さらに一般大衆への根本的な蔑視が流れているように思われる」と批判する。また日本共産党のみならず、社会党にも労働組合にも民主的諸団体にも現在共通にみられる「動脈硬化現象」があり、その意味で『現代の理論』処分問題は、「政治・社会・文化のあらゆる進歩的運動の停滞と、密接に関係している」と述べている。[19]当時売れっ子の論壇人になっていた日高にとってさえ、次のようにはっきりと書くには、それなりの勇気と覚悟を要したのではないかと考えられる。「正直のところ、私には志賀氏の「日本の現代修正主義」は読んで苦痛であった。志賀氏の『獄中十八年』をかぎりなく尊敬しているものとして、苦痛であった」。[20]

翌一九六〇年に刊行された日高の単著『現代イデオロギー』のあとがきでは、日高は自身の戦後の歩みを振り返るなかで、マルクス主義について、次のように言及している。

「存在が意識を規定する」と言っても、その規定の仕方は決して簡単ではないと思う。そのことを、

(18) 前掲日高「「現代の理論」処分によせて」同『現代イデオロギー』二二〇頁。
(19) 前掲日高「「現代の理論」処分によせて」同『現代イデオロギー』二二〇－二二五頁。
(20) 前掲日高「「現代の理論」処分によせて」同『現代イデオロギー』二二五頁。

じつは敗戦という激動期に、多くの知識人が生身で体験したはずだった。存在と意識とのあいだにあるじつに大きなきしみ、ずれ、うらぎり。それを経験した人間が、もう一度「存在は意識を規定する」というとき、その意味はマルクス主義の教程本風にではなく、もっと複雑で屈折に満ちたものになってしかるべきではなかったか。

〔…〕私はマルクス主義だけではなく、フロイト風の発想や、それにつれて「社会心理学」的方法や、あるいは実存主義的な問題意識などにも近づいた。そして私はそれらの発想が誕生してくる必然性を発見しないわけにはいかなかった。私はむしろマルクス主義者がどんらんにこうした思想を、自分自身の体系のなかにとかしこむことを期待してやまない。それこそが二〇世紀後半にふさわしい創造的なマルクス主義を生みだすだろう。思想の純潔性ではなく混血性が、――かつてマルクスが、ドイツ観念論とイギリスの経済学とフランスの社会主義思想を混血することで、もっともユニークな思想体系をつくりだしたように――思想をきたえ、ゆたかにする。異質のものの衝突なしに、つまりは思想それ自体の内部矛盾なしに、思想は発展しない。ところが、こうした混血以前に、衝突以前に、ある思想の「純潔性」だけがその思想の価値として評価されるような空気があったので、私はそれに抗議せざるをえなかった。(21)

「異質のものの衝突」に思想の発展と創造の契機を見出すこうした日高の思想は、「正統派」マルクス主義の立場からすれば、すなわち「修正主義」なのであった。

こうした「正統派」マルクス主義の権威主義と党派性・教条性に対する日高の批判は、その後も継続されていく。後に復刊された『現代の理論』における一九六七年の鼎談で、日高は次のように述べる。

マルクス主義のあの絶対否定のすさまじい批判的精神が、ひとたび自分自身に向うと、どうしてあれほど弱くなるのか。たとえば、スターリン主義の問題にせよ、中国の現在の状況にせよ〔…〕いわゆるマルクス主義者たちが、ソヴィエトなり中国なりをひたすらユートピア的にえがきだすのではなく、現にそれがだきかかえている諸矛盾をリアルに分析することも怠らなかったとすれば、マルクス主義の科学性、客観性への信頼は現在ほどにはくずれなかった〔…〕そして、そのことは決して社会主義革命の無意味を示すことではないと思う。〔…〕現状認識がつねに大本営発表的であって、リアルな科学的分析にたえ得ないということは、おそるべき知的頽廃だと思うのです。[22]

高度経済成長によって、ますます拡大していく理論と現実との乖離を直視し得ない多くのマルクス主義者に向けて発せられた批判は、それでもなお、日高がマルクス主義に完全に見切りをつけてはいなかったことを示している。後の日高は市民運動について、次のように述べている。「積極的な意味をみとめるからこそ、逆にそこに見られるであろう、弱さ、問題性、欠陥について、徹底的に検討する必要を感じるのである。だれが、無意味な価値について、その弱さや問題性や欠陥をあげつらう必要があるだろうか」[23]。これは市民運動のみならず、あらゆる問題に対して粘り強い批評を続けた日高の基本原理

(21) 日高六郎「あとがき」同『現代イデオロギー』五八四-五八五頁。
(22) 日高六郎・長洲一二・沖浦和光「現代を生きる思想の課題——構造改革論の思想的反省」『現代の理論』一九六七年三月号、一三-一四頁。

だった。批判ということが容易に非難・誹謗中傷・除名へと地滑りしていく土壌にあって、思想創造のための生産的な相互批判・批評を、日高は倦むことなく地道に追求した。しかし、それは深い疲労を伴いながらの追求であった。

(3) 生活記録運動の停滞の分析

一九五〇年代末の日高は先述のとおり、共産党だけでなく、社会党や労働組合や民主的諸団体にも「動脈硬化現象」がみられると発信している。そしてそのなかにあって、サークル運動は、それらの毒を制する可能性を含むものと認識している。日高は述べる。「政党・組合に属するものも、無党無派のものも区別されることなく作られるサークルは、それ自体として、もっとも柔軟な統一戦線の原型」であり、「将来の統一戦線は、職場と地域のなかから生れる、強い流動性と若干の偏向性を許容した結合の延長線上に、形成されるほかあるまい」(24)。しかし現状としては、「ごく小さな職場、地域、あるいはサークル連合体のなかで成立しようとしている」「柔軟な、戦後世代を納得させるような形での統一戦線」は、「いまのところ全体をリードするひろがりも力も持っていない」(25)。

そして生活記録運動もまた、「動脈硬化現象」を引き起こしている運動に含まれると日高は考えている。一九六三年の日高は、生活記録運動における「概念くだき」について、それは子どもを対象とする生活綴り方運動とは異なって、「マルクス主義「理論」との関係において問題となるような問題意識」をも含み込むものだったと論じる。日高によれば、そこでの「概念くだき」の対象は、「教条主義的なエセ・マルクス主義の「概念」でもあった」。

生活記録運動の熱心な推進者たちは、一部をのぞいて、多くはマルクス主義者であり、そのまた一部は革新政党の党員でもあったし、いまでもあるだろう。ところで生活記録は、マルクス主義者の書く文章のなかで、ほとんど唯一の、と言ってよいであろう、マルクス主義者的組織言語をほとんど使わない文章で成立している。〔…〕これは徹底的に、生活言語に密着した。〔…〕生活記録運動の推進者たちは、いわゆる実感ベッタリ主義、現実密着主義などの批判が当然まきおこることを覚悟して、それにもかかわらず実感、生活、現実経験にかけた。「理論」信仰の毒を制するために、「実感」信仰の毒が意識的に導入されたとすれば、それは見事な作戦だったとさえいえる。それは、彼の外がわの教条主義とのたたかいでもあり、また彼の頭脳の内がわの教条主義とのたたかいでもあった。〔…〕それは、ひとつの画期的な、ある意味では根本的な問題提起だった。(26)

しかしそのような画期性をもつ運動が停滞するに至った理由を、日高は、「啓蒙主義者」と「演繹主義者」による、「啓蒙主義的、あるいは演繹主義的傾向がかなり支配的となった点」に求めている。前者は、「大衆」を「人民へ成長させる」「啓蒙」を生活記録の目的と考える者であり、また後者は、生活記

(23) 日高六郎「市民と市民運動」『岩波講座現代都市政策2　市民参加』岩波書店、一九七三年、杉山光信編『日高六郎セレクション』岩波現代文庫、二〇一一年、二四八頁。
(24) 日高六郎「サークル的姿勢」『文学』一九五九年一〇月号、同『現代イデオロギー』五六〇頁。
(25) 前掲日高「「現代の理論」処分によせて」同『現代イデオロギー』二二四頁。
(26) 日高六郎「生活記録運動——その二、三の問題点」日本作文の会編『講座・生活綴方　第5巻　生活綴方と現代教育・文化』百合出版、一九六三年、二九〇頁。

録作品が「大状況についての歴史が示した正しい史観を、いわば下から実証する記録となる」ことをねらう者である。ここで「大状況の歴史評価」とされるのは、「ある学者の書いた「現代史」として、厳存する」ものを指し、その「大状況の歴史の補充材料として、あるいは大状況の歴史の立証手段として、小状況の個人史が利用されるという危険」が、「演繹主義者」によって生じてきたとしている。そこでは、記録主体が綿々と書きつづる自己の記録は、戦争という大状況に巻き込まれ、あるいはそれを下支えした「自分のおろかしさの立証であり、自分の無智の告白である」[27]。

このような生活記録運動の停滞を打開するためには、次のことが必要であると日高は述べる。

既成の理論や概念では処理しきれないかもわからない問題を、どろどろのまま、生活実感として大胆に提出して、それによって理論家たち、概念家たちを困惑させることがあってはじめて、前衛的理論と人民的実感との対等の拮抗関係が成立する。〔…〕理論や概念をくだくだけではなく、新しい創造的な理論や概念の創造を要求するものとして、前衛的「理論」のたえまない脱皮を要求するものとして、人民的「実感」の定着形態である生活記録を位置づけなければならないと、私は考える[28]。

「理論」と「実感」のあるべき関係性とは、日高にとって、このようなものだった[29]。日高がここで既成の「理論」にもとづいて書かれた「大状況の歴史」として想定しているのは、おそらく遠山茂樹・今井清一・藤原彰『昭和史』（岩波新書、一九五五年）を皮切りに講座派の歴史学者たちによって書かれた、一連の「現代史」を指していよう[30]。生活記録作品が、権威ある歴史学者が設定した枠組みのなかにしだいに整序されていき、下からその枠組みの正しさを「立証」する「小状況の個人史」となってしまったことが、生活記録運動の「現在の低迷沈滞のひとつの重要な原因」であると日高は捉える。日高自身も、かねてより多くの生活記録作品を用いて同時代史を叙述しており、日高の「演繹主義者」に対する批判は、すなわち講座派の歴史学者たちによる歴史叙述の方法に対する根本的批判を含むものであったと考えられる。

総じて、日本で「正統派」とされたマルクス主義は、日高にとっては「教条主義的なエセ・マルクス主義」に他ならず、一九五〇年代を通じて進んだ民主的諸運動の「動脈硬化現象」は、「理論」を担う彼ら「エセ・マルクス主義」の「演繹主義」と教条性によるところが大きいという判断を、日高は下している。もっとも日高は同時に、「実感」を提出する側（生活記録の書き手）に対しても、「小地主的私有地意識が乗りこえられなければならない」という課題を提示していた。「私の実感はかけがえがないように、他の人々の実感もかけがえがない」ために、「実感の私有財産制を固執しようとする、ある意味では当然の要求も生れる」ものの、「この私有意識が、かえって自分の実感の意味と位置について、

（27）前掲日高「生活記録運動――その二、三の問題点」二九〇-二九二頁。
（28）前掲日高「生活記録運動――その二、三の問題点」二九六-二九七頁。
（29）日高は「理論家」に対しては、彼らが「本質的に小地主的私有地意識にとらわれている」ことがあると述べ、そうした理論は「理論のよそおいをつけた〔理論家自身の〕実感信仰を内がわにかくしているだけに、民衆にたいする理論家の責任はかえって問題であるばあいがあると思う」として、「大衆社会論」者を対象に批判を展開している（日高六郎「「実感」と「理論」について」『世界』一九五八年八月号、同『現代イデオロギー』三八三-三八四頁）。
（30）『昭和史』および昭和史論争と当時の現代史叙述については、大門正克編著『昭和史論争を問う――歴史を叙述することの可能性』日本経済評論社、二〇〇六年、を参照。

私たちをめくらにする」のであって、「対立した実感をぶっつけあい、交流しあうこと」が重要であると述べている。(31)

一九五〇年代を生きる人々の「実感」とは、それと齟齬をきたす別種の「実感」に開かれることが困難で、その過程で激しい苦痛を伴わざるを得ない類のものであることも少なくなかっただろう。「心的外傷」などという概念の存在しない時代であり、当時の人々がそうした類の「私の実感」を他者に開くことの困難性は、絶大なものであったと考えられる。しかし、「私の実感はかけがえがないように、他の人々の実感もかけがえがない」ことを前提として、他者の「実感」を決して否定せず真摯に耳を傾ける用意をもつ「小集団」のなかで各々が自己を開いていくことができたならば、それは各々の当事者にとっても社会的にも、大きな力となり得たであろう。また、生活記録を書くとは、自己のナラティブを過去の社会状況との連関のなかで構築していくことであり、その作品について「小集団」のなかで語り合うことは、そのナラティブが、新たな社会関係へと接続されていく可能性を含む行為であった。

後述するように、日高は原爆によって困難のただなかに突き落とされた被爆者たちの表現活動を注視し、後に彼らのさまざまな戦後の歩みを――たとえば後遺症によって若くして命を落としたり、原爆の非人間性を社会に訴える活動に踏み込んでいったりする過程を――子どもたちに向けて描くことになる。心理学や精神医学の助けがなくとも、自らの体験を語り他者の体験の語りを傾聴する関係性に恵まれることよって、今で言うところのいわゆる「レジリエンス」が引き出され、さらに彼らに対する社会的な理解が促進される場合も存在した。しかし、そうした類の「実感」の表現には、おそらくかなり高いハードルが存在したと考えられ、多くのいわゆる「サバイバー」あるいは加害者たち(両者の要素がひとりのなかに両立した場合も多い)の「実感」が、強い社会的抑圧の下で、不可視にされていった。そうした社会的抑圧に、かつての「正統派」マルクス主義者（あるいは日高の言う「啓蒙主義者」「演繹主義者」）もまた、直接的・間接的に加担してきたと言えるのではないか。

2 「市民」への問いと社会心理学からの離脱

(1) 「市民」の台頭／「現実主義者」の台頭をめぐって

一九五九年の日高は、「日本共産党が「既成概念への盲信」のために手ばなさざるをえなくなった大衆運動の主導権は、表面的には無党無派の諸勢力で受けつがれた」と述べている。[32] こうした動向はやがて六〇年安保を経て、新しい「市民運動」として拡大・定着していくことになる。左派の党派性や教条性に対する人々の違和や批判は、いわゆる「市民主義」の成長を促していった。

周知のとおり、六〇年安保闘争において、日高は積極的に発言し行動した。[33] そして保守政権による安

(31) 前掲日高「「実感」と「理論」について」同『現代イデオロギー』三八四頁。
(32) 日高六郎「大衆論の周辺」『民話』一九五九年三・四月号、同『現代イデオロギー』五一一頁。
(33) 六〇年安保に関する後年の日高の証言としては、たとえば、国民文化会議編／加藤周一・日高六郎著『同時代人丸山眞男を語る』世織書房、一九九八年。
安保闘争当時、日高は四三歳であり、新安保条約締結と国会の事後承認に反対する世論の形成を主導した論壇知識人のひとりとして、その責任を負う立場にあった。闘争の過程における日高の行動とその論理を検討することは重要な研究課題だが、本書ではそれは果たせなかった。日米安保体制という戦後日本の根幹をなす枠組みの変更・再編を当時の知識人たちがいかに認識して行動したかについては、彼らを取り巻いていた具体的状況や彼ら相互の位置関係、さらには一九五〇年代における米軍基地問題の文脈も含み込んだトー

保条約改定強行に対抗する「無党無派の諸勢力」の拡大と運動の高揚を、戦後民主主義の一定の定着と捉えた。ただし、新条約が国会で自然承認されて安保闘争の波が急速に退潮していった後に刊行した岩波新書『1960年5月19日』においては、運動を記録・検証するなかで、多くの問題点を剔出している。とくに、「動いたものと動かなかったものとのあいだ」という問題設定を行い、「動いたものにある程度共感しながら、しかし自身は動かず、また動けなかった多数」の内実を次のように分析する。

動いたものが意識水準が高く、動かなかったものがおくれているという尺度だけではかれない。比較的自由に発言できる大学教師がそうでない小学校教師よりも勇気があるわけではなく、ピケをはったあとすぐヒル寝ができる学生が、すぐ職場にかえらなければならない労働者よりもつねに進歩的であるはずはなく、大都市の駅頭でビラをくばる青年が、一枚のポスターを故郷の村の掲示板にはることができるかどうかは保証のかぎりではない。〔…〕第二に、そのことと結びついて、比較的に気軽に動くことのできる層が、学者、文化人、学生、組織労働者、生活の安定した主婦層等であり、小市民層（いわゆる中間層）的な大きな部分をふくんでいることから、運動を支配する空気がどうしても小市民的となりやすいという欠陥があった。〔…〕そうした空気は、もっと社会の底辺に近い部分、すなわち未組織労働者、半失業者、失業者、農民の下層の部分、漁民（あの米騒動の主役たち！）等を支配している生活気分とは必ずしも調和しない。運動のスタイルはより多様であってよく、その意味でいわゆる日本経済の二重構造のなかの下層に位置する労働者的な、あるいは失業者的な、あるいは農民・漁民的な風貌や言葉や要求がもっと登場してよかった。名実ともに諸階層の多様性があらわれることが望ましかったのだ。〔…〕そして第三には、動かなかったものが、動いたものへ近よろうとしながら、再びそこから遠ざかっていくひとつの理由として、運動のスタイルが、多様な集団の連帯の表現というより、紋切型の画一主義に傾いていくことにたいする反発もある。〔…〕運動のがわにも、依然として、機械的にくりかえされるスローガン主義やぎこちない形式主義が残っていた。(34)

日高がここで重視しているのは、運動の担い手やスタイルや「気分」の多様性であり、既成左翼による既存の運動にとらわれない「市民」という主体が社会の表舞台に登場したことの意義を高く評価しつつも、彼ら「市民」のなかにも依然として「紋切型の画一主義」・「スローガン主義」・「ぎこちない形式主義」等が残っていることを、わざわざ指摘している。闘争に比較的容易に参加できる社会階層（「いわゆる中間層」）に属する者が、闘争に参加しなかった者を「おくれている」と裁断することの特権性と不当性を、「いわゆる中間層」が大部分を占めるであろう岩波新書の読者に示そうとする意図が読み取れる。

第2章で論じたように、一九五八年の論文において「人民」よりも「市民」的な「社会的性格」の実

タルな検討が必要であり、日高の発言のみをそこから取り出しても、正当な評価を下すことはできないと考えたためである。

たとえば日高は、六〇年安保を契機として清水幾太郎と事実上袂を分かつことになったが、その分岐の思想史的意味は、一九五〇年代における清水の反基地闘争へのコミットとその論理を詳細に検討しないかぎり明らかにならないように思う。都築勉『戦後日本の知識人——丸山眞男とその時代』（世織書房、一九九五年）はこの課題に挑んでいるが、なお未解明の点が多い。

（34）日高六郎編『１９６０年５月19日』岩波新書、一九六〇年、八六‐八八頁。

現をより重視した日高は、六〇年安保を経て、各地で叢生し拡大していった各種「市民運動」の可能性に積極的にコミットしていく。ただしそのなかで同時に、「市民」から零れ落ちる生活者の存在――たとえば柳田国男が〈常民〉と名づけた存在――を捉えることができない「市民主義」の限界の指摘や、現代市民社会の閉鎖性の指摘にも大きな比重をおいている。高度経済成長が終焉し、ヴェトナム戦争も終息していった一九七三年になると、日高はそれまでの「市民運動」の取り組みについて、「市民登場、万々才という発想では、ついに市民主義の普遍性への道はとざされるのではあるまいかという意見を、私はもちつづけてきた」として、「いまこの時点で〈市民運動〉が十二分のとは言わないにしても、ある程度の普遍性を獲得しているのかと聞かれると、それを肯定する十分な自信を持たない」という判断を示し、さらに次のようにも述べている。

敗戦直後には、共同体に埋没し、政治から疎外されていたからこそ政治に無関心であるほかなかった〈常民〉の世界から常民が脱却し、〈市民〉へと脱皮していくことが強く要求された。そのことは一面当然のことであったかもしれない。しかし、進歩的〈市民〉のある種の軽さが、保守的〈常民〉のある種の重さをいまなお動かしえないという実態は依然として残っている。そのさい、障害の原因のすべてを〈常民〉の責任とすることが正しいかどうかは、十分検討に値する。

〔…〕〈常民〉が〈市民〉に成長し、〈市民〉が〈人民〉に成長するという発展段階図式がそのまま首肯できるのかどうか。問題はもう少し複雑ではあるまいか。(35)

そして、〈常民〉的立場がもつ「積極面は、ある種の普遍性として、現在から未来にかけて生きていくにちがいない」とも述べている。これは高度経済成長を経て、「戦後民主主義」と呼ばれるものが曲がりなりにも社会に定着した時点における、「市民主義者」の自己点検の意味を含めた警鐘であろう。

高度経済成長の進展は、「市民」の台頭を促した他面、「戦後民主主義」批判を噴出させた。敗戦から二〇年近くが経過した一九六四年の時点で、日高は論考「歴史の教訓と理性の立場」を執筆し、戦後日本の歩みと現在の地点について、次のように述べている。「体験に根をおろす価値と、原理から出発する価値との結婚は、つねにうまくいくとはかぎらない。敗戦直後は、それがかなりうまくいった瞬間だった」。その体験と原理の「結びめ」としては、「とくに〈平和〉という価値があった」。そこには「やや感性的であり、感傷的であるという弱さ」もあったが、とにもかくにも「相当程度、自発的に自由にえらばれた価値であるというかけがえのない健康さ」があり、「そこに季節交替とはちがった歴史があった」。しかし、戦後一九年の経過は、「この平和への国民的な意味づけをぶちこわしていく過程だった」[36]。

ここで日高は〈平和〉の問題について、近年台頭した「現実主義者」の提案がむしろ「空想的にすぎる」ことを国際情勢も含めて詳論し、また十年前に福田恆存（一九一二‐一九九四）が『中央公論』誌上で平和運動を批判して話題となった評論「平和論の進め方についての疑問」[37]を取り上げて、次のよう

（35）前掲日高「市民と市民運動」『日高六郎セレクション』二六三‐二六四頁。
（36）日高六郎「歴史の教訓と理性の立場」『展望』一九六四年一一月号、同『戦後思想と歴史の体験』九〇‐九一頁。
（37）福田恆存「平和論の進め方についての疑問」『中央公論』一九五四年一二月号、同『平和論にたいする疑問』文藝春秋新社、一九五五年所収。

に述べている。

福田氏は、かねがね、政治がわるい、安保がわるい、アメリカ帝国主義がわるいと、なんでも大状況へ尻を持っていくマルクス主義的拡大方針的思考様式が気にいらなかった。〔…〕じつは、その点だけに限っていえば、福田氏の指摘はまったく的はずれではない。ただ実情についていえば、まじめで人のよい先生たちが、たとえば横須賀で、どんな形で現地解決主義の努力をつづけていたか、ということをつぶさに知る必要があったと思う。〔…〕当時つぶさに「現地」をしらべていたら、もっと多種多様のことが議論され実行されていたことがわかると思う。福田氏のいう現地解決主義とは、こういうことだったのかどうかを聞きたい。〔…〕いわゆる進歩派のなかには、徹底的な現地主義の人たちがいることも知ってほしい。〔…〕〔福田らの〕冷笑的批判はほとんど非理性的だが、しかしそのことで批判されるがわがつねに理性的であるということは保証されない。(38)

日高はいわば、教育運動をはじめとする革新諸運動に伴走しながら彼らの「マルクス主義的拡大方針的思考様式」を批判し、「徹底した現地主義」の努力を都度訴えてきた「進歩派」でもあった。「つねに理性的」であるわけではない革新諸運動の具体的な問題性を剔出し、その担い手に具体的な批判を投げかけることでコミュニケーション的「理性」を実現しようとする努力を継続してきた日高が、「現実主義者」の冷笑を「まったく的はずれではない」と書き、また「冷笑を冷笑としてだけ受けながしておけない事態」が現在あらわれていると書かざるを得ない状況が、六〇年代半ばには現出していた。すなわち教育運動を筆頭に、多くの革新運動が、安保闘争を経てさらなる分裂・抗争状態に陥っていた。

原水禁運動の分裂が決定的になりつつあった一九六三年には、日高は戦後生まれの子どもたちに向けて、原水爆と平和の問題を投げかける著書『原水爆とのたたかい――平和の声 まちに村に』を執筆・刊行している。この書は、被爆者やその家族など多数の人々が原爆体験とその後の体験を綴った記録などの資料をもとに、原爆投下後の国内外の反核・平和運動の取り組みを現実政治の動きとあわせて叙述した、ひとつの同時代史である。社会科教科書の執筆と並んで、一九五二年時点の日高がすでに述べていた、「戦争を防ぐための心理的な方法」として「ただ恐怖に訴えるだけでなくて、もっと深い人間性尊重の意識をふるい起させたい(39)」という理念を、まさに結実させた作品と言える。この本の最後に、日高は次のことを述べている。

君たちの生まれる前、日本のおとなたちは、とんでもない失敗をした。犯罪をおかしたと言ってもよい。中国への侵略戦争である。

その責任は君たちにはない。

しかし、君たちは、日本のおとなたちのおろかな行動のまねをしてはならない。そのことを、若い君たちにお願いするのが、いま生き残っている日本のおとなたちの責任だと思う(40)。

---

(38) 前掲日高「歴史の教訓と理性の立場」同『戦後思想と歴史の体験』一〇三‐一〇五頁。
(39) 日高六郎・遠山茂樹・大田尭「社会科学者の社会科批判」『教育』一九五二年一月号、四九頁。
(40) 日高六郎『原水爆とのたたかい――平和の声 まちに村に』国土社、一九六三年、一六六頁。

このように日高は、戦後生まれの日本の子どもたちの戦争責任を解除した上で、「日本のおとなたち」がかつて何をどう間違えたかを子どもたちに明示するという「教育」を行っている。自らが正しさを体現した大人として子どもたちの前に現出するのではなく、かつて「おろかな行動」をした「日本のおとなたち」の一員として、その「責任」の引き受け方を、平和を願う被爆者たちの戦後の歩みと併せて提示するという方法をとっている。日本の核被害の問題を伝えようとするとき、同時に日本が犯した侵略戦争という「犯罪」について言及することは、日高にとって、新たな「道徳」を創出しようとする上で欠くべからざる課題であった。

こうした日高の責任意識は、「現実主義者」に向けられた次の批判のなかにも表れている。先述した一九六四年の論考のなかで、日高は次のように述べている。

福田論文〔「平和論の進め方についての疑問」〕以後もチャチャをいれる人はたくさんいた。私は、怠けてはならない位置にいて、しかも怠けて、そしてチャチャをいう人間はゆるせない。政治指導者にも、評論家にも、マスコミ関係者にも、それはいた。彼らはチャチャをいう資格がないのだが、資格がないからチャチャしかいえないわけだ。(41)

戦時下で、日本の遂行する戦争の不当性を論理的に認識することが可能であったのは、主に高等教育を受けたごく少数の社会層に属するインテリであった。そうした特権的位置にあって、かつ、文筆などの才能に恵まれた者は、戦後実現された自由な社会のなかで、「怠けてはならない位置」にいるのだと日高は考えている。そのようなノブレス・オブリージュが、アカデミズムから離脱していった後もなお、日高を日本社会の諸問題に向かわせる原動力のひとつであった。

(2) アカデミズムからの離脱

先に述べてきた、日高のマルクス主義者を含む知識人への批判は、知識人にとって「啓蒙」の対象である民衆の「社会心理」に迫った研究成果と併せて、知識人に対しても、一定の「啓蒙」の効果を果たしたように考えられる。第2章で検討した社会調査等によって得られた「社会心理」に関する知見を、一九五〇年代の日高はそのときどきの時事的発言に応用していくことで、結果的に論壇人としての地位が確立されていった。

戦争末期、海軍技術研究所に日高を紹介した社会学者の尾高邦男は、一九五八年になって、日高について、「一見女のように柔和で、実は激しい気魄と皮肉な舌鋒を秘めた」人物であると評しながら、次のように書いている。

日高君は思いつきと構想力の天才である。それなのに、まだ自分の仕事らしい仕事を発表していない。かつてわたくしがこのことを指摘したさい、彼はニヤリと笑って、いまにクーリー(アメリカの社会学者中もっとも異色のある学者)のような三部作を書くから見ていて下さい、と答えた。クーリーのように人生のドラマを内観し、しかもクーリーにまさる鋭さと清新な現実感覚をそなえた彼に大きな期待をかけるものは、わたくしばかりではあるまい。思いつきのよさはとかくジャーナリズムから重宝

(41) 前掲日高「歴史の教訓と理性の立場」同『戦後思想と歴史の体験』一〇四-一〇五頁。

がられる。それだけに、社会学プロパーからやや遠ざかったところで仕事をしている彼に、わたくしはもう一度社会学に帰れ、と呼びかけたいのだ。(42)

日高がクーリーのような三部作を本当に書こうとしていたかは定かではなく、単に尾高の忠告をかわすためにその場かぎりの返答をした可能性が高いように思われるが、ともあれ日高が「ジャーナリズムから重宝がられ」たのは確かである。そして日高のジャーナリズムにおける「時事的発言がそのまま彼の社会学の仕事となっている」(43)と評価した年少の社会学者・作田啓一とは対照的に、尾高は日高のことを、「社会学プロパー」から逸脱してしまった「天才」とみなして復帰を呼びかけている。

一九五〇年代における教科書問題や教育運動も含め、日高の時事的発言は事実ジャーナリズムに重宝され、年齢を重ねるにしたがって、そうした社会的活動とその一環としての執筆活動が、生活時間の大きなウエイトを占めるようになっていく。六〇年安保闘争やその後の革新諸運動のさらなる分裂や「市民運動」の台頭や「現実主義者」からの冷笑、さらには日韓基本条約締結やヴェトナム反戦運動や沖縄返還問題等々の現実的課題が次々と押し寄せるなかで、そうした現実のなかから問題を引き出し、現実に対して批判的認識を投げかけるという循環が「日高社会学」そのものになっていったが、それは「社会学プロパー」からは、さらなる逸脱と判定されるコースであっただろう。その過程で、社会心理学的研究に対する日高のスタンスもまた、変化していった。

遡れば、第2章で検討した一九五五年の共著論文「労働者の政治意識」において、日高ら執筆者は、支配層（保守政権）が「体制的矛盾に反撥しようとする大衆の素朴な不満や感情」を「虚偽意識に転化」して、「体制維持のための「自発的」反応を大衆層のなかに再生産」しようとしていると述べていた。

また、労働者のなかで「役附工層」は、「大衆のエネルギーを巧みに企業側の通路に導くエセ自発性の培養者」であるとも述べていた。(44) しかし、それらが「虚偽意識」であり、また「エセ自発性」であると言い切れる根拠は一体何か。

「大衆社会」研究について論じる一九五七年の論文において日高は、「巨大集団」を「自己疎外」を引き起こすマイナスシンボルとして、「小集団」を「自発的な人間関係」を育てるプラスシンボルとして捉えてきた従来の「大衆社会」的アプローチについて、「新しい観点から前進させていく必要を感じる」と述べている。すなわち、

大企業体における「人間関係」アプローチがインフォーマルな職場集団にまで問題をおろしてきたということと、労働組合の官僚制のなかで疎外された組合員の意識が、たとえばサークル運動のなかでふたたび全人間的に生き生きと活気づけられるということとのあいだのちがいは、いったいどこに求められるのであろうか。(45)

(42) 尾高邦男「福武・日高・高橋君のプロフィール」『書斎の窓』五六、一九五八年五月、一六 - 一七頁。この文章は、福武直・日高六郎・高橋徹編『社会学辞典』(有斐閣、一九五八年)の編者についての紹介文である。『社会学辞典』の編纂については、福武直・日高六郎・高橋徹・伊部利秋「社会学辞典を語る」『書斎の窓』五六、一九五八年五月、および高橋徹「解説――『社会心理学研究会』のこと」城戸浩太郎『社会意識の構造』新曜社、一九七〇年、も参照。

(43) 前掲作田「日高六郎論」二四八頁。

(44) 日高六郎・高橋徹・城戸浩太郎・綿貫譲治「労働者の政治意識」『思想』一九五五年七月号、三八 - 四一頁。

(45) 日高六郎「「大衆社会」研究の方向」『講座　社会学Ⅶ』東京大学出版会、一九五七年、同『現代イデオロギー』

この「ちがい」の問題は、「大衆社会状況のいわゆる「病理的」側面を説明しようとするばあい、「異常」と「正常」、「病理」と「健康」を判別する基準を（だれにとって、どのような意味で、ということをふくめて）明らかにする必要がある」ということとも関連すると、日高はこの論考で述べている。(46)

そこから大幅に時期を下り、一九六九年になると、日高は次のように書くようになっていた。「社会と個人との関係について考えるとき、いまだに思想的にもまた理論的にも解決されていない問題のひとつは、社会のなかにおける個人の自発性とはなにか、ということである」。日高は述べる。フロムが『自由からの逃走』で力説したことは、

> ファシズムへの自発的協力はいわばパーソナリティの病的なゆがみと不可分であり、その意味でそれはエセ自発性にしかすぎないということであった。たしかにエセ自発性と真の自発性とが存在するというのはひとつの説明であり、その説明も無根拠ではないと思う。しかしエセ自発性と真の自発性を区分するメルクマールはなにかということについては、必ずしも説得的な心理学的あるいは精神病理学的説明はいまなお存在していないのではないか。もちろん、外がわから社会科学的あるいは社会学的に区分のメルクマールを設定することは可能であるとしても。(47)

このように、「エセ自発性」と「真の自発性」を区分する説得的な心理学的・精神病理学的説明は存在しないという判断を、東大を去る頃の日高は示すようになっていた。その言明は、これ以上その説明を追究することにさほど意義を見いだせないという認識の反映である。そのことはつまり、「科学」を

追究した結果、その区分は狭義の「科学」では処理できない問題であるという結論に至ったことを意味しよう。何が「正常」であり「健康」であり「真の自発性」であるか、逆に何が「異常」であり「病理」であり「エセ自発性」であり「虚偽意識」であるかの判定は、あくまで区分する主体の思想的・政治的立脚点に左右される。そして従来日高が「外がわから」設定してきた「社会科学的あるいは社会学的」な区分のメルクマールは一貫して、マルクス主義という枠組みに依拠したものだった。しかし日高は敗戦直後にすでに、エンゲルスの文章表現が、「科学から空想への飛躍」という「際どい一線の上で」語られたものであると述べて、マルクス主義の「科学」性に対して、控え目ではあるが根本的な疑義を提示していたのだった。[48] ある対象を「正常」で「健康」で「自発的」な意識であると認定し、またある対象を「異常」で「病的」で「虚偽」の意識であると断じる自己＝知識人の恣意性と権力性に、長いあいだ日高は、根本的な引っかかりを感じていたのではないか。

「戦後日本における個人と社会」について論じる一九六九年のこの論考のなかで日高は、「個人の内がわ」における、体験→感情→観念（思想）→態度→行動→（行動による外界との接触→）新しい体験→新しい感情……という「循環」は、敗戦直後という時期に「最も活発に、最も真摯に、最も根底的に行われていた」ことを述べる。しかしそれがそのように行われたのは、「個人の外がわに歴史の実態が重く

一一五‐一一六頁。

（46）前掲日高「「大衆社会」研究の方向」同『現代イデオロギー』一一七頁。

（47）日高六郎「戦後日本における個人と社会」『岩波講座・哲学5　社会の哲学』岩波書店、一九六九年、同『戦後思想と歴史の体験』二〇四頁。

（48）日高六郎「二十世紀論」『近代文学』一九四八年四月号、同『現代イデオロギー』四八五頁。

存在し回転していたからである」とも述べる。そして個人が「その外がわの歴史の実態を自覚するとすれば」、そこには、「事態をどのように考えるべきか」すなわち「認識と思想の問題」と、「事態をどうすべきか」すなわち「社会的制度的変革の目標と手段の問題」という、単純かつ根底的な二つの問題があったとする(49)。

こう述べて、話は平和主義・民主主義・社会主義など既成の思想が青年の心をひたしていったこと、体験を納得させることのできる思想にとらえられた大衆は社会的な力として定着すること等に展開していくが、そのまえに注がつけられ、先述の問題をアカデミックに捉えた場合の議論が、注のなかで展開される。すなわち、「個人の内がわの循環過程を〈態度〉形成の次元の問題とし、認識と思想の問題を〈イデオロギー〉の次元の問題とし、社会的変革の問題を〈制度〉の次元の問題とすると、アメリカの一部の政治心理学などで行なわれている政治過程を動かす諸要素としての、〈態度〉〈イデオロギー〉〈制度〉の区分けに対応するものとして、以上を理解することもできる」。そしてその区分けは、フロムが『自由からの逃走』で定立した、心理的要因(フロイト)、イデオロギー的要因(ウェーバー)、社会経済的要因(マルクス)のトリアーデに照応していると考えてよいことも述べられる。しかしそう述べて日高はただちに、次のようにつけ加えている。「しかしいまの私にはそれらはアカデミックな問題にしかすぎない」(50)。

この部分の記述は本文の前後の記述と併せ、一九五八年論文「イデオロギー・社会心理・社会的性格」における議論の発展形態であり、敗戦直後の日本社会という歴史過程のなかにそれらのアカデミックな論点を落とし込んでいる点で、日高の社会心理学的認識は、約十年のあいだにさらに深化していたと捉えることができる(51)。しかしそれは、あくまで注のなかで言及されるのみにまで後退し、「いまの私にはそれらはアカデミックな問題にしかすぎない」と書き加えられるようになっていた。また、「社会心理」とか「社会的性格」といった用語が、戦後日本社会の分析に用いられることもなくなっていた。

この一九六九年の論考において日高がこだわりを示す論点は、以前から引き続き、「敗戦までいわゆる「だまされていた」民衆」よりも、「むしろ問題は、八・一五の以前から状況の本質的な意味を理解し認識する能力を持っている人々のがわにあった」ことである。日高は高度成長が社会を大きく変容させていきつつあるなかで、次のように問う。戦後二四年のあいだに、「たえず形式〔民主的憲法〕に追いつくことのできない生〔民主的態度の欠如〕という定式を、私たちは聞かされつづけてきた」ものの、「現在生はむしろ形式を追いこそうとしはじめているのであり、そこに戦後の流動期にも比較することのできる第二の新しく大規模な流動期に、いま私たちは足をふみいれようとしているのではないか」。戦争の忘れがたい体験に照らして敗戦後の民衆に支持された「平和の思想と民主主義の哲学」は、むしろ「啓蒙期の指導者たちのがわ」の「認識能力の硬直」によって、しだいに「思想信仰や制度信仰に堕落」して、「もろもろの形骸化や硬直」を招いた[52]。つまり、

民衆が体験から出発し、体験を解釈し、意味づけ、それに方向をあたえる思想を求め、その思想に

(49) 前掲日高「戦後日本における個人と社会」同『戦後思想と歴史の体験』二〇九―二一〇頁。
(50) 前掲日高「戦後日本における個人と社会」同『戦後思想と歴史の体験』二二九頁。
(51) 後の社会意識論のなかでは、一九六〇年代の日高の社会心理学的な学術的貢献は、「青年層の保守化傾向」の指摘などに求められている（庄司興吉「現代日本における社会意識研究の発展」同『現代日本社会科学史序説――マルクス主義と近代主義』法政大学出版局、一九七五年、一四四頁）。
(52) 前掲日高「戦後日本における個人と社会」同『戦後思想と歴史の体験』二一三―二一九頁。

立っての制度的変革を考えるという上昇過程は、やがて固定化していく「思想」や閉塞化していく「制度」によってむしろ民衆の体験を枠づけ、そうした「思想」や「制度」（それは〈保守〉的と〈進歩〉的とを問わないのであるが）からはみ出る部分をむしろ抑圧し禁止する下降過程へ変質していく。(53)

こうして日高は、現在までに、「生の充実がその形式によってつつみこむことができない事態が次々とおこってきた」とする。その「生の充実」の表現形態としては、この論考では明示されていないものの、当時の学生運動を日高はおそらく大いに念頭においていたであろう。現代社会における「新しい胎動」は、「巨大な管理社会のなかで、個人の自立性と創造性とが抑圧され剝奪されているという強い感情を土台として」いるものであり、その意味でそれは、「いわゆる第三世界の被圧迫民衆」や「先進資本主義国のなかの新しい動き」や、さらには「社会主義社会のなか」の「新しい人間の真摯な要求」とも繫がり得るものであり、つまるところ問題は、「現代における人間の解放とはなにか」という一点に凝縮するのだという。(54)

このような枠組みで、日高は一九六八〜六九年の世界と日本を捉えていた。現在の「巨大な管理社会」は、「思想」や「制度」を固定化・閉塞化させてきた「啓蒙期の指導者たち」＝知識人に内在する問題性の延長線上に出現したものであるという認識が、日高の「東大紛争」に対する姿勢を決定づけたと言える。

話を戻せば、「アカデミックな問題にしかすぎない」という文言は、「アカデミックな問題」についての認識が一定の到達点（ないしは飽和点）に至ったと当人に自覚されなければ、決して書かれない文言である。「アカデミックな問題」を、従来の日高は熱心に追究してきた。その追究が自己の社会的責任でもあると考えた二〇年間以上の歳月を経て、日高は、アカデミズムから離脱することを選択した。その「自発的」選択に、「東大紛争」という、彼の外がわで回転していた実態がどれほど作用したかを見定めるのは難しい。

3 「東大紛争」と一九七〇年代以降の展開

(1) 学校教育、戦争責任、「東大紛争」

日高が所属した東大新聞研究所は、その「リベラル」な気風から、「東大紛争」における学生運動側のひとつの拠点となっていた(55)。日高自身は新聞研究所について、東大の中では社会科学研究所とともに、

(53) 前掲日高「戦後日本における個人と社会」同『戦後思想と歴史の体験』二二〇―二二四頁。
(54) 前掲日高「戦後日本における個人と社会」同『戦後思想と歴史の体験』二二一―二二六頁。
(55) 新聞研究所における「東大紛争」についての証言は数多いが、たとえば、「内川芳美先生に聞く」『東京大学社会情報研究所紀要』五八、一九九九年、七頁。「竹内郁郎先生に聞く」『東京大学社会情報研究所紀要』五八、二三頁。
　また「東大紛争」のさなか、田村紀雄をはじめとする新聞研究所の助手五人によって、東京大学新聞研究所東大紛争文書研究会編『東大紛争の記録』(日本評論社、一九六九年)が刊行されている。彼らは、「紛争内部でのコミュニケーションの研究」を研究者としての自己に課せられた課題と捉え、その「基礎的作業」として、「紛争のなかで各集団、個人から発せられるすべてのメディアとメッセージを可能なかぎり蒐集する仕事」に取り組んだといい、また、「東大のすべての構成員」がこれまでの紛争の経過を振り返って「新しい変革の方向」を探り出すために、かつ「全国の知識人、教師、研究者、学者がこのなかから真理を探究

大学当局が最終案として提示した八・一〇告示に批判的な教官が多数を占める、「東大のなかでは少数意見の研究所だったと思う」と述べている。[56] 周知のとおり、一九六八年に全学化した「東大紛争」は翌一九六九年初頭における安田講堂での機動隊攻防戦を経て収束していくが、日高はそうした大学当局の対応に抗議して、一九六九年五月に東大新聞研究所を辞職した。全国的に拡大した若者たちの叛乱のなかで、彼らの戦後日本に対する異議申し立てが有する意味の重要性に、もっとも深い理解を示した知識人のひとりが日高であった。

全共闘および新左翼の学生たちが掲げた主張のひとつは、大学という場が、体制に奉仕する人材供給のシステムに堕しているということだった。第3章・第4章ですでに述べたように、一九六〇～七〇年代にかけて一元的能力主義支配が確立していき、また社会の枠組みを所与で不動のものと捉える人々の意識が広がっていくなかで、教育とは創造的な営為であることを日高は繰り返し発信し、人間を支配の客体に馴致していく文部省方針に抗った。日米安保体制のもとで「産業化的近代化」[57]にひた走る日本社会への危機感を深めていた日高にとって、能力主義のヒエラルキーの頂点に君臨する東大に自らは足場をおきながら小・中・高校の教育運動にコミットすることの矛盾は、潜在的には、長年にわたり自覚されてきたことでもあった。

若者たちの主張は、戦争責任の追及にも及んでいた。東大が戦前から続く権威主義的体質を脱却していないことに対する否定、根本的には戦争協力という過去を不問に付してきた戦後の体制に対するトータルな否定を、全共闘と新左翼の若者たちは突きつけた。日高は、彼らがそうした問題に目覚めていく二〇年以上前から、その問題を自己を含む問題として考える姿勢をもち、また大きな声ではないにせよ発言してきていたのだった。[58] 国家による不当な侵略戦争をむしろ積極的に支えてきた東京帝国大学、および文学部社会学研究室に対する日高の批判は、戦時下にすでに峻烈であった。その東大、文学部社会学研究室、（戦後文学部から独立した）新聞研究所に「教官」として奉職し[59]、内部で様々な抵抗を試みながらも「体制」の一員として身を立ててきた戦後の歩みに対する日高の自己嫌悪を、戦後生まれの手の汚れていない若者たちが、無邪気に抉《えぐ》った。

するうえでのなにものかをつかんでほしい」ために、資料集の刊行に踏み切ったという（同・i‐ii頁）。

東大新聞研究所は、「東大紛争」のなかで重要な位置を占めた組織であり、なおかつそれ以前には、新聞学や社会心理学と結びついたマス・コミュニケーション研究の開拓を牽引して、戦後思想にも大きな影響を与えてきた。そうした新聞研究所という組織を、今後本格的な歴史研究の俎上に載せる必要があろう。

(56) 高橋和巳・日高六郎「解体と創造」『群像』一九七〇年一〇月号、日高六郎『人間の復権と解放』一ツ橋書房、一九七三年、一四‐一五頁。

(57) 日高六郎「教育・思想支配の日本的構造」日本教職員組合・国民文化会議編『教育反動――その歴史と思想』一ツ橋書房、一九六八年、『日高六郎教育論集』二七八頁。

(58) たとえば、日高六郎「断章・私と大学」『朝日ジャーナル』一九七〇年八月九・一六日合併号、『日高六郎教育論集』三九二・四〇三頁、を参照。東大辞職後の日高は、自分自身もそのなかに含めて、次のように書いている。「「東大教「官」」がどのように弁解しても弁解の余地のない一つのことがある。それは敗戦後二十数年のあいだに、自分自身の手で、東大の根本的改革を考えたり実行したりしたことがなかったということである」（同三八九頁）。

(59) 東京帝国大学文学部社会学研究室における「実証主義社会学」の戦争加担については、松井隆志「東京帝国大学社会学研究室の戦争加担」『ソシオロゴス』二八、二〇〇四年、を参照。また戦前の東京帝国大学における「新聞学」の創設とその体制動員や戦後への連続性については、吉見俊哉「メディアを語る言説――両大戦間期における新聞学の誕生」栗原彬・小森陽一・佐藤学・吉見俊哉『内破する知――身体・言葉・権力を編みなおす』東京大学出版会、二〇〇〇年、を参照。

日高の、日本のアカデミズム一般に対する批判と、社会学という固有のディシプリンに対する批判と、東大という固有の大学に対する批判とは、それぞれに独立した論理をもちながらも重なり合うところが多い(60)。ごく大雑把に要約するならば、それは戦前からの連続性と戦争の旗を振ったことへの無反省、非民主的・権威主義的体質、明治以降の「官学」「輸入学問」の創造性のなさといったところであり、これらの批判はそれを自覚しない内部の担い手への批判も含み、一体のものであった。それはたとえば、次のような文章によって表現される。

混沌から分析・抽出する作業がどのように見事であっても、ときにはその成果をもう一度混沌へもどしてみる必要がある。私の経験では、確実な真理はおおむね索漠としており、おもしろい話はたいてい不確実な議論にしかすぎない、ということが現在の社会科学の一般法則に近い。そして、自称アカデミシャンには、真理に忠実であるふりをして、索漠とした〈真理〉を壮重に表現する技術者が多いのである。〔…〕不確実な認識が確実なそれよりも、学問というものさしではかってみて、より貴重だという例はいくらでもある。確実な認識だけをめざすものがいてもよいが、不確実であっても、また、別の意味をもつ仮説をたてる冒険者がむしろたいせつである。日本のアカデミズムのなかではとくにそうである(61)。

日高がアカデミズムの何に絶望してきたのかということは、彼の教育論・教育観と不可分である。「東大紛争」の混沌を経て、まとまった形でそれを整理して提示することを日高は断念しているが(62)、少なくとも次の断片的な言明は重要である。

かつて一九四七年の日高に社会科教科書の執筆を依頼した勝田守一が、一九六九年に死去した。そのとき日高は追悼文を寄せた。追悼文のなかで日高は、生前の勝田による一文――「第二次大戦中でも、大学教師を別として、他の小・中学校の教師を、国策遂行の下請指導者《サブリーダー》（つまり下士官だ）とみる人々がいた。それは現実にはそうかもしれなかった。しかしそうであっていいのだろうか」という一文――を引用して、次のように述べている。

私として急いでつけ加えたいことは、大学教師もまた国策遂行のリーダーあるいはサブリーダーとしての役割をはたさせられたし、また、はたしたということである。たしかに小・中学校の教師を自分と区別して、それらの人々は知識人ではなく、下士官だと考えている大学教師がいる。その傲慢さといまの大学「紛争」とは決して無関係ではないのだ。(63)

---

(60) 日高の、社会学（学界のあり方）に対する批判と、「東大紛争」時の大学側の諸アクターに対する批判は、前掲黒川『日高六郎・95歳のポルトレ』を参照。日高はこのなかでとくに、東大法学部という組織の問題について国家権力との関係性の側面から語り、「丸山〔眞男〕さんにも僕は批判がある」ことも述べている（九二頁）。

(61) 日高六郎「入門以前ということについて」『思想の科学』一九七〇年六月号、『日高六郎教育論集』三七七頁。

(62) 前掲日高「断章・私と大学」『日高六郎教育論集』所収、を参照。

(63) 日高六郎「知識人としての教師ということ――勝田守一先生をいたむ」『教育』一九六九年一〇月号、『日高六郎教育論集』三七三頁。晩年の日高は、東大で「一九三一年から始まった戦争に対して、ほんとに批判的だった人」は、渡辺一夫（フランス文学）と神田盾夫（言語学）の「二人だけ」だったと語っている（前掲黒川『日高六郎・95歳のポルトレ』九二頁）。

小・中学校（また高校も含むだろう）の教師を「下士官」とみなす発想において、多くの大学教師と保守政権とは、映し鏡の関係にある。しかも彼ら大学教師は、そうした蔑視をもちながら、自らもまたかつて「下士官」となったこと、さらには国策遂行のリーダーの役割をすら果たしたことを自覚していない――この認識は、日高のアカデミズム批判のひとつの核である。日高にとって、「教師にとっての本質的な専門性は、科学的な批判精神や個性的な創造性と深く結びつくものでなければならない」[64]という理想において、初等・中等教育と高等教育の教師は何ら変わるところがないのであり、全ての子どもが受ける初等・中等教育においてこそ、教師の「科学的な批判精神」に裏打ちされた「個性的な創造性」が重要なのである。そうした発想をもたず、小・中・高の教師を「下士官」とのみみなす土台の上に成立するアカデミズムを、日高は創造的なものとは捉えなかった。東大という職場においても、また革新教育運動においても、その理想が敗れていく過程に身を置いて抵抗を試みたのが日高の一九六〇年代であり、一九六九年の東大辞職と一九七〇年の日教組教研講師辞任によって、その抵抗にひとつの終止符がうたれた。一九七〇年に刊行された『日高六郎教育論集』のあとがきには、「東大紛争」について、「私の考えの一つは、日本の教師のなかで、大学教師がいちばんおくれていたということにつきる。私は、人間的傲慢が、無意識的にでも大学教師にあり、いまでもそれがあると思う。そして、それこそが東大「紛争」のかくれた原因だったと思う」と書かれている。[65]

（2）全共闘への理解

「東大紛争」のタイミングは、日高個人のアカデミシャンとしての人生にとっては、先述のとおり、潮時であると本人によって判断される地点と重なっていた。東大を辞職した後、京大を辞職した高橋和巳

（一九三一‐一九七一）と一九七〇年に行った対談のなかで、日高は次のように述べている。

学生の場合ですと、教授の本を読んだり、講義を聞いていたりしても、欠点は実によく見えるでしょう。〔…〕ぼく自身もいまなおかつ学生みたいなところがあって、これはどうもおかしいとか、これはインチキだとかいう目だけは肥えてきて、しかし自分では何もできないようなことになってきた。とくに自分でほんとうに表現したいことが、いままでのいわゆるアカデミックなスタイルでは表現できない。一方には大学への絶望があるし、一方には自分自身に対する絶望があって、両方の絶望が重

---

(64) 前掲日高「知識人としての教師ということ」『日高六郎教育論集』三七二頁。

(65) 日高六郎「あとがき」『日高六郎教育論集』四二七頁。初等教育を受けるなかで、「平和と民主主義」の理念を内面化したために、勤評闘争を経て「ことなかれ主義に逃避しがち」になった中等教育の教師たちを欺瞞的であると感じるようになった若者たちが、さらに大学教官に幻滅して「大学闘争」の主体となっていったことは、小熊英二『1968〈上〉――若者たちの叛乱とその背景』（新曜社、二〇〇九年）第1章、および同『1968〈下〉――叛乱の終焉とその遺産』（新曜社、二〇〇九年）「結語」（七八四‐七八九頁）で詳しく論じられている。日高がここで問題にしているのは、勤評問題を「下士官」の問題として軽んじる「大学教師」たちの認識と、それを支える能力主義の構造であろう。小熊が射程に収めているように、初等・中等教育のあり方と「大学闘争」は密接に関連していた。

なお日高は東大辞職後、東大闘争よりもむしろ日大闘争にシンパシーを感じたことを吐露している（前掲日高「断章・私と大学」『日高六郎教育論集』三八八頁）。また「紛争」収束の十年後には、大学側の提示した改革案がこの十年のあいだにほとんど実行されなかったこと、「東大闘争十年を語って、日大闘争十年を無視すること」は不当であることを論じている（日高六郎「東大闘争の10年後　大学の改革なし「教育」公害に侵される若者」『毎日新聞』一九七九年一月三〇日夕刊、四面）。

なって、前からやめたいということがあったんです。(66)

このように、「ほんとうに表現したいこと」が今までのように「アカデミックなスタイルでは表現できない」と感じられるようになっており、「自分自身に対する絶望」が、「大学への絶望」と並んで辞職の動機として語られている。「大学闘争」の過程で、「自分自身への絶望という以外にいいようのない感情」が深まっていったことは、一九七〇年夏に『朝日ジャーナル』に寄せた「断章・私と大学」と題するまとまらない文章のなかでも、繰り返し語られている。(67)

高橋との対談のなかで日高は、「大学闘争」における学生たちの側の問題性も指摘しつつ、彼らが陥っていったいわゆる内ゲバについて、次のように述べる。

私は内ゲバに反対です。終始反対してきたのです。しかしこの問題の中に、ある種の状況の必然性があることも否定しきれない。〔…〕つまり、全世界的にそういう状況だと思うんです。とくに戦後の日本の進歩的運動というものが、いわゆる社会主義諸国をモデルに置いて、それをすべて模範としてという形で組み立てられてきたわけでしょう。そこの中でスターリン批判があり、ハンガリー事件が起こり、中ソ論争が起こる。それに対して日本のオールド・ゼネレーションの進歩派が答えを出せない。そういう状況の中で、若い人たちがそれぞれセクトに分裂していくわけです。〔…〕若い人がそれをしょい込んでいるわけです。(68)

このように日高は、「日本のオールド・ゼネレーションの進歩派」の限界が若者たちのセクトの分裂に反映しており、「若い人がそれをしょい込んでいる」のだと捉えている。また、あらゆる既存の大学や政党や労働運動の内部に、「自分自身を相対化する能力がない、自分自身を俎上にのせる能力がない」ことを問題視し、それと同じ問題が「大学闘争」におけるセクトのなかにもあったとする。[69]年長者が抱える問題や限界の反映を学生のなかに見るのが、「大学闘争」における学生運動側に対する日高の基本的なスタンスであり、大学当局を含む「オールド・ゼネレーション」の責任を、その一員としてきわめて重んじている。

そして全共闘の学生たちは、引くに引けなくなって最後の事態まで突き進み、東大当局はその事態を収拾する能力をもたず剝き出しの国家権力に解決を委ね、その結果東大を去ったのは日高六郎であり、また京大を去って病に斃れたのは高橋和巳であった。[70]最も深いダメージを負ったのは、若者たちが叛乱を起こすよりもはるかに以前から彼らの提出した問題を自らの問題として考え続けてきたために、また

(66) 前掲高橋・日高「解体と創造」前掲日高『人間の復権と解放』四六頁。この対談で日高は、「大学闘争」の過程における新聞研の一員としての自らの動きについてもいくらか語っている。
(67) 前掲日高「断章・私と大学」『日高六郎教育論集』三八四頁。
(68) 前掲高橋・日高「解体と創造」前掲日高『人間の復権と解放』五一頁。
(69) 前掲高橋・日高「解体と創造」前掲日高『人間の復権と解放』四八‐四九頁。また日高は、三派全学連が書く文章に対しては、「鋼鉄のような硬質なスターリン的文体で反スターリン主義を書きまくっている」「魅力がない」文章であると述べ、ヴェトナム戦争におけるアメリカ原子力空母エンタープライズの佐世保入港に抵抗した諸主体に関しては、「三派と佐世保市民、民青と佐世保市民の距離は、三派と民青との距離よりもはるかに遠い」としている（日高六郎「政治運動・市民運動・学生運動——佐世保の一週間の意味」『朝日ジャーナル』一九六八年二月一一日号、一七‐一九頁）。前掲小熊『１９６８〈上〉』第8章も参照。

若者たちのアイデンティティをめぐる問題を現代社会の重要な課題と考えてきたために、若者たちの異議申し立てを最も真摯に受け止めることのできた、少数の知識人たちであった。若者たちにとって、本当に打撃を与えなければならなかった真の「敵」は、ほとんど無傷で「大学闘争」を生き延びたのではなかったか。当時「若かった」彼らがやがてそれぞれに歳を重ね、社会の主力となり老いていったその後の人生のなかで、年長者たちの努力によって築かれた「言論の自由」を十二分に享受しながら、そうした「大学闘争」のいわば結果責任について、どのように考えたのか、あるいは考えなかったのかは、興味深い問題である。

「東大紛争」は、一九五七年に死去した城戸浩太郎の遺稿集を刊行するための作業の時期と重なった。日高は、「紛争」の最終局面において安田講堂で機動隊攻防戦が展開されてから一週間が経とうとしている一九六九年一月二五日、遺稿集に寄せる序文を書いている。かつて城戸らとともに社会心理学に打ち込んだ日々を振り返り、彼の死を悼みながら、最後に日高は、次のように書く。

城戸浩太郎がもし生きていたならば、現在の学生運動をどのように理解したであろうか。機動隊がいまなお夜間パトロールしている東京大学の一「教官」として、私の頭脳のなかは悲惨である。そうした状態のなかで、私はこの一文を書く。この一文が城戸浩太郎の紹介として、たいへんに拙劣であることを、私は彼にわびたい。もし私に精神的余裕をとりもどすときがきたならば、私はもう一度、城戸浩太郎論を書きたいと思う。(71)

しかし、もう一度城戸浩太郎論が書かれることはなかった。それはやはり言語化しがたい記憶として、その後もずっと存在したのであろうと思われる。

（3）「戦後民主主義」の擁護者へ

本章の最後に、一九七〇年代以降の日高の思想についての見通しを示したい。

東大を去り、狭義の社会学を手放した後半生においても、日高は「評論家」として幅広い活動を展開した。出版環境の変化に伴ってかつての論壇が消滅していき、「知識人」の社会的なプレゼンスが低下した後も、日高の世論への影響力はしばらく大きかった。一九七六年には京都精華短期大学教授としての職を得て、一九八九年まで勤務した。私生活においては、日高は一九六一年に郡暢子（一九二九－二〇二四）と結婚しており、幾度かのフランス移住も含め、妻の意向が日高の後半生を大きく規定していくことになる。

左は新左翼や全共闘の若者たちに代表されるように、また右は論壇の「現実主義者」たちに代表されるように、「戦後民主主義」を否定ないし相対化しようとする言論状況が勢いを増したとき、日高はそ

（70）日高は高橋死去後、三年前の高橋退院直後に行われた対談を回想して、次のように書いている。「からだのおとろえは見ただけでもすぐわかった。しかし、長時間にわたって、氏は、ゆっくりと、論理を追って、作家というより学究人のように、話しつづけた。そのさまを、私はいまでもはっきり思い出す。この対談をよみかえすことは、私にはつらい。だれがなんといおうと、高橋和巳氏は、〈大学闘争〉の意味をもっとも深くとらえようとして努力した、たぐいまれな当事者のひとりだったと思う。私は、氏の志をつぎたいと痛切に感じる」（日高六郎「あとがき」同『人間の復権と解放』三五四－三五五頁）。

（71）日高六郎「序にかえて――城戸浩太郎の思い出」城戸浩太郎『社会意識の構造』新曜社、一九七〇年、vii頁。

れを、数多の不足や欠陥を含みながらも、守るべき価値であると擁護するようになる。そうした立場で、日高は革新派および「市民運動」に対するコミットと内在的批判を継続した。

第1章で述べたとおり、敗戦直後における日本国憲法制定過程で、第九条が侵略戦争を行った日本に対する懲罰規定であることをすでに認識していた日高は、「戦後民主主義」が「形骸化」したとされて久しい一九七七年には、革新派による護憲運動に対して、次の問題提起を行っている。かつて、大日本帝国憲法や教育勅語は「まさしく金科玉条」であったが、

日本国憲法や教育基本法は、その本質からして金科玉条であってはならないものです。〔…〕天皇をタブーとして天皇批判がゆるされなかったように、憲法をタブーとして憲法批判を抑制するならば、そしてそのことをまちがって護憲と考えるならば、憲法を支持することそれ自体が矛盾におちいります。

しかし、〔…〕一部の改憲派が、憲法をタブー化しない批判精神を発揮し、〔…〕護憲派が、憲法論議をタブー化しかねない傾向が生まれました。それはひとつの背理です。護憲派は、憲法や教育基本法を目に見えない御真影奉安所から解放すべきではないでしょうか。(72)

このように日高が護憲派を批判して「戦後民主主義」が孕む問題性を問い続けたのは、そのことによって、不十分ながらも実現されてきた「戦後民主主義」の価値を守るために他ならなかった。憲法や教育基本法を「金科玉条」とする革新諸運動のあり方に、日高は、「閉じた魂」に通ずるものを感じ取っていたのであろう。そして歳を重ねるにつれて、戦争体験および戦後の体験と戦後思想を若い世代に伝える＝自らを「開く」ことが、「評論家」としての仕事の比重を占めるようになっていく。

そのなかで、かつてのマルクス主義への問いもまた、マルクス主義の凋落とともに、より一般化された次の問題提起へと変わっていった。

正義という大義名分が、じつはそれが不正であったときはおそろしい。それがまさしく正義であっても、なおやさしさが必要である。もちろんやさしさだけでも、自他を不幸にみちびく。やさしさとは、おそらく人間が有限の存在でしかないということの認識である。(73)

私は、よく、独占私有物としての「正しさ」と「かしこさ」だけでは、ほんとうに人びとを納得させることはむずかしいのではないか、ということを〔運動に入る若者たちに〕話した。多分そのころ、そんな話は、少し頭の弱い人間の寝言だと嘲笑されたのではないかと思う。しかし粛清に通じる除名処分、皆殺し思想につながる内ゲバを見て、私の考えには多少の意味があると、私は思っていた。そしてマルクス主義は、「正しさ」と「かしこさ」の思想を持ちながら、「やさしさ」については深い思想を持っていないことがあったのではないかと考えた。とくに「やさしさ」と「にくしみ」との関係が深くとらえられていないことがあったと考えた。(74)

(72) 日高六郎「憲法論議——百花斉放のすすめ」『世界』一九七七年六月号、二一三頁。
(73) 日高六郎『戦後思想を考える』岩波新書、一九八〇年、六三頁。
(74) 前掲日高『戦後思想を考える』一四〇‐一四一頁。

社会変革の理論としてのマルクス主義が瓦解して久しい二一世紀の現在においてもなお、「正しさ」と「かしこさ」の中身は大いに変質したにせよ、自己の有限性を度外視し、「正しさ」と「かしこさ」だけを声高に、あるいはレトリカルに主張する言説は絶えない。そしてそうした主張の多くが、往々にして「にくしみ」のみを原動力としている二一世紀の現状に対して、上述の日高の問いは、なお有効であろう。

さらに時期は下り、日本の戦争責任問題が国内外で大きく問われ、日本の加害性の無自覚に対する批判が前景化した一九九五年には、日高は岩波新書『私の平和論』のなかで、次のように述べている。

> いましばしば、被害者意識だけではだめだと指摘されている〔…〕しかしふりかえってみると、それが戦後すぐの民衆感情の主流であった。そしてそれはまともな感情であり、いまなお日本の民衆の平和志向を支えていると、私は思う。またそれは、一国のなかの平和だけを求める、閉鎖的な感情に必ずとどまるとは言えないと思う。(75)

そして、たとえば「夫はお国のために死んだのだ」と信じてひとりで生きている女性について、その心情を「否定してはならない」として、次のように述べる。

> 心情を大切にするということは、論理をタブーにすることではない。いや、論理は語られる日を待っている。ひとつの心情に向って、どうしてもその心情になじめない論理を話しかけなければならないときがある。しかしそのさい心情と論理をつなぐ想像力が必要である。(76)

こうした日高の「デモクラシーの心理学」は、「論理」を骨抜きにする心理主義とは、根本的に異なるものである。日高は戦中から、戦争責任および植民地支配責任にきわめて自覚的であった知識人であり、また日本国憲法第一〇条のいわゆる「国籍条項」成立が戦後日本にもたらした「巨大な負の遺産」に対するこだわりにおいて、「戦後民主主義」の思想家のなかで際立った存在であった。[77] 戦後空間のなかで一国的な視野を問い続けた日高の核には「植民者」として育った原体験があり、青島でのかつての暮らしを懐かしく思う心情それ自体を安易に否定しない姿勢と、それが支配・搾取そのものであったという論理の認識から生じる不協和が、日高の戦後思想の源泉となった。

日高はまた、『私の平和論』のなかで、次のようにも書いている。

民衆は、自分の内なる戦争愛国主義を反省し自覚しなければならない。〔…〕戦争を不用意に肯定して熱狂する民衆があり、また戦争によって大きな被害をうけて後悔する民衆がいる。民衆はゆらぐ民衆である。[78]

(75) 日高六郎『私の平和論――戦前から戦後へ』岩波新書、一九九五年、九八頁。
(76) 前掲日高『私の平和論』一一五頁。
(77) 三宅芳夫「東アジアの思想家としての日高六郎――二〇世紀を生き抜き、書き、思考した知識人」『世界』二〇一八年八月号、二二八‐二二九頁。
(78) 前掲日高『私の平和論』一八五‐一八六頁。

このように、民衆に反省と自覚を促してきたのが、日高の戦後啓蒙であった。それは、民衆の「感情」や「心情」に対する尊重と敬意に裏打ちされた啓蒙であり、ひとりの人間のなかで心情と論理がなじまないとき、それを抱え続けることが絶大な精神力を要する困難な課題であることを踏まえた上での啓蒙であった。「「啓蒙」という言葉の思想史的重量を十分に知った上で」(79)戦後啓蒙について考えるならば、それが果たしてきた歴史的役割と歴史的意義とを現在の私たちがいかに認識し得るかは、日本社会の現在と未来をいかなるものにしていくべきかをめぐる認識にとっても、重要な意味をもつであろう。

おわりに

日高が膨大な人々の手記や生活綴方・生活記録等の作品に目を通し、また社会調査を行い、革新諸運動にコミットすることで得られた幾多の知見や示唆は、現実の諸問題に対する発信に生かされるとともに、同時代史としての戦後思想史叙述にも反映された。高度経済成長の影響が日本の隅々まで波及していくなかで、人々が快適さを享受して「滅公奉私」に走っていく過程(80)は、総じて戦後知識人たちにとっては、予想をはるかに超えた流れであった。しかしそのただなかにあって、日高が比較的息の長い活動を展開することができたのは、「大衆社会」に生きる人々の「心理」を捉える視座を有していたからということが大きいだろう。大文字の「思想」や「イデオロギー」が仮に「終焉」したのだとしても、「心理」までが消滅することはない。そして、「心理」だけを大切にすればそれで良いのかという問題も、今なお消滅していない。

長年の数々の取り組みを通じて日高が根本的に志してきたのは、心理的な側面も含んだトータルな

「人間の解放」であったという意味において、戦後社会の絶大な変化にもかかわらず、彼の初発の関心は、一貫して持続していた。具体的状況を調査して整理・腑分けするという仕事にとどまらず、「その成果をもう一度混沌へもどしてみる」試みを歴史性のなかで遂行しようとする「冒険家」（長洲 一二）の意欲が、アカデミズムの一角で、日高に固有の創造を可能にした。

今日、戦後日本において「革新派」「進歩派」あるいは「左派」「リベラル」が歴史的に有してきた／現在も有している問題性はたびたび批判の的となるが、それは確かに「戦後民主主義」それ自体に内在してきた問題であると同時に、そうした要素のみを過去の混沌から抽出して歴史を構成する、現在の主体の関心のありようを反映している側面もまた大きい。かつて「戦後民主主義」の代表的論者とされた日高が発信し続けたのは、単純な進歩史観への懐疑であり、「市民」の閉鎖性への警鐘であり、「未来完了」に帰結しない思想「創造」の重要性であった。また、「やさしさ」＝「人間が有限の存在でしかないということの認識」を欠いた独善的な「正しさ」「かしこさ」だけでは、人々を本当に納得させることは難しいのではないかということであった。

日高が描いてきた同時代史としての戦後思想史が現在でも比較的古さを感じさせないのは、彼が戦時下でベルクソンの「愛」と「人類的な平等感情」を支えとし、トータルな「人間の解放」を生涯の根本的なモチーフとしてきたことに、大部分由来するように思う。社会主義というかつての理想を喪失した二一世紀の現在、「人間の解放」は、古典的な意味でのそれから細分化された現代的なものまでの幅を

（79）前掲日高「戦後の「近代主義」」同『戦後思想と歴史の体験』四六頁。
（80）前掲日高『戦後思想を考える』七五‐九二頁。

含みつつ、あるいは人類最後の目標として、世界のあらゆる局面で主張されていると考えることもできよう。その無数の闘争《バトル》のなかで、「正しさ」と「かしこさ」と「やさしさ」と「にくしみ」の関係をどう考えるかということは、なおも問題であり続けている。

終章　戦後日本におけるリベラル派の知的遺産

1　関係論的な「主体」観

一九六〇年の日高は、『現代イデオロギー』のあとがきに、次のように書いている。

〔敗戦直後、〕「近代文学」同人がきびしく「四十代」知識人の戦争中の右往左往ぶりを批判したとき、私自身は、もし自分自身がもう一〇年早く生まれていたら、果して「四十代」知識人とちがった形の行動ができたかどうかを聞きたげなもうひとりの私を感じないわけにいかなかったが、同時に、それだからこそなおさらのこと、簡単に衣装がえのできる「思想」とはいったいなんであるかということを問いたださないわけにはいかなかった。こうして私は、思想や理論のなかみだけではなく、それ以前の場所でそれらを支えている人間の意識、心理、動機に注目した。〔…〕また「思想」の衣装がえが可能であったひとつの原因は、「思想」を思想創造と切りはなす「啓蒙主義」にあると考えた〔…〕(1)

このような文脈から日高は、「「思想」を思想創造と切りはなす「啓蒙主義」」の克服を、自らの戦後の課題とした。敗戦直後の「近代主義」について解説する次の一九六八年の文章のなかにも、そうした「啓蒙主義」や「啓蒙的指導」への問題意識が表出されている。

本来的な意味での啓蒙主義、すなわち民衆の啓蒙的指導というより、各人の内部の普遍的なものをみずから発見し開眼させていくものとしての啓蒙主義をえらぶ知識人も、少数ながらあらわれた。〔…〕〔しかし〕一八世紀的啓蒙主義あるいは自然法の立場〔近代主義者〕の多くも、歴史的必然論者〔マルクス主義者〕にみられる毒から解放されていなかった。すなわち、そこでもモデルが国外に求められ、そのため天賦人権の健康な自然法精神は、通俗的な啓蒙主義へと横すべりしていく。(2)

「天賦人権の健康な自然法精神」さえもが「通俗的な啓蒙主義へと横すべりしていく」敗戦直後の条件のなかで、しかしそうではなく、「各人の内部の普遍的なものをみずから発見し開眼させていくものとしての啓蒙主義」を、日高は追求した。もっとも第1章で検討したとおり、日高自身は、「一八世紀的啓蒙主義あるいは自然法の立場」に立ってはいなかった。日高にとっての「普遍的なもの」とは、「天賦人権」を意味するのではなく、社会的に形成される人間の「欲求」という心理学の概念を核とした、歴史的パースペクティブによって見出された価値であった。自由や平等といった理念はまずもって「感情的な牽引力」をもつのであり、その背後には、「重く人類の経験が沈んでいる」のだ。(3)

革新派の問題性を絶えず問い続けた日高は、晩年、インタビューに答えて、鶴見和子がコミットした『母の歴史』の取り組みは「若い人たちが自分史や家族史を書くことで、戦前の日本や自分、そこでの家族から、解放される道筋をつくる」運動であったと述べて、さらに自らの取り組みについて、次のように続けている。

啓蒙家というのは、軽蔑されることもある。けれども、本物の啓蒙というのは大変なことなんだ。日本共産党や社会党、労働組合の運動にしても、人間のそういうところまで分け入って変えてくる、というのではないから、崩れはじめると止めようがない。(4)

そして「そうした崩れかたに歯止めをつくろうと、和子さんは一生懸命やった」として、自身も鶴見和子とともに日教組の教研活動に尽力したことに触れて、「自分の立場をしっかり持って、教研活動を見て、教師のあり方の提言をする一人だったつもり」だと述べている。(5) 人々の「自分史や家族史」にまで分け入る、「本物の啓蒙」に自らは取り組んできたのだという矜持を、最晩年の日高は、率直に語っていた。

(1) 日高六郎「あとがき」同『現代イデオロギー』勁草書房、一九六〇年、五八四頁。
(2) 日高六郎「戦後思想の出発」同編『戦後日本思想大系1　戦後思想の出発』筑摩書房、一九六八年、同『戦後思想と歴史の体験』勁草書房、一九七四年、七一頁。
(3) 日高六郎「自然と歴史について——アメリカ独立宣言と共産党宣言」『人間』一九五〇年四月号、同『現代イデオロギー』四八一頁。
(4) 黒川創『日高六郎・95歳のポルトレ——対話をとおして』新宿書房、二〇一二年、一八九頁。
(5) 前掲黒川『日高六郎・95歳のポルトレ』一八九‐一九〇頁。

「主体の自立」、「自立した主体のあいだの平等な人間関係の確立」、「個の独立」[6]を、広い意味では日高もまた、ほかの「近代主義」の知識人たちとともに追求した。そして、それらの価値を戦後日本という空間のなかで、一体どのような道筋において、どのような方法によって実現するかということを最も真剣に考えた知識人のひとりが、日高であった。一九五九年の日高は、それまでのサークル運動の不完全さを振り返りながら、次のように述べている。「完全無欠の個人主義者が、完全無欠の集団をつくるより、不完全きわまる前近代的感情の持主が、自分たちの手で集団をつくりながら、少しずつ個と集団とを相互往復的に強めていくほかに方法はなかったのです」[7]。市井の人々にしても教師にしても、「(小)集団」のなかで「個と集団とを相互往復的に強めていく」こととそのための条件づくりを模索した日高の啓蒙は、旧い共同体の《醇風美俗》に埋め込まれた主体に対して、知識人が高みから「自立せよ」と呼びかけるような啓蒙とは、質的に異なっていた。

「主体」というものを、関係性のなかで立ちあらわれてくるものとして動的に捉えていく関係論的な主体観が、特筆すべき日高の「近代主義」の独自性である。それは一九五〇年代に入り、諸々の文化運動・社会運動を注視するなかで、また生活綴方や生活記録作品をはじめ膨大な人々の自己表現に目を通す過程で、さらには教師たちとの日常的な交流を通じて、個々の主体がまさに関係性によって変化していく実例を、無数に目の当たりにすることで養われた視点であったのだろう。日高が描いてきた数々の戦後思想史は、そうした関係性・相互性の産物に他ならない。

本書が論じてきたのは、昭和初期、マルクス主義に思想的に「開眼」し、また西欧の教養を深く身につけたひとりの戦中派知識人が、戦時下・敗戦・戦後を通じ、日本の現実と向き合うなかで、どのような格闘を経て、マルクス主義を含む欧米の認識枠組みを相対化していったかの軌跡でもあった。その軌跡からは、思想的起源が本来別物であると指摘されることも多い「左派」と「リベラル」の、戦後日本における近接性とその歴史的・社会的文脈もまた理解されよう(8)。

そしてそのなかにあって「社会心理学」とは、戦時下の日本であらかじめ敗戦を正確に見透していたほぼ唯一の思想体系であったマルクス主義が、しかし戦時下の知識人たちの複雑に屈折した心理にとってはあまりに硬質で粗い学問・思想体系でもあったことを背景に、戦後日本に独自に花開いた知的領域であった。序章において私は、かつて戦後日本のアカデミズムのなかで社会心理学が最先端の学知となったことと、「知識人と民衆」の断絶という社会的条件が存在したこととは無関係ではないと述べた。しかし社会心理学は、単に知識人にとっての他者であり啓蒙の対象であるところの「民衆」を知るため

(6) 日高六郎「戦後の「近代主義」」同編『現代日本思想大系34　近代主義』筑摩書房、一九六四年、同『戦後思想と歴史の体験』二四頁。

(7) 日高六郎「大衆論の周辺——知識人と大衆の対立について」『民話』一九五九年三・四月号、同『現代イデオロギー』五一九頁。

(8) たとえば待鳥聡史は、戦後日本の近代主義に左派との親近性が強かったことについて、「本来であれば近代主義の左派ないしは異端と呼ばれるべき立場が、戦後日本では近代主義を全体として体現することになった」と述べている(待鳥聡史『政治改革再考——変貌を遂げた国家の軌跡』新潮選書、二〇二〇年、七四頁)。しかし、何をもって「本来」「異端と呼ばれるべき」と言えるのだろうか。西欧諸国との偏差で日本の「バイアス(議論の偏り)」(同七二頁)を問題にするのは、西欧中心主義というものであろう。現在の政治改革を現実的に支える価値としてはマルクス主義を評価することなどできないにしても、日本には日本に固有の歴史的文脈があったのであり、他国との比較ということならば、マルクス主義と自由主義をともに外来思想として迎え入れた、非西欧諸国と比較するほうが有益なのではないだろうか。

だけに取り組まれたのではない。知識人たち自身が、「知識人とは何か」をめぐって自家中毒といってよいほどに自己を問い詰め、またその過程で自己の出自としての「民衆」を発見していくなかで、「知識人と民衆」の両者を貫通する方法として追究されたのが、社会心理学であった。

敗戦と占領改革による価値の大転換を経て、戦前の人々の意識は、克服すべき「旧弊」とされた。しかし、「旧意識」のアプリオリな丸ごと否定は、それはそれで暴力を含む。そして人間心理の非合理は、暗い沼であると同時に、「創造の源泉」でもある。そうした視点をもち得た「革新派」・「進歩派」の知識人が、心理学という学知を摂取していたことは重要である。「思想」や「イデオロギー」は、「パーソナリティ」や「心理」に支えられてはじめて成立し得るものであることを、戦後日本社会の具体的現実のなかで関係論的に考えたのが、日高による社会心理学という「主体」へのアプローチであった。そうした「主体」の追求を、たとえば排除の契機を含むなどといって批判することには無理がある。また、「一国的閉鎖性」といい「西欧近代の理想化」といい、そうした従来の「戦後啓蒙」批判は、単純化とデフォルメによってはじめて可能になってきたものである。

もっとも、支持者にとっても批判者にとっても等しく、戦後啓蒙（ひいては戦後思想）とは、暴力的な単純化を経なければ何も論じられない混沌でもあろう。後世の者が戦後思想に対して抱く〝わけのわからなさ〟の感覚のなかで、そこに存在する襞や枝葉を丁寧にあとづけて内在する可能性を掬い取ろうとすれば、無限に微視的にならざるを得ないという困難も存在する。しかし、戦後思想がきわめて複雑なものであったがゆえに、そして戦後を通じた日本社会および世界情勢の変化があまりに絶大であった（現在もあり続けている）がゆえに、埋もれている魅力的な対象を選び出し、創造的に読解する余地も大いに残されているのではないか。

2　ナショナリズムを平和と人権尊重へ

「革新ナショナリズム」が下火になって以降、日本のアカデミズムは、人々の、自分たちが暮らす郷土や国やその文化を素朴に愛することがなぜいけないのかという疑問に、必ずしも十分に答えてこなかったのではないかと思う。ナショナリズム、イコール排外主義という短絡は、現実に排外主義が荒れ狂ったこの国の歴史から引き出した教訓であるという重みをもつにしても、論理としても実態としても正しくない[9]。加えて、自集団に対する否定性だけで共同体がより良く維持できるとも思えない。とりわけ、共同体の下降期においてはそうであろう。

敗戦後の日高がめざしたのは、身近な人や郷土や国に対する人々の素朴な愛着(「それ自体としては、反動的でも進歩的でもない民衆の「民族」感情」[10])を、排外主義ではなく、基本的人権とあらゆる人間の尊重、そして平和主義という心的態度へと水路づけていくことであった。そうしたナショナリズムが原理的に可能であるかという問題は存在するだろうが、しかし不可能であると言い切ることもできないのではないか。そしてそのことと、清算がきわめて不十分にとどまった日本の戦争責任および植民地支配責任を引き受けようとすること、また在日朝鮮人をはじめとするエスニックマイノリティの人権を重んじ

(9)たとえば、中井遼『ナショナリズムと政治意識——「右」「左」の思い込みを解く』光文社新書、二〇二四年、第3章・第6章、を参照。
(10)日高六郎「「旧意識」とその原初形態」同『現代イデオロギー』二五八頁。

て国民国家からの排除の問題を考えること、さらには沖縄の問題と向き合うことは、日高において、すべて両立・共存していた。

こうした努力を尽くしてきた先人は、必ずしも日高ひとりに限定されるわけでもないだろう。実に多くの人々が、それぞれに「限界」を抱えながらも平和や民主主義や基本的人権の実現をめざす種々の取り組みを展開してきたからこそ、日高はそれらを「媒介」することができたのだ。そしてそれらの取り組みは多くの場合、人々が、自らの蒙を啓こうとする努力を伴っていた。かつて私たちの足元に存在していたそれらの努力をいっさい無視して、日本という国家および社会がいかに駄目であったか、今もなお駄目であるかという欠如態だけを（とくにより若い世代に対して）説き続け、それで相手の同意を得られなければ相手が無知または愚かまたは「右翼的」だと考えるのは、怠慢である。それは単に無責任であるというだけでなく、倫理としても間違っていると思う。しかしそのような光景は、これまで無数に繰り返されてきたのではないか。

そうした、日本の一国的な「自己否定」「自己変革」のみをあくまで問題にする認識枠組みが依然として存在する一方で、アカデミズムにおいては、とくに国民国家（批判）論やポストモダニズム以降、戦後思想の「一国的閉鎖性」を指摘することがあたかも正義であるかのような研究潮流も一部には存在する。戦後思想の全体的な傾向として、一国主義的な側面があったことはおそらくは事実であり（それは国際環境に規定されてきたことでもあるが）、無数の欠陥を逐一指摘・批判することが必要な局面は存在するし、過去の不正の追及がより良い未来のために不可欠のプロセスになることの意義は否定すべくもない。その意味で、先行研究の志は大きな意味をもつものであったと思うが、一方でいまの世界情勢が抱えている数多の問題について考えてみたときに、日本の戦後思想が「一国的」であったことばかりをひたすらあげつらう一部の言論状況というものそれ自体も、やはりどこか一国的なのではないかと私には思える。過去の日本の「一国性」を指摘することさえできれば、それによって私たちはその「一国性」をするりとすり抜けていくことができるわけではないのだ。

3　学校教育と社会の関係性、「権力性」を引き受ける責任

同じことは、マクロには「近代」の問題性についても当てはまるし、またもっと具体的には、知識人とか教師とかの「権力性」にも妥当するだろう。かつての啓蒙知識人の「権力性」を現在の高みから批判することは容易いが、そもそも何らかの対象（それは過去であると現在であるとを問わない）を「調査」したり「記述」したりする営為それ自体が絶大な権力行使であるという基本的な事実に無頓着なまま、鬼の首を取ったように繰り出される「権力性」批判には、駄々っ子めいたものを感じる。

日高は、「知識人と民衆」の断絶という歴史的・社会的前提のなかで、中央の知識人（「東大教授」）としての「権力性」を、より良く積極的に引き受けようとした。「知識人」という存在が消滅して久しい現代においてもなお、それなりの権力性と責任とを引き受けなければならない社会的位置というものは存在する。教師もまた、そうした職業のひとつであろう。M・フーコーは間違いなく偉大であるし、学校とは人間の「国民化」装置でもあるのだろうが、そうであるからといって私たちは明日から学校教育をやめるわけにはいかないのであって、より良く（あるいはよりマシに）「権力性」を引き受ける責任というものは、いまなお社会の各所に存在する。

おそらく今後しばらくはなお国民国家という共同体の枠組みを前提として生きていかなければなら

ない私たちにとって、学校という仕組みのなかでより良い（よりマシな）教育活動が行われることは、個々の子どもたちの人生にとっても社会全体にとっても、依然として死活問題である。そうした代わり映えのしない平凡な事実にとって、本書の内容は、何がより良い教育なのかということをも含めて、何らかの示唆を与えるのではないかと思う。

「あらゆる人間の尊重」を最上の価値とした日高が執筆した社会科教科書は、日本の植民地支配と軍事的侵略の過去を不問に付したまま、新たな「道徳」を築き上げる可能性など存在しないことの認識を根本的な前提としており、冷戦下において、一国的な視野を内側から問うものであった。そうした教科書がかつて少なくない発行部数をもち、多くの子どもたちがそれによって学んだという事実をも含めて、看過されてはならない努力であろう。

教育とは、認識の位相に自己を限定することが原理的に不可能な営為である。戦後日本においてさまざまに生起した、抜き差しならない現場の課題に否応なく向きあってきた学校教育に、日高は戦後思想の最もアクチュアルな問題を見た。そして教育運動に伴走していく過程で、近代日本の公教育が日本社会における知のありかたを根本的に規定してきたことに、さらに自覚的になっていった。それは敗戦後の知識人たちが繰り返し問題にした、知識人の民衆からの浮き上がりという現象と不可分の問題でもあった。

敗戦と占領改革によって、自国の直近の過去を全否定するという歴史観と価値の大転換がもたらされたこと、またその転換がもっぱら外圧によって外発的に進められたことは、国内における歴史観をめぐる激しい対立と軋轢を生み出した。教科書パージをはじめとする一連の教育をめぐる保革対立は、まさしくそうした思想戦に、東西冷戦が掛け合わされたものであった。「中立」が、そこでは望ましい価値として国家権力によって標榜され、抵抗者は「アカ」とされた。この一連の出来事自体はもはや七〇年ちかくも過去のことであるが、こうした歴史的経緯は、現在の日本社会のあり方をも、深いところで規定している。すなわち、主には教育現場およびマスメディアにおいて、「中立」が、今なお望ましい価値として、追求あるいは標榜されている。この世界に（形式ではなく）価値の「中立」など存在しないという全く基礎的な人文・社会科学のリテラシーが、受け手のみならず担い手（送り手）にすら共有されていないという今の現実に対して責任を負わなければならないのは、戦後を通じて、ただ保守政権の側のみであっただろうか。

日本の教育学、あるいは学校現場に即していえば教員養成や教師教育は、現在、人文・社会科学とかなり切り離されている（ただし全く切り離されてはいない）。戦後教育改革の初発の志はリベラル・アーツをめざしつつも、教育と研究とを切り離そうとする文部省・文部科学省方針は、長い時間をかけて、現場のあり方を変容させてきた。アカデミズムにおける教育学の位置の日本的特殊性は、日本の教育学に内在する問題であると同時に、学校教育というものを必ずしも重視してこなかった日本の人文・社会科学の側の問題でもある（もちろん例外はある）。

本書は、一九七〇年代から現在に至るまでの半世紀を、ほとんど対象としなかった。この半世紀における日本社会の変容には絶大かつ根本的なものがあり、その詳細な検討なしに（狭義の）「戦後」をただちに現在に結びつけることには、あくまで慎重になるべきだと私は考えている。たとえば、本書が論じてきた対象のその後のあり方としては、戦後およそ五〇年の時点において計量社会意識論によって明らかにされた、「戦後の民主主義的な学校教育によって社会意識が民主化した」という変化が決定的に重要であろう(11)。敗戦後、日本社会全体の民主化と軍国主義の除去という重すぎる課題を背負った「新教育」は、長い時間をかけて、内外に激しい軋轢と亀裂を伴いながらも、そうした不可逆的な社会変革を、たしかに遂行してきたのだった。また、社会構造全体の変容とともに、保守政権の変質をどう考えるかという問題も存在する。一九五〇年代以降、革新派の抵抗と異議申し立ては国家権力の恣意を制限してきたのであり、民主主義の原則をないがしろにする政治権力が本当に恐れたのは、二四時間三六五日反権力を訴えて全てを「右傾化」(当時の言葉では「反動」)に押し込める者ではなく、許容してはならない一線を政治権力が越えたというそのポイントを的確に判定して、知性によって粘り強くしたたかに抵抗する者であったことだろう。

しかし、本書が主な対象とした一九六〇年代頃までの日本社会と現在の日本社会を直結させることはできないということを前提とした上で、現在に連なる問題として本書から導かれる仮説をあえて提示してみるならば、それは次のようになる。この半世紀のあいだに進行したのは、マルクス主義の瓦解と学術研究の専門分化に伴って、社会の問い方さえわからなくなってしまったという事態なのではないか。また同時に、そこにはマルクス主義の崩れ方の問題ということが存在したのではないか。「社会」を問わなくなったのは、ひとり社会心理学のみではない。現場の学校教育を基礎づける教育学や教育行政もまた、現在では、まるで教育の外部に社会が存在するかのような(あるいは社会の外部に教育が存在するかのような)前提で議論が進むことが少なくない。(12) どのような教育を行うべきかは、どのような社会をめざすかということと本来不可分のはずだが、いまの教員養成や教師教育に、そういう視点は希薄であろう。もっとも、それでどうにか回っていく現実とそれを可能ならしめている社会秩序の定着を評価することも可能であろうが、しかしいまの現場教師たちにかけられている負荷の大きさと価値のアナーキー状態を、さしたる問題ではないとみなすこともできないのではないか。加えて、いま小・中・高校に輪をかけて崩れつつあるのは、教育と研究の両面において、大学であろう。

また一方では、教育現場における（人文・社会科学とは切り離された）心理学の浸透――「心の専門家」の進出――という現実もある。各々の現場では、教師と「心の専門家」の連携がさまざまに模索されているであろうが、学校が子どもという主体の「心」に照準を合わせることの、社会的・思想的・歴史的な意味を問おうとする関心は総じて希薄である（かつ、そのことの「権力性」は、なぜかそれほど問題にされていない）。こうしたマクロな変化を考え合わせたときに、戦後思想は、どのような相貌を見せるのだろうか。本書は、そうした問題も念頭においてきた。

4 「戦後民主主義」と現在

日高は、日本がかつて植民地支配と侵略を犯したこと、敗戦の結果外圧によって植民地が手放され国内民主化がもたらされたこと、それらと東西冷戦が掛け合わされた結果、さまざまな国内的・対外的問

(11) 吉川徹・轟亮「学校教育と戦後日本の社会意識の民主化」『教育社会学研究』五八、一九九六年。この論文が明らかにしているのは、戦後の学校教育が総じて受け手の権威主義的傾向を低下させる「剝奪効果」を発揮してきたこと、その影響は子どもが成人した後にも残存し続けていること等である（ただし分析に用いられたデータは一九八五年のSSM調査の男性A票であり、成人女性に関するデータは存在しないため対象外とされている）。

(12) そしてその弊害が意識されるときには、たとえば、「民間人」校長を起用するとか、中教審の委員に「財界人」を就任させるとかいったようなことになる。

題が生じたことを踏まえ、そうした問題をすべて、知識人の思想的課題として、戦後六〇年以上にわたって考え続けてきた。そしてそれらの思想的課題には併せて、アジアの後進国であった日本の近代化と、欧化および国粋化をどう考えるかという厄介な問題が、常に不可分に絡まり合っていた。

そうした問題は、欧米の（宗主国出身の）知識人が、決して向き合う必要のなかった問題でもある。二〇世紀という「極端な時代」において、非欧米諸国・諸地域のなかで唯一帝国主義化するという「極端な」歴史をたどり冷戦構造の受益者となった日本の末路において、知識人には、考えなければならない巨大な問題があまりにも多く存在した。またそれらを考える過程では同時に、高度経済成長という「極端な」地殻変動も経験した。そのただなかにあってそれらの問題をすべて、倦まずにあくまでも粘り強く考え続けてきた知識人の「戦後啓蒙」を、私たちの足元に存在する歴史として、きちんと定位しようと試みたのが、本書である。

日高が膨大に書き綴ってきた文章の大部分は、日付のある文章であった。「理想主義」と「現実主義」とを併せもち、社会的状況に食い込もうと試みたそれらの文章は、しかし時間の経過とともに、時代の文脈がわからなくなるに従って顧みられなくなっていった。本書はいくらかその復元を試みたものの、ほぼ前半生までにとどまった。また先述の日本社会におけるエスニックマイノリティの問題や沖縄やアジアの問題、国内における被差別部落問題や公害問題等々への日高の取り組みについては、ほとんど具体的に論じることができなかった。それらの議論のなかには、おそらく私たちがなお考えるべき視点が眠っているであろう。

しかし本書の議論のなかにも、侵略戦争と敗戦と外圧によって再編された日本という国民国家を、そこからの排除の問題をも含めて、そのなかで生きる「国民」としてどう考えるかということをめぐる思想は、豊富に内在している。日高の戦後思想から現在の私たちが推し量ることができることのひとつは、植民地支配というものが、その不当性を認識する支配者の側に遺した傷の深さでもある。かつて日本帝国主義による支配と侵略を経験したアジア各地の被害者はいま多くがその生を終えつつあるが、その子孫たちは、日高六郎というひとりの日本人を、果たしてどのように評価するだろうか。また、いま欧米にあってものを考えることを生業としている人々は、日高六郎の「西洋近代」をめぐる格闘を、果たしてどのように受け止めるだろうか。

本書が論じてきたのはつまるところ、日本の「戦後民主主義」と呼ばれてきたものが、どのような努力と忍耐によって築かれてきたものであったか、である。それは、いまの私たちが簡単に切り捨てられるようなものではないだろう。さまざまな限界や欠陥があったこと／現在もあることは言わずもがなの前提として、私たちはそろそろ、その達成は達成として、きちんと適切に認識する努力を払わなければならないのではないか。恵まれた位置にあってその達成を空虚なものと感じることができるのは、単に恵まれた者の万年反抗期だと思われている可能性を、あまり甘く考えるべきではない(13)。戦後日本の、あるいは戦後民主主義の「限界」や「欠陥」や「欺瞞」を追及することだけが批判的知性であるというような狭い見解に固執するならば、そろそろ、「われわれは人類の経験から復讐される(14)」のではないだろ

(13) 現在の一部の「リベラル」に対する人々のそのような反感や批判を、単純にポピュリズムと見下すことの危険と弊害は小さくない（そもそもポピュリズムは衆愚政治と同一ではないが、一般的にはそうした用法で簡単に使われる場合が多い）。あるいは、「反知性主義」という言葉が数年間流行して打ち棄てられていく現在の日本の知的状況を、どう考えるかという問題も存在する。

(14) 前掲日高「自然と歴史について」同『現代イデオロギー』四八一頁。

うか。

異なった立場の他者と、「話せば分かる」わけではない。そのようなオプティミズムはおよそ誰も持ち得ないが、だからといって、話して分かろうと試みる言論の努力を放棄することはできない。いまの世界でコミュニケーション的理性などもはや信じられないとしても、民主主義にとって、それを全否定すればあとに残るものはない。異質な他者と、互いを尊重し合いながら共に生きるためには一体どうすれば良いのかを、未曾有の破壊と殺戮を生んだ大戦争が終わったあと、日高は社会科教科書を通じて、子どもたちに問いかけた。

かつて日本には、日高六郎というリベラル派知識人が存在した。日本、および世界の民主主義国において「リベラル」のあり方が問われているいま、戦後日本の豊富な知的遺産から何かを学ぶか学ばないか、それを生かすか生かさないかは、私たち次第である。

あとがき

本書は、筆者が二〇二一年に立命館大学大学院社会学研究科に提出した博士論文「日高六郎の戦後啓蒙——学校教育への関わりとその思想を手がかりに」に、大幅な書き下ろしと改稿を加えたものである。もとになった初出論文は、次のとおりである。

序章　書き下ろし
第1章「日高六郎と「デモクラシーの心理学」」（出原政雄・望月詩史編『「戦後民主主義」の歴史的研究』法律文化社、二〇二一年）
第2章　書き下ろし
第3章「社会科教育と戦後知識人——日高六郎の「社会科学科」をめぐる実践」（『新しい歴史学のために』二九六、二〇二〇年）
第4章「日高六郎の学校教育をめぐる思想と運動」（北河賢三・黒川みどり編著『戦中・戦後の経験と戦後思想　一九三〇－一九六〇年代』現代史料出版、二〇二〇年）

第5章　書き下ろし
終章　書き下ろし

また本書全体の土台となった論文として、「日高六郎研究序説――「社会心理学」に根ざす戦後啓蒙の思想」（『社会科学』四八（四）、二〇一九年）があるが、大幅に手を加えたため、ほとんど原型をとどめていない。

本書はJSPS科研費18J12625による成果の一部である。本書の出版に際しては、立命館大学学術図書出版推進プログラムの助成を受けた。記して感謝申し上げる。

また情報をご提供いただいた日高六郎関係者のみなさまに、厚くお礼申し上げます。

学問というものは果たして人を幸せにするのだろうか、という疑問を抱かざるを得ない状況に巻き込まれたり、端から傍観したりして、迂回路を経て行き着いたのが、知識人の思想史というテーマであった。アカデミズムは社会との関係の切り結び方にずっと失敗してきたのではないかという素朴な疑問が、この社会は今なぜこういうことになっているのかというわけのわからなさと相まって、〝戦後日本という具体的な社会のなかで、知識人のあり方を問うた知識人について考える〟という方向に私の頭のなかで次第に整序されていくのには、時間を要した。

私が日高六郎の著作にはじめて出会ったのは、鶴見俊輔の思想をテーマとする修士論文を書いていたときである。『現代イデオロギー』を読んで、内容を十分理解できないながらに、こういうことを考えてきた人物がいるのかと、衝撃を受けた（当時日高は存命であった）。そしてまだ誰も日高についてきちんと研究しておらず、日高の知的継承らしき水脈もよくわからないという現状は一体何ゆえであるのか、心底意外だった。そんなことで戦後日本の何を分かったつもりなのだろうと、本気で疑問に思ったものである（その後序章で言及したとおり、日高の死去前後から、いくつか日高研究があらわれるようになった）。

博士課程に進学して、日高を本格的に研究対象に据えることに決めてからは、そういうふうに感じる自己の位置を相対化する努力もそれなりに重ねてきたつもりであり、また対象と距離をとることが研究には決定的に重要であるとも常々考えてきた。それでもいま振り返ってみて、初発の直感が、よくある若さゆえの思い込みではあったかもしれないにせよ、それほど的外れなものであったとは、やはり私には思われない。その直感を、本書でどれほど論理的・説得的な形で提示できているかは、読者の判断に委ねるほかない。

しかし、「戦後思想」という今日およそ流行らないテーマと向き合う日々のなかで、ともかくも研究を続けてこられたのはもちろん対象にそうした魅力を感じてきたからだが、半面では、私は戦後思想と呼ばれるものの総体に、言語化しがたい馴染めなさとよそよそしさの感覚も同時に抱き続けてきた。そのなかで次第に、そうした自身の違和を、決して克服したり否定したりしようと努力しないことを、ひそかにモットーとするようになった。戦後思想や（その影響を色濃く残した）アカデミズムに対する私の馴染めなさの感覚は、おそらく現在幅広い世代にかなり一般的に共有されているものであろうと想像するからであり、その地点にいわば居直ることで、はじめて見えてくるものがあり得るのではないかと考えてきたためである。ただしそれゆえに、本書の内容には、戦後思想に対するさまざまな無理解や誤解が含まれていることを恐れる。その責任はひとえに私の勉強不足にある。

そのような半端な姿勢で研究を続けながらずっと考えてきたのは、「戦後」と「現在」とを、地続きであるからこそいったんは切り離して考えてみることが、現在とりわけ必要なのではないかということであった。年長世代が従来問題にしてきたことを内在的に理解してリスペクトをもつことと、彼らの認識枠組みをそのまま踏襲することは、イコールではないはずである。日本の戦後思想というものが、知る人ぞ知る密教の体系になってしまってはいけないのであって、その遺産を今後きちんと継ぐためには、いちど突き放して当時の歴史的文脈を復元する努力が、いっそう重要な意味を帯びるのだろう。本書が、その取り組みにわずかばかりでも寄与できることを願う。

本書の刊行までに、多くの先生がたにお世話になった。

津高校で日本史を教えていただいた飯田良一先生によって、私はこの退屈な世界に、歴史学という学問があることを知った。また、高校卒業後もお世話になった。学校教育という枠組みのなかで、全共闘の遺産のうち最良のものに触れることができた楽しい経験は、本書のパースペクティブに、大きな影響を与えたと思う。

大学卒業後、社会からあぶれた私を拾ってくれたのは、株式会社立の通信制高校のキャンパス（旧サポート校）だった。二〇代の六年間を、学校教育システムの周縁に位置する民間の教育現場で教員として過ごした経験は、私の人生にとって、何事にも代えがたいものである。多くは中学校で不登校を経験したり全日制高校からドロップアウトしてきた生徒やその親たちと日々関わるなかで、パーソナリティも学力も家庭環境も文化もまったく千差万別な社会のカオスに直に接して、私の視界は格段に広がった。そして一〇代後半から二〇代の、人生の早い段階で挫折を経験した若者たちの「実存」に触れて、社会科の授業だけでなく、たとえば彼ら自身の自己表現を引き出そうと作文や小論文やさまざまな行事などに試行錯誤する毎日のなかで、私は彼らの内部に強烈な劣等感を生み出す学校という装置と社会について、いろいろなことを考えないわけにはいかなかった。またその構造のなかでの自分自身の位置と経験とを、相対化して捉える視点を否応なく得た。いま思えば、私はまったく未熟な教員であったが、そこで出会ったみなさんと、とくに上司であった桑江良章先生に感謝したい。桑江先生は、生意気な二〇代の私を好きなようにやらせてくださったと同時に、実に多くのことに気づかせてくださった。疲労困憊の毎日だったが、中身の詰まった楽しい毎日でもあった。退職後数年間は、日々の張り合いのなさに苦しんだ。本書は、かつての勤務経験がなければ生まれ得なかったものである。

いちど大学を完全に離れた私が、仕事をしながら大学院に入るにはハードルが存在したが、その橋渡しをしてくださったのは中野節子先生だった。金沢大学大学院で修士論文を執筆する過程では、いっこうに定まらない私の関心と方法を、指導教員の小林信介先生は最大限尊重して自由に泳がせてくださると同時に、的確なタイミングで恵まれた環境を用意してくださった。そして副指導教員として野村真理先生から教えを受けることができたのは、贅沢で幸運なことであったと思う。研究対象をようやく戦後知識人に定め、ともかくこれを全力で書いてみて、それで及ばないならば研究の道は諦めようと覚悟して執筆した修士論文を、野村先生が高く評価してくださったときの意外性と喜びは忘れがたい。副査を務めていただいた中島健二先生と、故・堀林巧先生にもお世話になった。私にとって修士課程の三年間は、もっともひたむきに対象に向き合って努力した時間であり、それが可能であったのは、先生がたによる稀有の環境に恵まれたところが大きい。

その後立命館大学大学院に進学し、福間良明先生には、博士論文の主査を務めていただいた。福間先生の歴史社会学の矜持と流儀に触れたことは、いまの研究状況と、そのなかにおける自己の立ち位置を考えるうえで、絶大かつ新鮮な刺激であった。副査の有賀郁敏先生からは、博士論文に対して、根本的な批判をいただいた。本書の加筆修正過程では、その欠陥を克服することがひとつの課題となった。それが成功していることを、いまは祈るばかりである。同じく副査を務めていただいた飯田豊先生からは、メディアを通じて社会をトータルに捉える視点を教えられた。日高の社会心理学者としての側面は、思想史の視点からだけでは、必ずしもうまく摑まえることができないものだったと思う。

博士号取得後、立命館大学で私を専門研究員として受け入れてくださったのは、小関素明先生である。先行研究の鋳型のなかに自分を流し込む必要はない、自分が人生を賭けてぜひとも解かねばならない問題をあくまで追究せよという大学院ゼミでのコメントには、励まされた。博士論文提出後、初発の問いにふたたび立ち戻ることができたのは、小関先生のそうした姿勢に学んだところが大きい。

北河賢三先生は、博士課程に入ったばかりの私を、日本現代思想史研究会のメンバーに加えてくださった。北河先生によって私は、日本の戦後思想というものの、豊穣さとかけがえのなさに目を開かれた。いわゆる頂点知識人から最下層の人々まで、あらゆる対象に固有の経験と思想を、歴史的文脈のなかで対等かつ正当に見据える先生の視点からは、いつも学ぶことばかりであった。

故・安田常雄先生に直接お目にかかった機会は数えるほどしかないが、本書を読んでいただくことが叶わないのは、残念である。もしかしたら箸にも棒にもかからなかったかもしれないけれども、安田先生のご感想を伺うことが夢であった。安田先生の研究に導かれて、私は戦後知識人研究にたどり着いた。ご冥福をお祈り申し上げる。

また、本書の刊行までに、尊敬する先達や仲間たちに支えられ、触発されてきた。不真面目で投げ出しがちな私がどうにかここまで来ることができたのは、真摯に物事を考えようと志す方々との出会いと、学びの場に恵まれたからにほかならない。おひとりずつお名前を挙げることはできないが、みなさまに深くお礼申し上げたい。

博士論文提出後、いったん別の研究に取り組んでいた私が本書を世に出そうと決めたのは、二〇二三年秋だった。その後刊行に向けて、腰を据えて新稿の書き下ろしに臨まなければと思っていた矢先、大災害に見舞われた。

能登半島の海からほど近い地点で被災して、大津波警報が出されてから避難所に続く坂を上るまでの数十分のあいだに考えたのは、自分は間もなく、ようやっと本を出そうと決意したとたん津波に呑まれた、悲運の若手研究者になろうとしているのかということだった。そしてそれがいわゆる運命というものならば、成す術もなく、仕方のないことではあるが、それにしてもあまりに想定外であり、さすがに不本意なのだが、ということだった。

私は自分の家が被害を受けたわけではなく、自分とは比べようもない困難を経験している被災者が無数に存在することは、よく承知している。その上で、私自身の主観を述べることをお許しいただくならば、それは私なりに、やはり大変な経験であった。

ところがその後、災害をめぐり、まったくわけのわからない言論状況が展開された。逡巡の後、当事者が声を上げなければ、それはなんとなく正しいことにされてしまうと判断して、それなりに覚悟を決めて、反論の文章を執筆した（『新しい歴史学のために』三〇四／京都民科歴史部会ＨＰ）。重機を動かせるわけでもなければ、病人に治療を施せるわけでもない私なりに、できることをしようと思った。それでもその後も依然として、被災地をめぐる不適切でミスリードな報道や発信は後を絶たない。それについて言いたいことは山ほどあるが、ここでは措きたい。

ただ、そうした状況のすべてが、私にはとにかくわけがわからず、本当に悲しかった。そして社会的不条理に対して異議申し立てをするということは、なんと労多くして益少ないことであるかと、あの程度の小文を書いたに過ぎないながら、骨身に沁みて感じた。正義の味方のつもりで被災者や支援者の尊厳を傷つけてやまない一部左派（一部インテリを含む）は今日も威勢良く叫び、世論はそれに容易く引きずられている。無責任な一部左派および大手マスメディアが行使する絶大な権力が、これまで地域社会に及ぼしてきた迷惑というものの途方もなさを、私はつくづく思い知らされた。そして私自身もまた、そうした安易さにこれまで無邪気に加担してきたのだろうかということを、幾度も考えさせられた。

満身創痍のなかで、本書執筆のために気持ちを切り替えるのは難しかった。このスケジュールでの刊行を諦めるべきか何度か考えたが、ともかくいま書けることを書くことにした。博士論文提出後の書き下ろし・改稿部分は、すべて二〇二四年の暑い夏から秋にかけて執筆したものである。悲しみと「にくしみ」に呑まれそうな日々を、辛うじて持ち堪えることができたのは、音楽と、理解してくださった方々のおかげである。感謝申し上げたい。いま、被災から一年の時が流れ、同じ季節が巡ってきた。この一年のあいだに、ずいぶん遠くまで来たものだと思う。

そういう事情で、原稿の提出が大幅に遅れ、本書の出版を勧めてくださった人文書院の松岡隆浩氏には、多大なご迷惑をおかけした。お詫びとお礼を申し上げたい。ともかく、刊行まで漕ぎ着けることができ、積年の課題を果たせたことを幸いに思う。

最後に、私事にわたり恐縮だが、これまでいろいろな困難を共にしてきた家族にも感謝を伝えたい。

とくに私が今日までどうにかやってこれたのは、宮下和幸の日々の支えがあったからである。そして、私に多少なりとも批判精神というものがあるとすれば、それは母と亡き父の家庭で培われたものである。

宮下　祥子

二〇二五年一月

著者略歴

宮下　祥子（みやした　しょうこ）
1985年、愛知県生まれ。立命館大学大学院社会学研究科博士課程後期課程修了。博士（社会学）。現在、立命館大学衣笠総合研究機構専門研究員。専門は日本近現代史。論考に、「鶴見俊輔のハンセン病者との関わりにみる思想——1953~1964年を中心に」（『同時代史研究』第10号、2017年）、「日高六郎の学校教育をめぐる思想と運動」（北河賢三・黒川みどり編著『戦中・戦後の経験と戦後思想　一九三〇－一九六〇年代』現代史料出版、2020年）、「日高六郎と「デモクラシーの心理学」」（出原政雄・望月詩史編『「戦後民主主義」の歴史的研究』法律文化社、2021年）ほか。

日高六郎《ひだかろくろう》の戦後啓蒙《せんごけいもう》
——社会心理学と教育運動の思想史

二〇二五年三月二〇日　初版第一刷印刷
二〇二五年三月三〇日　初版第一刷発行

著　者　宮下祥子
発行者　渡辺博史
発行所　人文書院
〒六一二－八四四七
京都市伏見区竹田西内畑町九
電話〇七五・六〇三・一三四四
振替〇一〇〇〇－八－一一〇三

装　幀　上野かおる
印刷所　モリモト印刷株式会社

ISBN978-4-409-24171-4 C3036

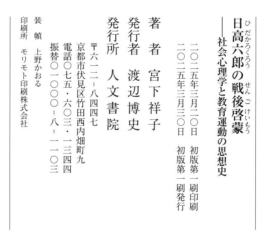

谷川嘉浩著

鶴見俊輔の言葉と倫理

——想像力、大衆文化、プラグマティズム

四九五〇円
（本体＋税一〇％）

哲学と市民運動をまたぎ、戦後日本に巨大な足跡を残した鶴見俊輔。しかし、その平明な語り口とは裏腹に、思想の本質は捉えがたく、謎に包まれている。鶴見は今も読まれるべきなのか、もちろんそうだ。残された膨大な言葉の数々に分け入り、単純化を避けつつ独自の視点から思想の可能性をつかみ出し、現代の倫理として編み直す。鶴見俊輔生誕一〇〇年、気鋭の哲学者によりついに書かれた決定的論考。